GAOZHI YUANXIAO RENCAI
PEIYANG ZHILIANG JIANKONG TIXI
SHIJIAN YANJIU:
DUOYUAN XIETONG FUNENG

高职院校人才培养质量监控体系实践研究：

多元 协同 赋能

李 青 编著

广东高等教育出版社
Guangdong Higher Education Press
·广州·

图书在版编目（CIP）数据

高职院校人才培养质量监控体系实践研究：多元　协同　赋能/李青编著．—广州：广东高等教育出版社，2019.2

ISBN 978-7-5361-6341-6

Ⅰ．①高… Ⅱ．①李… Ⅲ．①高等职业教育-人才培养-教育质量-监控体系-研究-中国　Ⅳ．①G718.5

中国版本图书馆CIP数据核字（2018）第270867号

出版发行	广东高等教育出版社
	地址：广州市天河区林和西横路
	邮政编码：510500　电话：(020) 87551597　87551163
	http://www.gdgjs.com.cn
印　刷	佛山市迎高彩印有限公司
开　本	787毫米×1 092毫米　1/16
印　张	18
字　数	322千
版　次	2019年2月第1版　2019年2月第1次印刷
定　价	48.00元

前　言

2015年春节前夕在越秀山下的一次聚会中，朋友问及新年的打算，我冲口而出说想写一本书，以纪念自己从事质量监控工作以来这些平静而不凡的日子。大学毕业后的前七年，我在高校从事一线教学工作，做年龄相仿学生的班主任，筹办给排水专业，建设实验室……日子简单而幸福。之后我来到广东轻工职业技术学院从事质量监控工作，并在这里先后和杨应崧、马树超、姜大源、赵鹏飞、袁洪志、张慧波等教授结识。

监控，看似是对事，实则是对人。想监控，就要评价。美国学者E.枯巴和Y.S.林肯在《第四代教育评价》一书中提出，评价应是参与评价的所有人，特别是评价者与其对象交互作用、共同构建的过程。正如互联网倡导的"连接与赋能"，"人"即"学校（督导）—学生—教师—企业"不同利益主体，连接和赋能了我们的"多元协同参与的人才培养质量监控体系"。《大学》说"知止而后有定，定而后能静"，《道德经》说"大道至简，衍化至繁"。在探索和实践过程中，我把它俩糅合在了一起，"大道知简，简而止之"。"简"不是简单，而是聚焦，"止"不是停止，而是趾行，一步一个脚印。

本书包括以下章节及主要内容：

概述，背景—历程—收获，三点一线，说不尽的十年，化于四个"1"。教师授课反馈，"1∶1∶1"的反馈方法；部门保障督管，"1+1"的督管方式；二级督导履职，"1×1"的指导标准；

学校督导管理,"1-1¹"的管理文化。

第1章 多元参与的质量监控目标体系,从"爱丽丝的故事",重申浅显的道理,"目标"就是灯塔与渴望,没有目标你就不会朝着自己的目标走去。学校在质量监控的实践中,要确定的是我们的目标与我们的质量方针相一致的渴望。

第2章 多元协同的质量评价标准体系,从"聪明的标准",厘清易混的概念,"标准"既是对过去的总结,也是对未来的保证。学校在质量监控的实践中,为了达到目标,必须制定一系列的标准,只有通过这一系列的标准,目标才有可能达到。

第3章 多元互补的质量监控工作内容,从"中国的世界高铁速度",重塑协同的功能,"内容"既是抵达目标路上的风景,更是承载目标的船。学校在质量监控的实践中,为了达到目标,必须连接需求、洞察人性、赋予内容、分配责任,只有通过赋予内容、分配责任,目标才有可能达到。

第4章 精准聚焦的多元监控数据平台,从"连接'米粉'的小米",定位信息化的作用,"平台"既是连接数据服务的神经网络,也是赋能质量深耕迭代的数据大脑。学校在质量监控的实践中,为了达到目标,必须使教学行为产生的结果数据化、视觉化、进度化,打通数据服务的"最后一公里",只有打通数据服务的"最后一公里",目标才有可能达到。

第5章 全面多样的质量反馈改进机制,从"通信领跑者中的'乌龟'",强调反馈的目的是改进,"反馈"既是目标路上的接力棒,也是抵达目标的晴雨表。学校在质量监控的实践中,为了达到目标,必须获得教学行为产生结果的反馈,只有获得教学行为产生结果的反馈,目标才有可能达到。

第6章 多元协同参与的体系运行制度,从"神秘的顺丰'鱼缸'",重申"没有规矩,不成方圆","制度"既是目标的保障,也是目标的价值。学校在质量监控的实践中,为了达到目标,必须让每个人的行动与智慧融入制度,只有每个人的行动与智慧融入制度，目标才有可能达到。

第7章 质量监控体系运行特色，从"红桃皇后的奔跑"，聚焦课堂和专业评价后的持续改进。从《基于自我改进的课堂教学质量多元评价实施方案》到《"自我诊断+企业参与"专业评价实施方案》，在这里，我们始终如一地强调规范、标准下的自我管理、自我改进。"多元精准评教"建设"优质课堂"，"自我诊断+企业参与"开展专业评价，根植于广东轻工职业技术学院，根植于中国的高职教育。

"如果你想造一艘船，不要抓一批人来搜集材料，不要指挥他们做这个做那个，你只要教他们如何渴望大海就够了。"（摘自《小王子》）责任让我渴望管理好学校的质量监控工作，在我们的"多元协同参与的人才培养质量监控体系"研究与实践的过程中，我遇见了更好的自己。

顺丰的王卫曾说："我没有条条框框，一切都回归到'面临什么问题，需要什么东西'。有时我们学了某个框架就想套用，因为不理解设计初衷总会有不匹配。"我希望这本书可以帮助大家走出质量监控的困境，但不止于此。正如在诊断与改进工作中倡导的，所有工作质量的保障主体都是自己，也只能是自己。

你，我，所有从事职业教育、支持职业教育、享受职业教育的我们，在这个新时代，都是我们自己的摆渡人。

李 青

2018年5月

课 题 来 源

1. 教育部人文社会科学研究一般项目"'自我诊断+企业参与'的专业评价模式实证研究（17YJA880044）"。

2. 中国职业技术教育学会科研规划项目"企业参与专业评价的实证研究（201619Y29）"。

3. 中国职业技术教育学会科研规划项目"企业参与顶岗实习质量评价的实证研究（201281）"，2014年结题，科研规划项目成果二等奖。

4. 广东省教育科学规划项目"高职院校课堂教学质量学生满意度指数研究与实践（2010tjk133）"，2012年结题。

5. 广东省教学成果培育项目"多元协同参与的人才培养质量监控体系研究与实践（00402202）"，2017年结题，广东省教学成果奖。

6. 广东省高等职业教育教学改革重点项目"高职院校人才培养质量跟踪系统建设（20120101008）"，2014年结题，优秀。

7. 广东省高等职业教育教学改革重点项目"高职院校学生学习成果评价研究与实践（201401030）"，2017年结题，优秀。

目 录

概述 ··· 1

第1章　多元参与的质量监控目标体系 ·· 5
 1.1　质量监控目标的内涵 ·· 6
 1.2　质量监控目标的组成 ·· 6
  1.2.1　学校 ··· 7
  1.2.2　教学执行单位 ·· 7
  1.2.3　核心保障部门 ·· 7

第2章　多元协同的质量评价标准体系 ·· 13
 2.1　质量监控标准的内涵 ·· 14
 2.2　质量监控标准的制定 ·· 14
 2.3　质量监控标准的组成 ·· 14
  2.3.1　教师授课质量评价标准 ·· 16
  2.3.2　学生职业能力评价标准 ·· 33
  2.3.3　"学生—教师—企业"满意度评价标准 ·· 34
  2.3.4　督导工作考核标准 ··· 49

第3章　多元互补的质量监控工作内容 ·· 53
 3.1　质量监控工作的内容 ·· 54
 3.2　质量监控工作的组织 ·· 55

3.3 质量监控工作的实施 …………………………………………… 55
    3.3.1 督导 …………………………………………………… 55
    3.3.2 教师 …………………………………………………… 62
    3.3.3 学生 …………………………………………………… 64
    3.3.4 企业 …………………………………………………… 71

第4章 精准聚焦的多元监控数据平台 …………………………… 75

4.1 多元监控数据平台的内涵 …………………………………… 75
4.2 多元监控数据平台开发方案 ………………………………… 76
4.3 多元监控数据平台的组成 …………………………………… 76
    4.3.1 教师授课质量评教管理系统 ………………………… 77
    4.3.2 学生职业能力测试系统 ……………………………… 88
    4.3.3 "学生—教师—雇主"满意度调查系统 …………… 94
    4.3.4 顶岗实习满意度调查系统 …………………………… 102
    4.3.5 督导工作考核评价系统 ……………………………… 108

第5章 全面多样的质量反馈改进机制 …………………………… 110

5.1 质量反馈改进机制的内涵 …………………………………… 111
5.2 质量反馈改进机制的框架 …………………………………… 111
    5.2.1 信息反馈主体与路径 ………………………………… 112
    5.2.2 信息反馈内容与渠道 ………………………………… 112
    5.2.3 质量改进核心与成效 ………………………………… 112

第6章 多元协同参与的体系运行制度 …………………………… 143

6.1 体系运行制度的内涵 ………………………………………… 144
6.2 体系运行制度的组成 ………………………………………… 144
    6.2.1 制度框架与维度 ……………………………………… 144
    6.2.2 工作规则与流程 ……………………………………… 146
    6.2.3 工作计划与总结 ……………………………………… 154
    6.2.4 绩效管理与考核 ……………………………………… 169

第7章　质量监控体系运行特色 ……………………………… 181

7.1　多元精准评教，"三结合"建设优质课堂 ……………… 182
7.1.1　课堂教学评价的内涵与现状 ……………………… 182
7.1.2　多元精准评教与"三结合" ……………………… 184
7.1.3　优质课堂建设与实施成效 ……………………… 194

7.2　多元系统赋能，"自我诊断+企业参与"评价专业 ………… 204
7.2.1　专业评价的内涵与企业参与 ……………………… 204
7.2.2　面临的问题与评价模式构建 ……………………… 207
7.2.3　评价主体与指标信息化评价 ……………………… 210
7.2.4　模式实施与建构型企业参与 ……………………… 212

附录 ……………………………………………………………… 231
1. "多元协同参与的人才培养质量监控体系"实施方案 ……… 231
2. "自我诊断+企业参与"高等职业院校专业评价实施方案 …… 236
3. 案例入选中国高等职业教育质量年度报告 ………………… 269

参考文献 ………………………………………………………… 270

后记 ……………………………………………………………… 273

图表目录

图 0-1　多元协同参与的人才培养质量监控体系实施框架 …………… 3
图 1-1　多元质量监控目标体系 …………………………………………… 6
表 1-1　核心保障部门主要监控目标一览表 ……………………………… 11
图 2-1　多元质量评价标准体系 …………………………………………… 15
表 2-1　理论课教学质量评价表（督导及同行评价用表）……………… 17
表 2-2　实训/实验教学质量评价表（督导及同行评价用表）………… 19
表 2-3　顶岗实习教学质量评价表（督导及同行评价用表）…………… 21
表 2-4　课程设计教学质量评价表（督导及同行评价用表）…………… 23
表 2-5　毕业设计（论文）教学质量评价表（督导及同行评价用表）
　　　　………………………………………………………………………… 25
表 2-6　体育课教学质量评价表（督导及同行评价用表）……………… 27
表 2-7　理论课授课质量评价表（学生评价用表）……………………… 29
表 2-8　实验/实训课授课质量评价表（学生评价用表）……………… 31
表 2-9　学生职业能力评价标准 …………………………………………… 34
表 2-10　学生满意度评价标准 ……………………………………………… 36
表 2-11　教师满意度评价标准 ……………………………………………… 37
表 2-12　顶岗实习单位满意度评价标准 …………………………………… 44
表 2-13　顶岗实习调查量表 ………………………………………………… 45
表 2-14　雇主满意度评价标准 ……………………………………………… 47
表 2-15　督导学期绩效考核标准（督导组长岗）………………………… 50
表 2-16　督导学期绩效考核标准（督导岗）……………………………… 51
表 2-17　二级督导工作年度考核标准 ……………………………………… 52
图 3-1　多元质量监控工作内容 …………………………………………… 54
图 3-2　教师参与同行听课评课 …………………………………………… 63
图 3-3　教师开展"钉课"教研活动 ……………………………………… 63
图 3-4　教师参与专业诊断评价 …………………………………………… 64
图 3-5　"小参与·大素质"宣传月 ……………………………………… 65
图 3-6　学生参与教师授课质量评价 ……………………………………… 66

图 3-7	学生参与调查与测试	67
图 3-8	学生参与信息反馈渠道	67
图 3-9	企业参与顶岗实习评价	72
图 3-10	企业参与专业诊断评价	72
图 4-1	信息化系统开发路线图	76
图 4-2	多元监控数据平台组成	77
图 4-3	教师授课质量评教管理系统功能模块图	79
图 4-4	教师授课质量评教管理系统 E-R 图	80
图 4-5	授课任务实体的属性图	80
图 4-6	历史数据实体的属性图	81
图 4-7	教师授课质量评教管理系统数据流图	82
图 4-8	职业能力测试结果统计	91
表 4-1	解决问题能力行为决策指标试题举例	92
表 4-2	组织能力认知模式指标试题举例	92
表 4-3	组织能力沟通协调指标试题举例	93
表 4-4	学习能力独立性指标试题举例	93
图 4-9	教师满意度调查子系统功能模块图	96
图 4-10	教师满意度调查子系统 E-R 图	97
图 4-11	教师满意度调查子系统实体属性图	97
图 4-12	教师满意度调查子系统数据流图	98
图 4-13	顶岗实习满意度调查系统功能模块图	104
图 5-1	多元反馈改进运行机制框架	111
表 5-1	新教师听课计划与评教表	113
表 5-2	督导集体听课评价表	114
表 5-3	学生调查结果汇总表	115
表 5-4	学生评教影响因素一览表	116
表 5-5	全部课程评价结果按分数段统计一览表	117
表 5-6	不同类型课程评价结果按分数段统计一览表	117
表 5-7	甲老师不同类型课程评价结果一览表	118
表 5-8	不同教师不同属性课程评价结果对比	118

表 5-9　乙老师不同班级同一课程评价结果对比 …………………… 118
表 5-10　教学质量信息反馈单 ……………………………………… 120
表 5-11　学生信息圈反馈信息及改进状况一览表 ………………… 123
表 5-12　教学质量学生满意度评价指标体系 ……………………… 124
图 5-2　教学质量学生满意度调查结果 …………………………… 125
表 5-13　全校各大类专业学生满意度的分项比较 ………………… 126
表 5-14　全校汇总绩差大于或接近1.5的分项 …………………… 127
图 5-3　全校学生满意度变化趋势 ………………………………… 128
图 5-4　教师满意度各维度及总体满意度 ………………………… 130
图 5-5　不同学历教师各维度及总体满意度 ……………………… 131
图 5-6　不同职称教师各维度及总体满意度 ……………………… 133
表 5-15　顶岗实习单位满意度评价指标体系 ……………………… 135
图 5-7　实训课专项巡查 …………………………………………… 139
图 5-8　教学质量监控专栏 ………………………………………… 140
图 5-9　全校学生评教与三方综合评教平均分趋势 ……………… 140
图 5-10　全校学生评教各分数段课程比例变化趋势 …………… 140
表 5-16　学生评教≤80分教师改进一览表 ………………………… 141
表 5-17　二级督导组工作成效反馈一览表 ………………………… 142
表 6-1　多元协同参与的体系运行制度框架 ……………………… 145
图 6-1　各岗位常规工作流程图 …………………………………… 148
图 6-2　评奖工作流程图 …………………………………………… 149
图 6-3　会议管理、专项调查工作流程图 ………………………… 149
图 6-4　学生参与质量监控：小参与·大素质 …………………… 150
图 6-5　学生评教工作流程图 ……………………………………… 151
图 6-6　学生满意度调查工作流程图 ……………………………… 152
图 6-7　同行听课评课工作流程图 ………………………………… 153
图 6-8　企业参与专业评价组织工作流程图 ……………………… 154
表 6-2　校督导月度计划与总结表 ………………………………… 162
表 6-3　校督导学期计划与总结表 ………………………………… 163
表 6-4　校督导组长月度计划与总结表 …………………………… 164
表 6-5　校督导组长学期计划与总结表 …………………………… 165

表 6-6　校督导组月度/学期工作汇总表 …………………………… 166

表 6-7　二级督导组学期计划与工作总结表 …………………………… 168

表 6-8　二级督导组年度工作目标考核分指标 …………………………… 175

表 6-9　督导行政助理学期绩效考核标准 …………………………… 180

图 7-1　课堂教学"质量屋" …………………………… 184

图 7-2　学生参与评教关键步骤 …………………………… 187

表 7-1　多元参与评教的特征分析 …………………………… 194

表 7-2　教师自我评价量表 …………………………… 198

图 7-3　三步走，探索"自我诊断+企业评价" …………………………… 210

图 7-4　企业参与专业评价实施模式 …………………………… 213

表 7-3　专业自我诊断评价表 …………………………… 214

表 7-4　企业专家评价意见表 …………………………… 218

表 7-5　专业改进实施进程表 …………………………… 220

表 7-6　"自我诊断"与"企业参与"专业评价的特征分析 ………… 224

图 7-5　多方参与的专业自我保证机制 …………………………… 225

概 述

1. 建设质量监控体系的背景

2009 年,广东轻工职业技术学院启动国家示范校建设,提出"运行与监控并举 构建教学质量管理体系"。2010 年,《国家中长期教育改革和发展规划纲要(2010—2020 年)》提出"开展由政府、学校、家长及社会各方面参与的教育质量评价活动"。我们仔细研读了文件,针对日常管理中发现的依赖督导这一"单一主体"听课评课、教学巡查等会产生监控盲区的问题,深入剖析"学校(督导)—学生—教师—企业"不同利益主体对人才培养质量关键诉求的差异性、参与质量评价的成熟度与聚焦点,按照"教学质量学生满意度"服务于"学",帮助学生发展;"企业满意度"服务于"教",促进学生发展;"教师满意度"服务于"教学",成就学生发展的多元参与质量监控理念,"国家—省—校"研究项目联动,开始"多元协同参与的人才培养质量监控体系"研究与实践工作。

2. 建设质量监控体系的历程

2010 年,我们从实际出发,提出了建设质量监控体系的"1234"思路,即通过建立"1 套标准"、打造"2 支队伍"、重点开展"3 项调研"、实现质量监控的"4 个目标"。到 2012 年,以自主开发的"教师授课质量三方评价系统"为载体,我们建立了"学校—学生—教师—企业"相结合的质量监控体系。"三个'三结合',构建'互补契合型质量监控体系'"获 2012 年广东轻工职业技术学院教学成果二等奖。

2013 年,为实现广东轻工职业技术学院"提升教师教学效能、促进学生职业发展、满足企业岗位需求"的多元质量监控方针，基于第四代评价理论，我们结合学校人才培养质量的关键控制点，边实践、边完善，从监控体系的目标、标准、内容、工具、保障制度等方面，进一步优化了体系的实施框架，并通过测评监控目标达成度反思体系的运行效果。

2012—2017 年，我们的"'自我诊断＋企业参与'的专业评价模式实证研究（17YJA880044）""高职院校学生学习成果评价研究与实践（201401030）""高职院校人才培养质量跟踪系统建设（20120101008）""企业参与顶岗实习质量评价的实证研究（201281）"等分获国家、省级科研、教改立项；"多元协同参与的人才培养质量监控体系研究与实践"获省级成果培育项目立项（JP201405）、校级重大科研项目立项（1A21405）。"国家—省—校"研究项目的联动，为打造学生—企业—教师参与质量监控的任务链，拓展"以学生为中心"教育理念的本土应用提供了理论支撑，有效解决了多元参与评价的碎片化标准及评价数据分析反馈时效性差、结果模糊等现实问题。

2017 年，我们从"目标—标准—工作内容—制度—信息平台"再次全面系统地梳理、优化不同利益主体参与质量监控的实施框架（见图1）。通过重新修订各项制度、工作流程，完善各项工作、评价标准，优化工作模板、信息系统等措施，进一步完善了"多元协同参与的人才培养质量监控体系"。我们所建立的体系是一个自由的体系，是有空间性的，它由独立的个体形成，完整性是连续的，它从学校的质量方针或质量理念获得改进动力。我们所建立的体系更是一个有限的体系，是有时间性的，因为它迟早都要服从变化，持久性是暂时的。经过近 10 年的辛勤耕耘，我们形成了"契合多元价值的评价标准体系"、全校"多元全面参与"的评价氛围，"多元协同参与的人才培养质量监控体系研究与实践"获省级教学成果奖。

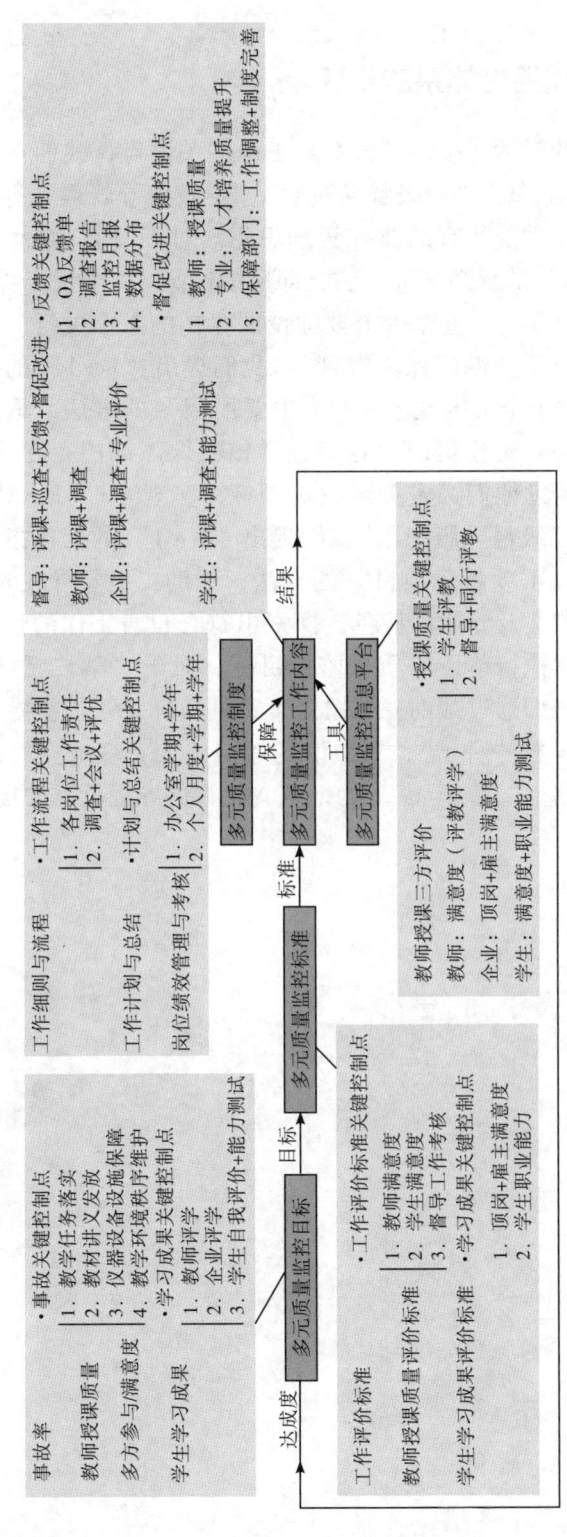

图0-1 多元协同参与的人才培养质量监控体系实施框架

3. 建设质量监控体系的收获

通过与企业的对话连接，结合实际工作的关键点，我们在"教师授课反馈""部门保障督管""二级督导履职""学校督导管理"等方面提出了广东轻工职业技术学院特有的监控管理思想。对于"教师授课反馈"，我们提出"1∶1∶1"的反馈标准方法，即反馈按照"1个优点∶1个缺点∶1个改进建议"的方法，重点指出教师授课存在的1个关键问题，以帮助教师聚焦改进；对于"部门保障督管"，我们提出"1+1"的监控标准方法，即督管按照"1个关键现象+1个主要原因"的方法，重点指出教务处、教育技术中心、实验实训中心等教学核心保障部门存在的1个现象，分析主要原因，帮助他们锁定关键改进领域，实现"1+1≥2"的协同改进目标；对于"二级督导履职"，我们提出"1×1"的工作指导标准，即"1系列常规工作×1项特色项目"的方法，帮助二级督导在常规工作中，针对自身面向的专业及专业群特色，探索出符合自身工作的特色，以保障顺利实现二级教学执行单位的质量监控目标；对于"学校督导管理"，我们提出"1-1^1"，即通过帮助督导树立1系列目标，守护督导"愿意变成更好的自己"的1粒"种子"，播撒信任他们"愿意变成更好的自己"的1米"阳光"，打造"管理至零"的组织文化，倡导规范下的自我管理。

第1章　多元参与的质量监控目标体系

爱丽丝的故事

"请你告诉我，我该走哪条路？"爱丽丝说。

"那要看你想去哪里。"猫说。

"去哪儿无所谓。"爱丽丝说。

"那么走哪条路也就无所谓了。"猫说。

——摘自刘易斯·卡罗尔的《爱丽丝漫游奇境记》

【思考】

当一个人没有明确目标的时候，就不会知道该怎么做，别人是无法帮到你的，更不要说完成任务。没有清晰的目标方向，就不能转化为自己的有效行动。

"目标"就是灯塔与渴望，没有目标你就不会有前进的方向。如果不同主体参与质量监控的理性行为和我们持续改进人才培养质量的渴望相隔离，我们所建立的质量监控体系就只能保持一种暂时的独立形式。学校在质量监控的实践中，要确定的是我们的目标和我们的质量方针相一致的渴望。

管理专家彼得·德鲁克（Peter Drucker）于1954年在其著作《管理实践》中最先提出了"目标管理和自我控制"的主张，目的是将目标分解落实到各职能部门和各级人员，使实现组织方针的目标更具有操作性。为实现学校"提升教师教学效能、促进学生职业发展、满足企业岗位需求"的多元质量监控方针，我们围绕"多方参与评教率""教师授课质量""多方满意度""学生学习成果""教学事故"五大维度，在"学校—教学执行单位—核心保障部门"建立质量目标，构成多元监控目标体系。

1.1 质量监控目标的内涵

质量监控目标，是指组织在质量方面所追求的目的，一般依据组织的质量方针、现状及未来的质量发展，针对组织的相关职能和层次分别制定。质量监控目标的制定为学校全体人员提供了质量方面的关注焦点，帮助组织合理地分配和利用资源。制定质量监控目标，首先要找出影响组织质量方针实现的关键问题，其次要运用头脑风暴法等多种集思广益的科学方法分析解决这些关键问题的措施与途径，并以此确定目标。质量监控的目标应是具体、可测量、可实现、与其他目标相关、有时间限制的，它的制定要符合 SMART 原则（即 specific、measurable、attainable、relevant、time-bound）。好的质量监控目标一般具有以下特征：易于理解的内涵、便于测量分析、明确的质量底线、经过努力可以达到。

1.2 质量监控目标的组成

目标本身只有在不同主体参与质量监控的行为所组成的体系中才具有现实存在的意义，这种现实存在的意义就是为保障和改进人才培养质量提供渴望。结合学校的发展实际，我们的质量监控目标涉及的维度主要用于满足"学校（督导）—学生—教师—企业"不同利益主体对人才培养质量的关键诉求，以实现学校"提升教师教学效能、促进学生职业发展、满足企业岗位需求"的多元质量监控方针。按照 SMART 原则，我们在人才培养质量的过程、结果、保障三个环节，围绕"多方参与评教率、教师授课质量、多方满意度、学生学习成果、教学事故"五大维度，从"课程—教师—学生—专业—学校"层面建立核心监控目标，构建了"学校—教学执行单位—核心保障部门"多元质量监控目标体系（见图 1-1）。

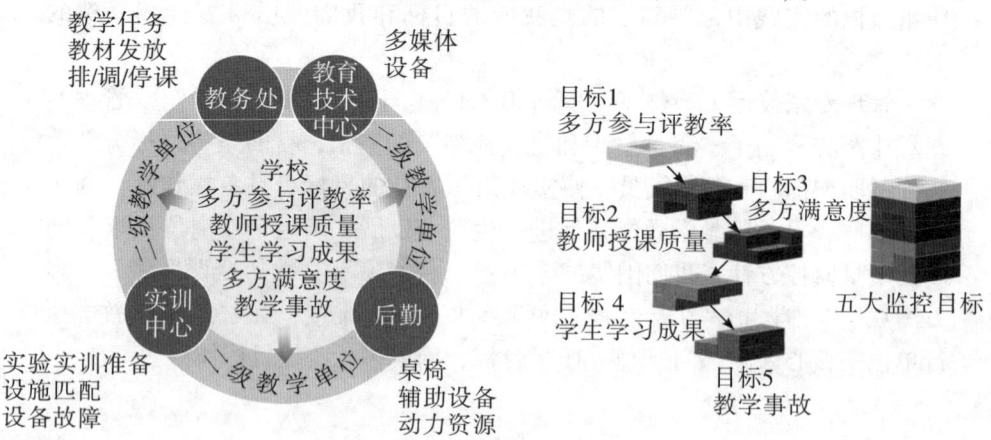

图 1-1　多元质量监控目标体系

1.2.1 学校

（1）多方参与评教率。学生评教率≥95%；同行评教率≥99%；社会参与评教率≥70%。

（2）教师授课质量。学生评教总分≤80分的比率为0，学生评教总分≥90分的比率≥50%；学生评教总分≥85分，三方综合评教≥85分，教师整体授课质量优良。

（3）多方满意度。顶岗实习单位对学生综合素质满意度≥3.75（5分制），对学校课程设置与职业岗位对接满意的达成度≥90%；应届毕业生对学校总体满意度≥3.75，对课程学习体验的满意度≥3.75；教师对学校的总体满意度≥3.75，对学生学习成果的满意度≥3.75。

（4）学生学习成果。应届毕业生职业能力测试≥80分，考核、考试成绩通过率≥90%。

（5）教学事故。重大教学事故发生次数为0次/年，一般教学事故发生次数≤2次/年；各类教学质量事故投诉受理率100%。

1.2.2 教学执行单位

（1）多方参与评教率。学生信息员培训到会率、学生诚信评教承诺书签署率、评教率均≥95%；同行评教率≥99%；社会评教率≥70%。

（2）教师授课质量。学生评教总分≤80分的比率为0，学生评教总分≥90分的比率≥50%；学生评教总分≥85分，三方综合评教≥85分，教师整体授课质量优良。

（3）多方满意度。顶岗实习单位对学生综合素质满意度≥3.75（5分制），对学校课程设置与职业岗位对接满意的达成度≥90%；应届毕业生对学校总体满意度≥3.75，对课程学习体验的满意度≥3.75；教师对学校的总体满意度≥3.75，对学生学习成果的满意度≥3.75。

（4）学生学习成果。应届毕业生职业能力测试≥80分，考核、考试成绩通过率≥90%。

（5）教学事故。重大教学事故发生次数为0次/年，一般教学事故发生次数≤1次/年；各类教学质量事故投诉受理率100%。

1.2.3 核心保障部门

（1）教务处。教学任务落实准确率（以教务系统中教学任务条目为基数）≥99%，排课保障率（以班数为基数）≥99%，调、停课保障率（以全院基本教学任务数为基数，合班计一次）≥99%，教材发放及时率（以教材计划品种数为基数，截止日期按照开学第二周末计算，实训教材在实训开课前一天到位，因教学计划的更改、出版社无货除外）≥99%。

（2）现代教育技术中心。定期维护多媒体设备，多媒体设备故障（依照工作流程，以公共课室数为基数）处理及时，按照承诺响应时间及时到现场处理故障，多媒体设备保障率（以公共课室数为基数）逐步提升，以≥95%为基数，每年提高1个百分点，直至达到≥98%。

（3）实验实训中心。实训准备保障率（以实训周次为基数）逐步提升，以≥95%为基数，每年提高1个百分点，直至达到≥98%。实训室开门及时率（以实训室个数为基数）达到100%。实训设备匹配失误频次（以实训班次为基数）≤2次/月，且≤10次/学期。计算机保障率（以计算机台数为基数）逐步提升，以≥95%为基数，每年提高1个百分点，直至达到≥98%。

（4）后勤产业处。辅助设备维护规范（含桌椅、灯、扇、窗、窗帘等，以公共课室和实训室数为基数），有定期检查维护记录。维修辅助设备及时（含桌椅、灯、扇、窗、窗帘等，以公共课室和实训室数为基数），按照承诺响应时间及时到现场处理故障。动力资源应急失误频次及应急抢修水、电故障，要求失误频次≤1次/月，且≤4次/学期；应急抢修保证及时，保证教师有效达成当堂教学目标。

如广东轻工职业技术学院教学执行单位及核心保障部门主要监控目标如下：

教学执行单位及核心保障部门主要监控目标
粤轻院督〔××××〕×号

第一章　总　则

第一条　依据《"多元协同参与的人才培养质量监控体系"实施方案》（粤轻院督〔××××〕×号），制定教学执行单位及核心保障部门主要监控目标。

第二条　监控目标的达成度根据实际情况作为各教学执行单位及核心保障部门年度工作考核的依据之一。

第二章　教学执行单位主要监控目标

第三条　教学执行单位。教学执行单位包括艺术设计学院等二级学院、马克思主义学院、体育部，各教学执行单位的主要监控目标如下。

第四条 教师授课质量评价。每学期学生评教≤80分的比率为0，学生评教≥90分的比率≥50%。学生评教、三方综合评教平均值≥85分，教师整体授课质量优良。

第五条 多方参与评教率。学生信息员培训到会率、诚信评教承诺书签署率、评教率均≥95%，同行评教率≥99%，社会参与评教率≥70%。

第六条 同行听课评课成果。每学期按时在"教师授课质量评教管理系统"填报同行听课评课分值，结合听课评课成果对全体专任教师填写同行定性评语。

第七条 多方满意度。教师满意度调查参与率≥85%，顶岗实习调查企业参与率≥50%，学生满意度调查参与率≥50%（顶岗实习、学生满意度调查不适用于马克思主义学院、体育部），满意度≥3.75（5分制）。

第八条 学生学习成果。应届毕业生职业能力测试≥80分，考核、考试成绩通过率≥90%。

第九条 教学事故。重大教学事故发生次数为0次/年，一般教学事故发生次数≤2次/年；各类教学质量事故投诉受理率100%。

第三章 核心保障部门主要监控目标

第十条 核心保障部门。教学质量核心保障部门包括教务处、实验实训中心、现代教育技术中心、后勤产业处，各核心保障部门主要监控目标如下。

第十一条 教务处。以学期为监控单位，包括教学任务落实准确率，排课保障率，调、停课保障率，教材发放及时率等主要定量指标。具体监控目标如下：

（1）教学任务落实准确率（以教务系统中教学任务条目为基数）≥99%。

（2）排课保障率（以班数为基数）≥99%。

（3）调、停课保障率（以全院基本教学任务数为基数，合班计一次）≥99%。

（4）教材发放及时率（以教材计划品种数为基数，截止日期按照开学第二周末计算，实训教材在实训开课前一天到位）≥99%。

第十二条 现代教育技术中心。以学期为监控单位，包括多媒体设备维护规范性，多媒体设备故障处理及时性，多媒体设备保障率等主要指标。具体监控目标如下：

（1）多媒体设备维护规范，有定期检查维护记录。

（2）多媒体设备故障（依照工作流程，以公共课室数为基数）处理及时，按照承诺响应时间及时到现场处理故障。

（3）多媒体设备保障率（以公共课室数为基数）逐步提升，以≥95%为基数，每年提高1个百分点，直至达到≥98%。

第十三条 实验实训管理中心。以学期为监控单位，包括实训准备保障率，实训室开门及时率，实训设备匹配失误频次，计算机保障率等主要定量指标。具体监控目标如下：

（1）实训准备保障率（以实训周次为基数）逐步提升，以≥95%为基数，每年提高1个百分点，直至达到≥98%。

（2）实训室开门及时率（以实训室个数为基数）达到100%。

（3）实训设备匹配失误频次（以实训班次为基数）≤2次/月，且≤10次/学期。

（4）计算机保障率（以计算机台数为基数）逐步提升，以≥95%为基数，每年提高1个百分点，直至达到≥98%。

第十四条 后勤产业处。包括辅助设备维护规范性，维修辅助设备及时性，动力资源应急失误频次及应急抢修水、电故障等主要指标，具体监控目标如下：

（1）辅助设备维护规范（含桌椅、灯、扇、窗、窗帘等，以公共课室和实训室数为基数），有定期检查维护记录。

（2）维修辅助设备及时（含桌椅、灯、扇、窗、窗帘等，以公共课室和实训室数为基数），按照承诺响应时间及时到现场处理故障。

（3）动力资源应急失误频次及应急抢修水、电故障，要求失误频次≤1次/月，且≤4次/学期；应急抢修保证及时。

第四章 主要监控目标的监测途径

第十五条 教学执行单位。教学督导室通过"教师授课质量评教管理系统""教师评教评学满意度调查系统""顶岗实习单位评教评学调查系统""教学质量学生满意度调查系统""学生职业能力测试系统"监测目标的达成度。

第十六条 核心保障部门。教学督导室通过日常教学专项巡查监测目标的达成度。

第十七条　日常专项巡查。日常教学专项巡查的内容包括学生迟到现象，学生课堂行为，学生课间行为，教师上课行为及其他教学保障服务等。教学督导室将巡查情况按天记录，按月统计并填入"日常教学专项巡查监测一览表"。

第十八条　监控数据发布。主要监控目标达成度的结果在《教学督导监控月报》上公布，并对比分析变化趋势。

第五章　附　则

第十九条　因学校整体工作发展之需要，经学校办公会议讨论，可调整目标。

第二十条　本通知由教学督导室负责解释，自××年×月×日起施行。

核心保障部门主要监控目标一览表如表1-1所示。

表1-1　核心保障部门主要监控目标一览表

责任部门	主要监控项目	监控目标或标准			
		2017年	2018年	2019年	2020年
教务处	教学任务落实准确率	≥99%	≥99%	≥99%	≥99%
	排课保障率（以班数为基数）	≥99%	≥99%	≥99%	≥99%
	调、停课保障率（以全院基本教学任务数为基数，合班计一次）	≥99%	≥99%	≥99%	≥99%
	教材发放及时率（以教材计划品种为基数，截止日期按照开学第二周末计算，实训教材在实训开课前一天到位）	≥99%	≥99%	≥99%	≥99%
现代教育技术中心	多媒体设备维护规范（有定期检查维护记录）	—			
	多媒体设备故障处理及时（以公共课室数为基数）	按承诺响应时间及时到现场处理故障：教学楼10分钟、图书馆15分钟			
	多媒体设备保障率（以公共课室数为基数）	≥95%	≥96%	≥97%	≥98%

续上表

责任部门	主要监控项目	监控目标或标准			
		2017 年	2018 年	2019 年	2020 年
实验实训管理中心	实训准备保障率（以实训周次为基数）	≥95%	≥96%	≥97%	≥98%
	实训室开门及时率（以实训室个数为基数）	100%	100%	100%	100%
	实训设备匹配失误频次（以实训班次为基数）	≤2 次/月且≤10 次/学期			
	计算机保障率（以计算机数为基数）	≥95%	≥96%	≥97%	≥98%
后勤产业处	辅助设备维护规范（含桌椅、灯、扇、窗、窗帘等，以公共课室和实训室数为基数）	有定期检查维护记录			
	辅助设备维修及时（含桌椅、灯、扇、窗、窗帘等，以公共课室和实训室数为基数）	按承诺响应时间及时到现场处理故障			
	动力资源应急失误频次，水、电故障应急抢修	≤1 次/月且≤4 次/学期；及时率—保证率			

第 2 章 多元协同的质量评价标准体系

聪明的标准

　　1985 年,海尔引进了世界一流的冰箱生产线。1 年后,有用户反映海尔冰箱存在质量问题。在给用户换货后,海尔对全厂冰箱进行了检查,发现库存的 76 台冰箱制冷功能良好,但外观有划痕,不符合预定的产品标准。时任厂长的张瑞敏决定将这些冰箱当众砸毁,这一举措引起极大震动。3 年后,海尔人捧回了中国冰箱行业的第一块国家质量金奖。

——摘自《名人故事》

【思考】

　　习近平总书记在致第 39 届国际标准化组织(ISO)大会开幕式的贺信中指出:"标准是人类文明进步的成果。从中国古代的'车同轨、书同文',到现代工业规模化生产,都是标准化的生动实践。""标准已成为世界'通用语言'。世界需要标准协同发展,标准促进世界互联互通。"可见,"标准"既是对过去的总结,也是对未来的保证。

　　不同主体参与质量监控的行为是按照不同的规定即标准相联系的。学校在质量监控的实践中,为了达到目标,需要制定一系列的标准。

　　"学生—教师—企业"参与评价关注的是评价后生成的教学价值,而不是教学如何应对评价,从发展的角度看是要创造教学的可持续发展价值。为实现监控目标,我们在人才培养质量的过程、结果、保障三个环节,从"教师授课质量、学生职业能力、'学生—教师—企业'满意度、督导工作"四个层面建立了多元协同参与的质量监控评价标准体系。

2.1 质量监控标准的内涵

质量监控标准服务于质量监控评价。作为教育评价的一种，质量监控评价是监控者对教育活动或行为主客体价值关系，价值实现过程、结果及其意义的一种认识活动，是对教育现象状态和价值的判断，它以对评价对象的客观描述为前提，强调被评价者的参与。质量监控标准是监控评价活动中需要定量、定性判断某一领域教学质量现状的一系列准则，是开展质量监控评价的基础，它能预测某一项教学活动对教学质量的影响，为控制质量水平、制定质量规划、促进教学资源科学配置及综合利用等提供指示性依据。

2.2 质量监控标准的制定

我们以系统论、教育测量理论等为主要理论基础，综合运用经济学、教育学、统计学等跨学科知识，以及文献资料比较法、问卷调查法、访谈法、系统分析法等作为质量监控标准制定的主要方法。

（1）文献研究法。查阅国内外有关论文、著作、报道、案例等，启迪思想，开阔研究思路，寻找理论依据以及可资借鉴的方法、经验，制订指标体系研究方案。

（2）UML 建模法。应用 UML 建模法建立对象模型、动态模型和功能模型，从学生—教师—企业的视角分析影响感知教学过程或教学结果的质量评价要素；从督导人员的结构特征及影响工作质量的关键要素分析"学校—二级教学单位"工作考核标准体系。

（3）多层次分析法。通过系统分析，按照多层次分析法的原则构建学生—教师—企业参与质量评价的指标体系，将其分为"维度"和"指标"两部分，根据维度和指标开发、设计调查问卷。

（4）决策树法。基于专家规则库应用决策树法建立推理网络，实现智能决策。

2.3 质量监控标准的组成

不同主体参与质量监控的行为是按照不同的规定相联系的。我们的质量监控标准体系坚持学生"学"的效果、学校"教"的状况、企业"用"的感受评价相结合，过程性评价与终结性评价相结合，学生职业发展能力评价与岗位基本胜任能力相结合。在人才培养质量的"过程、结果、保障"三个环节，我们从"教师授课质量、学生职业能力、'学生—教师—

企业'满意度、督导工作"四个层面建立多元协同参与的质量监控评价标准体系。

我们采用以下具体建设措施,在人才培养质量的过程、结果、保障三个环节,完善我们多元协同参与的质量评价体系标准链,以解决评价标准碎片化的问题,如图2-1所示。首先,按照理论课、实验实训等不同课程类型,颁布了《关于进一步完善"督导、同行、学生"评教标准的通知》。其次,从服从管理、敬业勤奋、诚实守信、沟通能力、应变能力、团队协作能力、解决问题能力、组织能力、学习能力、创新与创业能力等十个维度建立了学生职业能力测试标准。再次,从课程学习环境、课程学习体验、技能训练过程、学习管理与沟通、受关注程度、学习成果等六个维度,学校制度与文化、工作环境与机会、考核评价与薪酬、培训与职业发展、学生学习成果五个维度,学生岗位表现力、招聘竞争力、教学课程设置与职业岗位对接三个维度分别建立"'学生—教师—企业'满意度"评价标准。最后,从劳动纪律、听课情况、学生评教与学生信息员会议质量、信息反馈、其他工作五个维度制定校督导工作考核评价标准;从教师授课质量评价、满意度调查与学生职业能力测试、其他工作、工作特色与改进计划四个维度制定了二级督导工作考核标准。

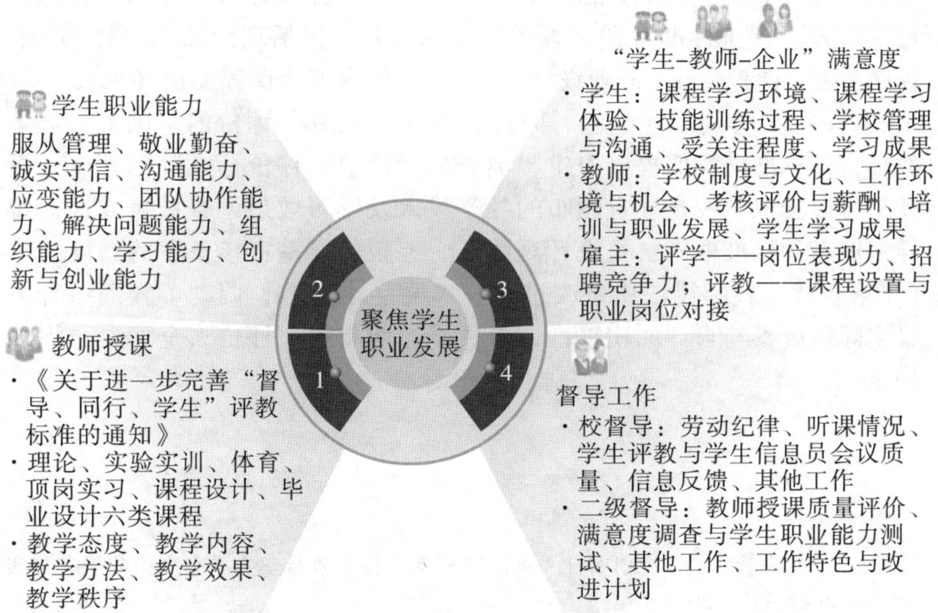

"学生-教师-企业"满意度
- 学生:课程学习环境、课程学习体验、技能训练过程、学校管理与沟通、受关注程度、学习成果
- 教师:学校制度与文化、工作环境与机会、考核评价与薪酬、培训与职业发展、学生学习成果
- 雇主:评学——岗位表现力、招聘竞争力;评教——课程设置与职业岗位对接

学生职业能力
服从管理、敬业勤奋、诚实守信、沟通能力、应变能力、团队协作能力、解决问题能力、组织能力、学习能力、创新与创业能力

教师授课
- 《关于进一步完善"督导、同行、学生"评教标准的通知》
- 理论、实验实训、体育、顶岗实习、课程设计、毕业设计六类课程
- 教学态度、教学内容、教学方法、教学效果、教学秩序

聚焦学生职业发展

督导工作
- 校督导:劳动纪律、听课情况、学生评教与学生信息员会议质量、信息反馈、其他工作
- 二级督导:教师授课质量评价、满意度调查与学生职业能力测试、其他工作、工作特色与改进计划

图2-1 多元质量评价标准体系

2.3.1 教师授课质量评价标准

在教师授课过程中，教师、学生、同行、督导是不同的利益主体，对课堂教学质量的关键诉求存在差异性，参与课堂教学评价的成熟度与聚焦点也有所不同。但在实践中绝大多数评价标准的制定往往以评价组织者的意志为核心，虽从形式上按照评价主体和评价课程类型设置了评价标准，却没有真正考虑不同主体评教认知的真实需求。

针对理论课、体育课、实验/实训、顶岗实习、课程设计、毕业设计等课程，我们首先以学生感知为主，建立了课程教学质量满意度指数模型[①]。为确保督导、学生、同行"三方"协同精准评教，我们吸纳学生、教师、督导、专家等人员广泛参与标准的制订。基于"三方"评教认知需求，针对理论、实训等课程类型差异，我们从"教学态度、教学内容、教学方法、教学效果、教学秩序"五个维度制定了定量评价标准，并从"教师教学方法、教学特色、学生学风、引导或培养学生创新创业意识、立德树人"等维度制定了课堂观察定性评价指标[②]。在广东轻工职业技术学院省级一流高职"优质课堂"建设项目的过程中，我们依据教育部《关于深化高校教师考核评价制度改革的指导意见》，实行教师自评、学生评价、同行评价、督导评价"四位一体"参与教师授课质量评价。我们还广泛征集教育领域专家、评价标准使用者等的建议，重新组织修订了教师授课质量"三方"评价标准来评价教师的授课质量，包括理论课、实验/实训、顶岗实习、课程设计、毕业设计（论文）、体育课等课程类型（见表 2-1 至表 2-8）。特别是在学生、同行、督导"三方"评价的基础上，对于教师自评标准，我们提出构建"契合多元价值的评价标准"的理念，设计了可以选取学校督导室颁布的教学投入及学习效果调查量表或根据督导室颁布的标准框架自主设计观测点、上报督导室审核备案的制度安排（见第 6 章 教师授课质量改进——"温室计划"），调动了教师结合自身实际情况参与自评的积极性，形成了让所有参与评价人全面参与评价的氛围。

[①] 广东省教育科学规划项目"高职院校课堂教学质量学生满意度指数研究与实践（2010tjk133）"，2012 年结题。

[②] 广东省教学成果培育项目"多元协同参与的人才培养质量监控体系研究与实践（00402202）"，2017 年结题，广东省教学成果奖。

表2-1 理论课教学质量评价表（督导及同行评价用表）

授课教师		授课地点		授课时间	年　月　日			
课程名称				学生考勤	应到　　　人			
					实到　　　人			
所在部门		上课班级		听课人				
评价指标					得分				合计
					优秀	良好	合格	不合格	
教学态度(20分)	1	教学大纲或课程标准、教案、授课计划等教学文件齐全			5	4	3	2	
	2	为人师表、治学严谨、以身作则、教书育人			5	4	3	2	
	3	严格课堂管理，作业布置合理、批改及时，辅导耐心			5	4	3	2	
	4	提前到达教室，准备相关设备和教具			5	4	3	2	
教学内容(20分)	5	严格执行教学大纲及授课计划，误差不超过正负2课时			5	4	3	2	
	6	合理选用优秀新版教材，专业课注重开发和选用工学结合教材			5	4	3	2	
	7	授课内容符合大纲要求，基本知识讲解清楚，重点、难点突出			5	4	3	2	
	8	根据课程特点突出职业能力培养，寓职业素质教育于课堂教学之中			5	4	3	2	
教学方法(30分)	9	课件、板书设计合理、条理清晰			5	4	3	2	
	10	语言表达清晰、准确，逻辑性强			5	4	3	2	
	11	理论联系实际，注重培养学生分析问题和解决问题的综合能力			5	4	3	2	
	12	根据课程特点，充分利用多媒体和其他教学手段			5	4	3	2	
	13	根据课程特点，设计教学组织流程，设计教、学、做一体的情境教学法，教学手段灵活			10	8	6	4	

续上表

评价指标			得分				合计
			优秀	良好	合格	不合格	
教学效果（20分）	14	达到大纲规定教学目标，学生掌握了本堂课的主要教学内容	10	8	6	4	
	15	学生对教学的综合反映较好，激发了学生学习兴趣	5	4	3	2	
	16	学生掌握了本堂课的重点内容，提高了相关职业技能和职业素质	5	4	3	2	
教学秩序（10分）	17	学生到课率高，迟到率低	5	4	3	2	
	18	课堂秩序良好，学生听课认真	5	4	3	2	
总分							
整体评价	1. 对教师教学方法、教学特色方面： 2. 对学生学风评价： 3. 其他： ①是否结合课程实际情况引导或培养学生创新创业意识： 是（　　）；否（　　）；无法判断（　　）； ②根据实际填写						

备注：①总分90～100分为优秀，85～89分为优良，80～84分为良好，75～79分为一般，74～60分为合格，60分以下为不合格。

②教学效果由评价人员根据与学生访谈情况填写。

表 2-2　实训/实验教学质量评价表（督导及同行评价用表）

授课教师		授课地点		授课时间	年　月　日			
课程名称				学生考勤	应到　　人			
					实到　　人			
所在部门		上课班级		听课人				

评价指标			得分				合计
			优秀	良好	合格	不合格	
教学态度(20分)	1	教学大纲或任务书、教案、授课计划等教学文件齐全	5	4	3	2	
	2	为人师表、治学严谨、以身作则、教书育人	5	4	3	2	
	3	提前到达教室，准备相关仪器、设备、教具，现场整洁	5	4	3	2	
	4	严格课堂管理，按规定填写实训（验）教学设备等记录，指导耐心	5	4	3	2	
教学内容(20分)	5	严格执行教学大纲和授课计划，误差不超过正负2课时	5	4	3	2	
	6	实训（验）内容循序渐进，生产性实训注重以工作过程为导向，注重开发工学结合实训教材或指导书	5	4	3	2	
	7	根据课程特点突出职业能力培养，寓职业素质教育于教学之中，重视职业道德培养和企业文化熏陶	5	4	3	2	
	8	实训（验）内容符合大纲或任务书要求，讲解清楚，重点、难点突出	5	4	3	2	
教学方法(30分)	9	语言表达清晰、准确，逻辑性强；课件或板书设计合理、条理清晰	5	4	3	2	
	10	实训（验）报告要求明确，批改认真及时并有讲评	5	4	3	2	
	11	学生分组科学，教师示范操作规范，符合职业技能鉴定或行业标准	5	4	3	2	
	12	根据课程特点，设计教学组织流程，设计教、学、做一体的情境教学法，教学手段灵活	10	8	6	4	
	13	根据课程特点，进行实训（验）考核方法改革，设置考核标准	5	4	3	2	

续上表

评价指标			得分				合计
			优秀	良好	合格	不合格	
教学效果（20分）	14	实训（验）达到大纲和任务书规定的教学目标，学生遵守安全操作规程，仪器设备无损坏	10	8	6	4	
	15	学生对教学的综合反映较好，激发了学生学习兴趣	5	4	3	2	
	16	学生掌握了实训（验）基本技能，培养了合作精神，提高了沟通能力	5	4	3	2	
教学秩序（10分）	17	学生到课率高，迟到率低	5	4	3	2	
	18	实训（验）秩序良好，学生操作认真，需独立完成的任务无他人替代	5	4	3	2	
总分							

若有校外指导教师，履行岗位职责情况：优（　　）；良（　　）；中（　　）；差（　　）

整体评价	1. 对教师教学方法、教学特色方面： 2. 对学生学风评价： 3. 其他： ①是否结合课程实际情况引导或培养学生创新创业意识： 是（　　）；否（　　）；无法判断（　　）； ②根据实际填写

备注：①总分90~100分为优秀，85~89分为优良，80~84分为良好，75~79分为一般，74~60分为合格，60分以下为不合格。

②教学效果由评价人员根据与学生访谈情况填写。

表 2-3 顶岗实习教学质量评价表（督导及同行评价用表）

指导教师		实习单位		实习时间		年 月 日	
实习岗位				学生考勤	应到	人	
					实到	人	
所在部门		顶岗班级		评价人			

评价指标			得 分				合计
			优秀	良好	合格	不合格	
教学态度(20分)	1	实习教学大纲或任务书、实习计划等教学文件齐全	5	4	3	2	
	2	为人师表、治学严谨、以身作则、教书育人	5	4	3	2	
	3	提前做好与实习单位、校外指导教师的协调工作	5	4	3	2	
	4	严格实习管理，按规定到岗情况有记录	5	4	3	2	
教学内容(20分)	5	严格执行教学大纲或任务书，按照实习计划开展顶岗实习工作	5	4	3	2	
	6	根据实习岗位特点，对实习内容、要求及注意事项交代明确；同时注重开发工学结合教学项目或教学案例	5	4	3	2	
	7	根据实习岗位特点，突出职业能力培养，寓职业素质教育于教学之中，重视职业道德培养和企业文化熏陶	5	4	3	2	
	8	根据实习岗位特点，安排实习安全教育环节，培养学生劳动保护意识	5	4	3	2	
教学方法(30分)	9	根据实习岗位特点，与校外指导教师协调，合理分配学生顶岗岗位	5	4	3	2	
	10	实习报告要求明确，批改认真	5	4	3	2	
	11	注重顶岗实习的过程管理，定期检查学生工作日志，定期与校外指导教师联系	5	4	3	2	
	12	根据实习岗位特点，设计教学组织流程，突出做中学、做中教的职业教育特色，教学手段灵活	5	4	3	2	
	13	根据实习岗位特点，进行实习考核方法改革，设置考核标准	10	8	6	4	

续上表

评价指标			得分				合计
			优秀	良好	合格	不合格	
教学效果（20分）	14	实习达到大纲或任务书规定的教学目标，学生遵守安全操作规程	10	8	6	4	
	15	学生对实习的综合反映较好，激发了学生学习兴趣	5	4	3	2	
	16	学生掌握了实习岗位的基本技能，培养了合作精神，提高了沟通能力	5	4	3	2	
教学秩序（10分）	17	学生到岗率高，迟到率低	5	4	3	2	
	18	实习秩序良好，学生顶岗工作认真，需独立完成的任务无他人替代	5	4	3	2	
总分							

校外指导教师，履行岗位职责情况：优（　）；良（　）；中（　）；差（　）

整体评价	1. 对教师教学方法、教学特色方面： 2. 对学生学风评价： 3. 其他： ①是否结合课程实际情况引导或培养学生创新创业意识： 是（　）；否（　）；无法判断（　）； ②根据实际填写

　　备注：①总分 90~100 分为优秀，85~89 分为优良，80~84 分为良好，75~79 分为一般，74~60 分为合格，60 分以下为不合格。

　　②教学效果由评价人员根据与学生访谈情况填写。

表 2-4　课程设计教学质量评价表（督导及同行评价用表）

指导教师		设计题目		时间		年　月　日			
所在部门		评价人		班级（人数）					
评价指标					得分				合计
					优秀	良好	合格	不合格	
课程设计准备（20分）	1	师资力量能满足教学需要，指导教师具备主讲本课程的教师资格			5	4	3	2	
	2	课程设计教学大纲、指导书、任务书等文件资料准备齐全、规范			5	4	3	2	
	3	设备、场地能满足课程设计需要和要求			10	8	6	4	
课程设计过程（45分）	4	按照课程设计大纲和课程设计标准拟题，题的深广度与分量适当，提供基本题目和可选题目			10	8	6	4	
	5	指导学生明确课程设计的目的、意义、任务和要求，对综合运用所学知识、能力的训练设计完整，内容具体，有明确的能力培养目标			10	8	6	4	
	6	指导学生拟订课程设计实施方案，撰写课程设计说明书，为学生提供必要的课程设计条件，指导时间充裕			10	8	6	4	
	7	指导过程中贯彻因材施教的原则，注重培养学生的工程实践能力，分析问题、解决问题的能力			10	8	6	4	
	8	按计划检查每个学生的工作进度和质量，及时答疑和指导，发现和纠正课程设计中暴露出来的问题和错误，有检查记录			5	4	3	2	
设计效果（10分）	9	基本知识和基本技能掌握准确，课程设计报告思路清晰、文字通顺、书写规范，设计成果符合技术要求			5	4	3	2	
	10	95%以上的学生能够独立按照设计进度较好地完成规定的任务			5	4	3	2	

续上表

评价指标			得分				合计
			优秀	良好	合格	不合格	
成绩评定（20分）	11	有科学、规范的评分标准，成绩评定严肃、认真、科学、公正	10	8	6	4	
	12	根据学生的学习态度和课程设计质量，按照评定成绩标准对每个学生进行成绩评定并写出书面评语	10	8	6	4	
资料收缴（5分）	13	课程设计材料齐全、规范，在教务处规定时间内，将学生课程设计材料移交教研室验收，少1份不给分，迟交1天扣1分	5	4	3	2	
总分							
整体评价		1. 对教师教学方法、教学特色方面： 2. 对学生学风评价： 3. 其他： ①是否结合课程实际情况引导或培养学生创新创业意识： 是（ ）；否（ ）；无法判断（ ）； ②根据实际填写					

备注：总分90~100分为优秀，85~89分为优良，80~84分为良好，75~79分为一般，74~60分为合格，60分以下为不合格。

表2-5 毕业设计（论文）教学质量评价表（督导及同行评价用表）

指导教师		设计题目		时间		年 月 日			
所在部门		评价人		班级（人数）					
评价指标						得 分			合计
						优秀	良好	合格	不合格	
选题 (5分)	1	按照专业与岗位的需要拟出符合专业培养目标，符合实际需要的课题，课题量要多于指导学生人数的30%，供学生选择，少1题扣1分				5	4	3	2	
指导 (50分)	2	具备指导教师资格，具有中级技术职称的指导教师指导学生人数不能超过1:10，具有高级技术职称的教师指导学生人数不能超过1:15，如有初级职称人员协助可增加3~5人，超过1人扣1分				5	4	3	2	
	3	指导学生了解毕业设计的目的、意义、任务和要求。结合实际拟好指导计划和工作程序，按时下达《毕业设计任务书》，任务书规范详尽，突出重点，过程安排合理				15	12	9	6	
	4	指导学生拟订毕业设计实施方案、撰写毕业设计说明书				10	8	6	4	
	5	指导学生查阅文献和使用资料卡，提供必要的毕业设计条件				10	8	6	4	
	6	指导过程中注重培养学生分析问题、解决问题能力				10	8	6	4	
中期检查 (10分)	7	按计划检查每个学生的工作进度和质量，通过检查对学生进行阶段考核，及时发现并指出学生在毕业设计过程中暴露出来的问题，纠正其错误，有检查记录，少检查1人扣1分				10	8	6	4	
答辩 (10分)	8	及时做好答辩前的准备，进行答疑指导				5	4	3	2	
	9	指导教师应根据系（院）安排和学院相关规定，认真组织学生参与答辩活动并协助维持秩序				5	4	3	2	

续上表

评价指标			得分				合计
			优秀	良好	合格	不合格	
成绩评定（20分）	10	制定成绩评定标准，答辩后，根据学生的学习态度和毕业设计（论文）质量，按照评定成绩标准对每个学生的毕业设计（论文）进行成绩评定，评定成绩公平公正	10	8	6	4	
	11	根据学生态度及考核成绩等方面写出评语，少1份评语扣1分	10	8	6	4	
资料收缴（5分）	12	毕业设计（论文）材料齐全、规范，在教务处规定时间内，将学生毕业设计（论文）材料移交教研室验收，少1份不给分，迟交1天扣1分	5	4	3	2	
总分							
整体评价		1. 对教师教学方法、教学特色方面： 2. 对学生学风评价： 3. 其他： ①是否结合课程实际情况引导或培养学生创新创业意识： 是（　　）；否（　　）；无法判断（　　）； ②根据实际填写					

备注：总分 90~100 分为优秀，85~89 分为优良，80~84 分为良好，75~79 分为一般，74~60 分为合格，60 分以下为不合格。

表 2-6 体育课教学质量评价表（督导及同行评价用表）

授课教师		授课地点		授课时间	年　月　日			
课程名称				学生考勤	应到　　　人			
					实到　　　人			
所在部门		上课班级		听课人				

评价指标			得分				合计
			优秀	良好	合格	不合格	
教学态度 (20分)	1	为人师表、治学严谨、以身作则、教书育人	5	4	3	2	
	2	授课计划、教学大纲、课程标准、教案等教学文件齐全	5	4	3	2	
	3	严格课堂管理、加强课堂考勤	5	4	3	2	
	4	提前到达授课场地，教学器具（械）等准备齐全	5	4	3	2	
教学内容 (30分)	5	有助于增进学生身心健康，培养学生积极进取、团结协作和集体主义精神	10	8	6	4	
	6	有助于培养学生综合素质和增进学生参与的积极性	10	8	6	4	
	7	讲解清晰、示范动作准确规范	5	4	3	2	
	8	教学中始终贯彻安全意识教育					
教学方法 (20分)	9	合理、有效地运用现代教育技术手段	5	4	3	2	
	10	因材施教，注重学生个性发展及培养自我锻炼能力	5	4	3	2	
	11	采用启发式或参与式教学法，师生之间互动良好	5	4	3	2	
	12	有自己的教学风格和特点，教学方法有效	5	4	3	2	
教学效果 (20分)	13	能促进运动技术、技能水平和身体素质的全面发展	10	8	6	4	
	14	能够激发学生的学习兴趣与主动性	5	4	3	2	
	15	注重终身体育意识及创新能力培养	5	4	3	2	

续上表

评价指标			得分				合计
			优秀	良好	合格	不合格	
教学秩序（10分）	16	学生到课率高，迟到率低，训练认真	5	4	3	2	
	17	课堂教学组织有条理，秩序良好，无体育伤人现象	5	4	3	2	
总分							
整体评价		1. 对教师教学方法、教学特色方面： 2. 对学生学风评价： 3. 其他：					

备注：①总分 90～100 分为优秀，85～89 分为优良，80～84 分为良好，75～79 分为一般，74～60 分为合格，60 分以下为不合格。

②教学效果由评价人员根据与学生访谈情况填写。

表 2-7 理论课授课质量评价表（学生评价用表）

授课教师		课程名称		授课班级				
评 价 指 标					得 分			合计
					优秀	良好	合格	不合格	
教学态度(20分)	1	提前到达岗位，认真做好准备工作，按时上下课	5	4	3	2	
	2	合理管理课堂秩序，并按规定落实学生考勤制度	5	4	3	2	
	3	教学认真，授课内容准备充分，组织有序	5	4	3	2	
	4	布置作业合理，认真批改作业	5	4	3	2	
教学内容(20分)	5	合理选用优秀新版教材	5	4	3	2	
	6	授课内容符合大纲要求，基本知识讲解清楚，重点、难点突出	5	4	3	2	
	7	根据课程特点突出职业能力培养，寓职业素质教育于课堂教学之中	5	4	3	2	
	8	根据学生学习能力，及时调整或完善教学内容和方案	5	4	3	2	
教学方法(30分)	9	授课语言清晰，表达清楚，能够吸引学生注意力	6	5	4	3	
	10	教学方法灵活多样，注重启迪学生思维，重点突出	6	5	4	3	
	11	课件规范，板书安排合理，并充分利用多媒体和其他教学手段	6	5	4	3	
	12	注重培养学生分析问题和解决问题的综合能力	6	5	4	3	
	13	能调动学生学习气氛，教师与学生课堂互动和谐	6	5	4	3	
教学效果(20分)	14	较好地掌握了本门课程的主要内容知识	8	6	4	3	
	15	教学综合效果反映较好，提高了对本课程的学习兴趣	6	5	4	3	
	16	通过本课程的学习，提高了相关职业技能和职业素质	6	5	4	3	

续上表

评价指标			得分				合计
			优秀	良好	合格	不合格	
教学秩序（10分）	17	出勤率高，迟到率低	5	4	3	2	
	18	课堂秩序良好，学生认真听讲	5	4	3	2	
总分							
作业情况	作业布置　　次，　　作业检查　　次，　　作业讲评　　次						

主要问题　　（在选中问题对应格中打"√"）					
教学态度	1	课堂纪律要求不严，有迟到或提前下课现象	教学方法	7	教学方法差，一言堂，学生无参与，气氛沉闷
	2	请假多、调课多、请人代课多，影响教学质量		8	照本宣科或读课件，重点不突出
	3	备课不充分，课件设计不合理		9	表达能力差，方言过重，语速过快，缺乏激情
	4	上课不专一，打手机或干别的活		10	培养学生主动学习能力或逻辑思维不够
教学内容	5	课程内容不实用、陈旧，没有联系实际	教学效果	11	学生不能掌握主要教学内容，学习兴趣不足
	6	教材选择不科学，自编教材讲义不标准	教学秩序	12	上课不考勤，学生上课睡觉、玩手机、玩游戏
其他问题					

　　备注：①总分 90~100 分为优秀，85~89 分为优良，80~84 分为良好，75~79 分为一般，74~60 分为合格，60 分以下为不合格；

　　②教学效果由学生信息员根据全班同学反馈情况客观、公正地填写；

　　③学生对教学的综合反映是指教学态度、内容、方法、效果和教学秩序等；

　　④在"主要问题"栏中你认为是哪一项或哪几项，请在对应格打钩。

表2-8　实验/实训课授课质量评价表（学生评价用表）

授课教师		课程名称		授课班级					
评价指标					得分				合计
					优秀	良好	合格	不合格	
教学态度(20分)	1	有合理完整的计划、任务、指导书			5	4	3	2	
	2	提前到达岗位，准备相关设备、仪器、教具，现场整洁			5	4	3	2	
	3	全程跟踪指导，态度认真、耐心			5	4	3	2	
	4	严格课堂管理、落实考勤制度，填写实验/实训教学设备等记录			5	4	3	2	
教学内容(20分)	5	能够突出职业能力、职业道德培养			5	4	3	2	
	6	教学目标明确，注重培养学生实践动手能力			5	4	3	2	
	7	实训内容讲解清楚，重点、难点突出			5	4	3	2	
	8	任务、时间安排合理、有序；符合安全操作规程			5	4	3	2	
教学方法(30分)	9	语言表达清晰、准确，逻辑性强；课件或板书设计合理、条理清晰			6	5	4	3	
	10	示范操作规范、熟练，分组合理，能够正确引导学生安全操作			6	5	4	3	
	11	能够及时、正确解答和处理实验/实训中出现的各种问题			6	5	4	3	
	12	考核标准侧重实践能力的培养，符合职业技能需要			6	5	4	3	
	13	实验/实训报告要求明确，批改认真			6	5	4	3	
教学效果(20分)	14	学生对教学的综合反映较好			8	6	5	4	
	15	学生掌握了实验/实训的基本技能，培养了合作精神			6	5	4	3	
	16	提高了学生职业技能及对本课程的学习兴趣，增强了专业知识			6	5	4	3	

续上表

评价指标			得分				合计
			优秀	良好	合格	不合格	
教学秩序（10分）	17	学生到课率高，迟到率低	5	4	3	2	
	18	秩序良好，学生态度认真，需独立完成的任务无他人替代	5	4	3	2	
总分							

		主要问题	（在选中问题在空格中打"√"）		
教学态度	1	对实训实验课思想不重视，应付对待	教学方法	7	实训前不提要求，实训中不作辅导，实训后不讲评
	2	器材设备准备不充分		8	实训实验中分组不科学，人员组织混乱
	3	实训实验报告批改不及时，不认真		9	带实训的教师在课堂上不专一，打手机、发短信、出出进进忙别的事
	4	实训实验教师不到位，经常离岗或请非本专业教师代岗		10	示范性操作不规范、不标准，不符合职业技能鉴定或行业标准
教学内容	5	实训内容不能突出职业能力培养	教学效果	11	实训实验效果不佳，没收到预期效果
	6	计划性不强，随意性大	教学秩序	12	对学生管理不严，上课不考勤，学生进出课室教师置若罔闻
其他问题					

备注：①总分 90～100 分为优秀，85～89 分为优良，80～84 分为良好，75～79 分为一般，74～60 分为合格，60 分以下为不合格；

②教学效果由学生信息员根据全班同学反馈情况客观、公正地填写；

③学生对教学的综合反映是指教学态度、内容、方法、效果和教学秩序等；

④在"主要问题"栏中你认为是哪一项或哪几项，请在对应格打钩。

2.3.2 学生职业能力评价标准

美国对高校学生的学习成果评价除了就业率、职业资格考试通过率、入学考试成绩等校院层面的整体指标外，重点测量学生在接受某一阶段的高等教育后，知识、技能、能力有何提高，态度、情感、观念有何改变，毕业后的生涯如何发展等多种成果。美国著名心理学家麦克利兰提出素质冰山模型（1973 年），他认为个体素质的不同表现形式划分为表面的"冰山以上部分"和深藏的"冰山以下部分"。其中，"冰山以上部分"包括基本知识、基本技能等职业普适能力，是外在表现，是在校学习期间容易了解或通过测评可以了解的部分；而"冰山以下部分"包括素质和动机等，是决定学生职业晋升能力的重要部分，是内在的、难以测评的部分学习成果。按照素质冰山模型的说法，重要而不可测是学生职业能力（或称基本素质）的显性特征。作为学生的学习成果之一，需要我们建立学生职业能力评价标准来测评人才培养目标的达成度。

2008 年，经济合作与发展组织（OECD）以培养合格大学毕业生应该具备的职业能力为依据设计标准化的测试模块，启动高等教育学习成果测评（AHELO，assessment of higher education learning outcomes）。AHELO 主要考查大三或大四跨专业、跨地域、跨文化的学生在通用技能方面的学习成果，满足社会和决策部门对教育质量直观量化比较结果的需要。2012 年，美国、澳大利亚、加拿大、日本、俄罗斯等 16 个国家的 150 个高等教育机构组织 3 万名学生参与了 AHELO 测试。

我们参照 AHELO 的主要维度，依据人力资源和社会保障部职业技能鉴定中心编写的《职业社会能力训练手册》中对于"职业能力"概念的内涵界定，例如包括"与人交流""与人合作""解决问题"等能力模块，组织团队开发学生职业能力评价标准，以测量学生在职业能力方面的学习效果。测试标准分为沟通能力、应变能力、团队协作能力、服从管理、敬业勤奋、诚实守信、解决问题能力、组织能力、学习能力、创新与创业能力 10 个模块，详见表 2-9。为保证这些通用技能测试跨专业、跨学校、跨地域、跨文化的有效性，使测试结果能体现我们的人才培养输出结果与产业企业发展需求的吻合度，我们结合学生日常学习、生活、社会实践可能出现的场景，根据评价标准匹配了情境考查题目，这些题目按分值区间对学生具备的每个模块的相应能力由定量到定性做出判断。学生在第五学期期末，集中在机房参加我们组织的职业能力测试。测试结果与第六学期顶岗实习企业对学生岗位表现竞争力的评价相比对，为专业调整人才培养方案、整合课程体系、组织课堂教学等提供数据服务，实现学生发展与专业、学校发展的多维"增值"。

表 2-9 学生职业能力评价标准

一级指标	二级指标	一级指标	二级指标
沟通能力	语言	组织能力	认知模式
	情绪		计划实施
	意识（思维）		沟通协调
应变能力	镇定	学习能力	独立性
	判断		主动性
	决断		方式
团队协作能力	态度	创新与创业能力	商业判断与风险把控
	认同		团队号召力
	参与		坚韧专注与执行力
服从管理	主动服从	诚实守信	意识与态度
	被动服从		行为与表现
敬业勤奋	分内任务	解决问题能力	情绪反应
	额外任务		行为决策

2.3.3 "学生—教师—企业"满意度评价标准[①]

印第安纳大学的乔治·库（George Kuh）教授提出的"学生参与度理论"指出，教师不应只关注课程内容、教学技巧，或实验室教学资源等，而更应关注学生的态度、行为、被激励的程度，从而使学生的学习效果和学生能力的发展达到最大化。从瑞典等国家的质量保证机制来看，政府已经开始从注重质量保证过程转向注重质量评价，关注点越来越具体化，包括但不限于"学生—教师—企业"等不同利益相关者对学生学习成果或影响学生学习成果要素的满意度。

2.3.3.1 学生满意度评价标准

近十几年来，英国、美国、加拿大、澳大利亚等国家的职业院校通过对学生满意度进行调查，了解学生在校学习期间对学校教学质量的感知效果与他们对学校期望值相比较后的满意状况，以期发现学校优先改进领

---

① 李青，吴念香，张坚雄，等."三主体"协同参与 转变人才培养质量跟踪评价范式[J]．中国高等教育，2014（Z1），64-66．

域，满足学生学习需求，激发学生学习兴趣，提高学生学习质量。如美国推行的"大学学生体验调查"（SSI），测评学生的专业学习体验、社会活动、整个大学学习经历的整体满意度。美国加州大学伯克利分校在9个校区推行"研究型大学学生体验调查"（SERU），关注教育过程和教育环境对学生学习成果的影响，帮助院校和教师改善教育内容和方式等。

我们参考国内外学生满意度调查量表，结合广东轻工职业技术学院2010年、2011年、2012年在校生教学质量满意度调查问卷，分析学生对教学的预期质量、感知质量、感知价值、学生抱怨、学生忠诚之间的逻辑关系，从在校生与毕业生的视角分析影响学生感知教学过程或教学结果的质量评价要素，构建以教学过程感知质量评价为主、教学结果感知质量评价为辅的学生满意度评价模型。评价指标涉及"课程学习环境""课程学习体验""技能训练过程""学校管理与沟通""受关注程度"六个维度，见表2-10中的指标 A～E[①]。按照多层次分析法的原理，我们根据表2-10设计调查问卷题目，采用里克特5级正向记分的方式测量每项调查内容的重要性、满意度与绩差（重要性减去满意度即为绩差）。答案分别为"重要""比较重要""一般""比较不重要""不重要"，"满意""比较满意""一般""比较不满意""不满意"，赋值从高到低依次记为5分、4分、3分、2分、1分。

我们结合亚历山大·阿斯丁（Astin）教授"学生涉入理论"、乔治·库（Kuh）教授"学生参与度理论"的相关理论与实践成果，在原有"教学质量学生满意度评价指标体系"的基础上，更加关注学校人才培养质量对学生发展的增值状况，让学生经过3年的在校学习后，对其专业兴趣、主动学习能力、职业岗位能力、职业能力、就业信心的提升（包括自身学习行为、有关知识、技能、素质等）等学习成果的增值状况进行评价，进一步完善了"教学质量学生满意度评价指标体系"及调查问卷内容，见表2-10中的指标 F1～F4[②]，然后根据指标设计调查的题目。

---

① 广东省高等职业教育教学改革重点项目"高职院校人才培养质量跟踪系统建设（20120101008）"，2014年结题，优秀。
② 广东省高等职业教育教学改革重点项目"高职院校学生学习成果评价研究与实践（201401030）"，2017年结题，优秀。

表 2-10 学生满意度评价标准

一级指标	二级指标
A 课程学习环境	A1 教室多媒体设备；A2 计算机室计算机数量与型号；A3 语音室座位与设备；A4 图书馆
B 课程学习体验	B1 教师教学能力；B2 教材；B3 课堂管理；B4 布置与批改作业；B5 课后辅导；B6 教学效果；B7 课程考核评价方式；B8 课程设置合理性
C 技能训练过程	C1 校内实验实训；C2 校外顶岗实习
D 学校管理与沟通	D1 教学管理；D2 学生管理
E 受关注程度	E1 社团活动；E2 体育设备、设施与场地；E3 获取学习资料的途径与难易度；E4 校园网络；E5 反映教学问题的渠道与处理效果
F 学习成果	F1 专业兴趣与主动学习能力；F2 职业岗位能力；F3 职业能力；F4 就业信心

2.3.3.2 教师满意度评价标准

教师满意度评价是教师争取资源与潜能激发相结合的主观感受，取决于教师从工作中的实际所得，如工作条件、福利待遇、职业发展机会等与他们的期望之间的差距，又称之为"教师评教评学满意度评价""教师工作满意度评价"。作为育人主体之一的教师，其课堂教学的质量水平，除了与其所掌握的知识相关外，还主要取决于教师对教学的投入，包括坚持培训与进修、坚持不断完善教学课件、坚持改进教学方法、不断积累教学经验、不断提高专业能力等方面。从组织行为学的角度来看，教师对教学投入的多少除与教师自身的责任心有关外，还与学校的战略与发展前景、学校文化、工作环境、薪酬与培训体系、职业发展路径等因素息息相关，并对教师的素质、能力和水平呈正相关影响。我们认为，"教师满意度评价"是衡量学校办学效能的一个重要指标，与教师的工作主动性、职业倦怠、教学效能等有着密切的关系。教师是教学活动的主体，是学生课堂学习的直接见证者，能结合学生的学习过程最真实客观地评价他们的学习成果，并直接根据评价结果改进教学行为，促进教学效率的提升。开展"教师满意度"调查，可以分析教师对教学的投入状况，测量学生的学习成果，预测学校人才培养质量以及它们的发展趋势。

我们从内在满意度、外在满意度、总体满意度确定教师参与满意度评价的内容，包括4个一级指标和23个二级指标，见表2-11中的指标A~D[①]。这几个指标相互联系、相互作用，共同构成了满足教师专业发展需求、促进教师教学投入的过程性因素。结合影响教师工作满意度的核心问题，在广泛访谈教师及专家的基础上，我们用教师能够理解的语言进行了调查问卷的设计。问卷调查结果采用里克特5级正向记分的方式，分别调查各项问题的重要性、满意度与绩差。问卷还设置了"如果同工作区域、有待遇相同的M学校愿意接收我工作，我对M学校的选择情况"这一移情性指标（5为"一定会"、4为"可能会"、3为"无法判断"、2为"可能不会"、1为"一定不会"）和"总体上，我对学校的满意程度"等整体性验证指标，保证问卷逻辑的真实性。

我们从教师的角度分析评价学生的学习成果，目的是运用恰当的测量方法和测量工具，收集、分析学生在知识、技能、能力等方面的增值和情感、态度变化的信息，对照最初设定的相关学习成果目标，进行评价、判断教育教学成效。我们所讲的学习成果，不仅是指学生作业水平、测试成绩、职业证书获取率与专业人才培养方案中预期的学习结果相符合的程度，还包括学生在课程学习过程中参与教学的兴趣、态度、行为、结果等方面的具体表现。我们通过文献检索、头脑风暴、专家会议、关键指标筛选、一致性检验等方法确定了教师评价学生学习成果的指标，包括"主动合作学习水平""知识与技能水平""职业能力水平"3个二级指标，见表2-11中的指标F，然后根据指标设计调查的题目。

表2-11 教师满意度评价标准

一级指标	二级指标
A 学校制度与文化	A1 健全的规章制度；A2 制度执行的有效性；A3 良好的校风、学风；A4 公平的竞争环境（荣誉称号评选、项目评审公平）；A5 和谐的人际关系；A6 畅通的意见表达渠道；A7 尊重教师；A8 关注教学质量
B 工作环境与机会	B1 教学工作环境；B2 教学工作内容；B3 课程设置；B4 教学工作强度；B5 科研、教改工作环境；B6 科研、教改工作机会；B7 学生学习投入状况；B8 工作与生活平衡

① 广东省高等职业教育教学改革重点项目"高职院校人才培养质量跟踪系统建设（20120101008）"，2014年结题，优秀。

续上表

一级指标	二级指标
C 考核评价与薪酬	C1 授课质量评价与反馈；C2 岗位工资；C3 绩效工资
D 培训与职业发展	D1 培训、进修制度与执行；D2 培训、进修机会及对自身能力的提升；D3 职称晋升渠道与机会；D4 职务晋升渠道与机会
F 学生学习成果	F1 主动合作学习水平；F2 知识与技能水平；F3 职业能力水平

教师工作满意度调查问卷

感谢您参加"教师工作满意度调查"。填写问卷约需5分钟，您将有机会获取系列奖品。第1~47题，请根据你对学校了解的实际情况或亲身经历的过程对该项的重要性、满意度做客观评价；第48~52题，仅判断满意度或选择度。

1. 我所在学校的定位
   重要性：非常不重要　不重要　一般或无法判断　重要　非常重要
   满意度：非常不满意　不满意　一般或无法判断　满意　非常满意
2. 我所在学校的发展前景
   重要性：非常不重要　不重要　一般或无法判断　重要　非常重要
   满意度：非常不满意　不满意　一般或无法判断　满意　非常满意
3. 我所在学校的口碑及影响力
   重要性：非常不重要　不重要　一般或无法判断　重要　非常重要
   满意度：非常不满意　不满意　一般或无法判断　满意　非常满意
4. 我所在学校的规章制度健全性
   重要性：非常不重要　不重要　一般或无法判断　重要　非常重要
   满意度：非常不满意　不满意　一般或无法判断　满意　非常满意
5. 我所在学校制度执行的有效性
   重要性：非常不重要　不重要　一般或无法判断　重要　非常重要
   满意度：非常不满意　不满意　一般或无法判断　满意　非常满意
6. 我所在学校的校风
   重要性：非常不重要　不重要　一般或无法判断　重要　非常重要
   满意度：非常不满意　不满意　一般或无法判断　满意　非常满意
7. 我所在学校的学风
   重要性：非常不重要　不重要　一般或无法判断　重要　非常重要
   满意度：非常不满意　不满意　一般或无法判断　满意　非常满意

8. 我所在学校竞争环境的公平性
重要性：非常不重要　不重要　一般或无法判断　重要　非常重要
满意度：非常不满意　不满意　一般或无法判断　满意　非常满意

9. 我所在学校人际关系的和谐性
重要性：非常不重要　不重要　一般或无法判断　重要　非常重要
满意度：非常不满意　不满意　一般或无法判断　满意　非常满意

10. 当我有意见时，我能找到畅通的意见表达渠道
重要性：非常不重要　不重要　一般或无法判断　重要　非常重要
满意度：非常不满意　不满意　一般或无法判断　满意　非常满意

11. 在工作中，我有被尊重的感觉
重要性：非常不重要　不重要　一般或无法判断　重要　非常重要
满意度：非常不满意　不满意　一般或无法判断　满意　非常满意

12. 我所在学校对教学质量的重视度
重要性：非常不重要　不重要　一般或无法判断　重要　非常重要
满意度：非常不满意　不满意　一般或无法判断　满意　非常满意

13. 我所在学校的教学工作环境（13题与21～30题平均值进行验证，交叉分析）
重要性：非常不重要　不重要　一般或无法判断　重要　非常重要
满意度：非常不满意　不满意　一般或无法判断　满意　非常满意

14. 我的教学工作内容
重要性：非常不重要　不重要　一般或无法判断　重要　非常重要
满意度：非常不满意　不满意　一般或无法判断　满意　非常满意

15. 我的教学工作强度
重要性：非常不重要　不重要　一般或无法判断　重要　非常重要
满意度：非常不满意　不满意　一般或无法判断　满意　非常满意

16. 我的科研（教改）工作环境
重要性：非常不重要　不重要　一般或无法判断　重要　非常重要
满意度：非常不满意　不满意　一般或无法判断　满意　非常满意

17. 我的科研（教改）工作机会
重要性：非常不重要　不重要　一般或无法判断　重要　非常重要
满意度：非常不满意　不满意　一般或无法判断　满意　非常满意

18. 我认为，学校骨干教师、教学名师等评优评先的公平性
重要性：非常不重要　不重要　一般或无法判断　重要　非常重要
满意度：非常不满意　不满意　一般或无法判断　满意　非常满意

19. 我的工作与生活的平衡性

重要性：非常不重要　不重要　一般或无法判断　重要　非常重要

满意度：非常不满意　不满意　一般或无法判断　满意　非常满意

20. 我认为，大多数学生的学习投入状况

重要性：非常不重要　不重要　一般或无法判断　重要　非常重要

满意度：非常不满意　不满意　一般或无法判断　满意　非常满意

21. 我与任课班级学生之间的关系

重要性：非常不重要　不重要　一般或无法判断　重要　非常重要

满意度：非常不满意　不满意　一般或无法判断　满意　非常满意

22. 我与教研室其他教师之间的关系

重要性：非常不重要　不重要　一般或无法判断　重要　非常重要

满意度：非常不满意　不满意　一般或无法判断　满意　非常满意

23. 我与学校大多数管理者之间的关系

重要性：非常不重要　不重要　一般或无法判断　重要　非常重要

满意度：非常不满意　不满意　一般或无法判断　满意　非常满意

24. 我认为，学校的课堂教学环境

重要性：非常不重要　不重要　一般或无法判断　重要　非常重要

满意度：非常不满意　不满意　一般或无法判断　满意　非常满意

25. 我认为，学校的校内实验实训环境

重要性：非常不重要　不重要　一般或无法判断　重要　非常重要

满意度：非常不满意　不满意　一般或无法判断　满意　非常满意

26. 我认为，学校的校外实训基地

重要性：非常不重要　不重要　一般或无法判断　重要　非常重要

满意度：非常不满意　不满意　一般或无法判断　满意　非常满意

27. 我对学校教学的常规管理

重要性：非常不重要　不重要　一般或无法判断　重要　非常重要

满意度：非常不满意　不满意　一般或无法判断　满意　非常满意

28. 我对学校经费在教学方面的投入比例

重要性：非常不重要　不重要　一般或无法判断　重要　非常重要

满意度：非常不满意　不满意　一般或无法判断　满意　非常满意

29. 我对学校在专任教师师资队伍建设方面的投入

重要性：非常不重要　不重要　一般或无法判断　重要　非常重要

满意度：非常不满意　不满意　一般或无法判断　满意　非常满意

30. 我对学校在校园信息化管理方面的投入
　　重要性：非常不重要　不重要　一般或无法判断　重要　非常重要
　　满意度：非常不满意　不满意　一般或无法判断　满意　非常满意

31. 我认为，大多数学生主动与我面对面、通过电子邮件或电话讨论课堂学习方面的问题
　　重要性：非常不重要　不重要　一般或无法判断　重要　非常重要
　　满意度：非常不满意　不满意　一般或无法判断　满意　非常满意

32. 我认为，大多数学生主动与我面对面、通过电子邮件或电话交流作业方面的问题
　　重要性：非常不重要　不重要　一般或无法判断　重要　非常重要
　　满意度：非常不满意　不满意　一般或无法判断　满意　非常满意

33. 我认为，大多数学生课后主动与我面对面、通过电子邮件或电话讨论就业情况或职业发展方面的问题
　　重要性：非常不重要　不重要　一般或无法判断　重要　非常重要
　　满意度：非常不满意　不满意　一般或无法判断　满意　非常满意

34. 我认为，大多数学生课堂上能够跟随讲课的进度主动学习，让我愿意甚至激励我在教学上有更多投入
　　重要性：非常不重要　不重要　一般或无法判断　重要　非常重要
　　满意度：非常不满意　不满意　一般或无法判断　满意　非常满意

35. 我认为，大多数学生都喜欢有挑战性的学习任务，包括但不仅限于主动完成项目小组作业、报名参加各类竞赛等
　　重要性：非常不重要　不重要　一般或无法判断　重要　非常重要
　　满意度：非常不满意　不满意　一般或无法判断　满意　非常满意

36. 我认为，大多数学生愿意主动参与课程学习以外的工作（如社团活动、迎新、志愿者等）
　　重要性：非常不重要　不重要　一般或无法判断　重要　非常重要
　　满意度：非常不满意　不满意　一般或无法判断　满意　非常满意

37. 从课堂表现、作业或实习报告、考试成绩等方面来看，我对大多数学生的解决问题能力
　　重要性：非常不重要　不重要　一般或无法判断　重要　非常重要
　　满意度：非常不满意　不满意　一般或无法判断　满意　非常满意

38. 从大多数学生的课堂学习、课外活动等方面来看，我对学生的沟通与团队合作能力
　　重要性：非常不重要　不重要　一般或无法判断　重要　非常重要
　　满意度：非常不满意　不满意　一般或无法判断　满意　非常满意

39. 我对大多数学生的基本职业素养，如诚实守信、尊重他人方面的表现
　　重要性：非常不重要　不重要　一般或无法判断　重要　非常重要
　　满意度：非常不满意　不满意　一般或无法判断　满意　非常满意
40. 我对学校按职称上课给予的岗位工资
　　重要性：非常不重要　不重要　一般或无法判断　重要　非常重要
　　满意度：非常不满意　不满意　一般或无法判断　满意　非常满意
41. 我对学校按上课质量给予的绩效工资
　　重要性：非常不重要　不重要　一般或无法判断　重要　非常重要
　　满意度：非常不满意　不满意　一般或无法判断　满意　非常满意
42. 我对学校的福利
　　重要性：非常不重要　不重要　一般或无法判断　重要　非常重要
　　满意度：非常不满意　不满意　一般或无法判断　满意　非常满意
43. 我对学校的培训规划、制度与执行
　　重要性：非常不重要　不重要　一般或无法判断　重要　非常重要
　　满意度：非常不满意　不满意　一般或无法判断　满意　非常满意
44. 我对学校的培训机会
　　重要性：非常不重要　不重要　一般或无法判断　重要　非常重要
　　满意度：非常不满意　不满意　一般或无法判断　满意　非常满意
45. 培训对我自身能力的提升
　　重要性：非常不重要　不重要　一般或无法判断　重要　非常重要
　　满意度：非常不满意　不满意　一般或无法判断　满意　非常满意
46. 我的职称晋升渠道与机会
　　重要性：非常不重要　不重要　一般或无法判断　重要　非常重要
　　满意度：非常不满意　不满意　一般或无法判断　满意　非常满意
47. 我的职务晋升渠道与机会
　　重要性：非常不重要　不重要　一般或无法判断　重要　非常重要
　　满意度：非常不满意　不满意　一般或无法判断　满意　非常满意
48. 总体上，我对学校的满意程度
　　满意度：非常不满意　不满意　一般或无法判断　满意　非常满意
49. 如果同工作区域、有待遇相同的 M 学校愿意接收我工作，我对 M 学校的选择情况：
　　选择度：一定不会　可能不会　无法判断　可能会　一定会

50. 我的年龄 N 是：
□$N \leqslant 30$ 岁　　□$30 < N \leqslant 40$ 岁　　□$40 < N \leqslant 50$ 岁　　□$N > 50$ 岁
51. 我的最高职称是：
□初级　　　　□中级　　　　□副高级　　　　□正高级
52. 我的最高学位是：
□学士　　　　□硕士　　　　□博士

2.3.3.3 企业满意度评价标准

从高职教育的教育和经济双重属性、跨界特征来看，吸纳企业参与教学质量评价是高职教学质量保障体系顶层设计中必不可少的一个环节。企业参与质量的评价是为教学的评价，关注的是企业参与评价后生成的教学价值，而不是教学如何应对评价，从发展的角度看是要创造教学的可持续发展价值，满足每一个学生职业能力可持续发展的需求。评价指标体系应该也必须坚持学校"教"的状况与学生"学"的效果评价相结合，过程性评价与终结性评价相结合，学生岗位基本胜任能力与职业发展能力评价相结合。

我们将企业参与教学质量评价按照两阶段设计，一是在学生顶岗实习的第六学期，二是在学生毕业半年后的就业岗位。在第六学期，吸纳企业参与顶岗实习评价，目的是希望倾听企业对学校专业设置、顶岗实习教学管理、应届毕业生职业素质的反馈，以便我们改进教学管理水平，及时调整、改善人才培养方案，满足企业用人需求及学生适应岗位的职业能力发展需求。在学生毕业半年至一年后，吸纳雇主参与学生的招聘竞争力及岗位表现竞争力评价，目的是希望倾听企业对学校毕业生知识、技能、职业素质等的反馈，以便我们改进教学管理水平，及时调整、改善人才培养方案，满足企业用人需求及学生适应岗位的职业能力发展需求。

（1）顶岗实习满意度评价标准。第六学期送学生去企业进行顶岗实习是目前高职采用"工学结合"人才培养模式培养学生职业技能最重要的实践教学环节。为预防顶岗实习的"放羊"，我们通过建立校企共建共管制度（如与企业签订顶岗实习基地协议、企业参与制订顶岗实习计划等）来保障顶岗实习质量。但由于这些制度缺乏内在驱动机制，在保障顶岗实习质量方面所起的作用有限。为此，我们根据学校的质量目标，围绕改进顶岗实习环节存在的核心问题来选择和设计评价指标。

通过筛选、访谈、专家咨询等方法，我们以企业对学校顶岗实习教学保障、现场管理、对学生工作能力的感知质量评价为依据，突出影响学生顶岗实习质量的关键指标及相关过程性因素，建立了顶岗实习单位满意度评价指标体系，见表2–12[①]。该体系围绕对顶岗实习教学满意度和学生岗位表现力满意度两个维度来评价，其中：企业对顶岗实习的教学满意度是以评价学校教学投入为视角，内容涉及顶岗实习大纲、实习计划与时间、实习协议、实习岗位对学生基本专业技能与素养要求等专业前期教学投入保障状况，以及顶岗实习过程管理、企业参与学生实习成绩评价等实习管理状况。企业对学生岗位表现力满意度是以评价学生的学习成果产出为视角，参照国内外雇主满意度调查量表，按照企业员工素质"洋葱模型"结构层次将学生的敬业精神、专业知识、专业技能、电脑技能、外语能力、职业道德、沟通与团队合作能力、解决问题能力等，依据行为、知识、技能和职业素养构建的满意度评价指标。根据表2–12中的指标设计调查量表，如表2–13所示。

表2–12　顶岗实习单位满意度评价标准

一级指标	二级指标	三级指标
顶岗实习教学满意度	A 实习教学保障	A1 实习大纲；A2 实习计划与时间；A3 实习协议；A4 实习岗位对学生基本专业技能与素养要求；A5 课程设置与职业岗位工作需要的衔接状况
	B 实习现场管理	B1 专职指导教师或辅导员全程管理状况；B2 企业参与顶岗实习学生的成绩评定状况
学生岗位表现力满意度	C 岗位竞争力	C1 学生职业技能与素养改善状况；C2 是否愿意继续接收实习生
	D 职业道德	D1 服从管理；D2 敬业勤奋；D3 诚实守信
	E 职业技能	E1 专业知识与技能；E2 解决问题能力；E3 工作效率与业绩
	F 职业发展能力	F1 沟通与团队合作能力；F2 承压与情绪管理能力；F3 组织能力；F4 主动学习能力

---

① 中国职业技术教育学会科研规划项目"企业参与顶岗实习质量评价的实证研究（201281）"，2014年结题，科研规划项目成果二等奖。

表 2–13　顶岗实习调查量表

第一部分　用人单位对顶岗实习教学及学生的评价

1. 贵单位是否已跟学院签订建立校外实训实习基地协议书？如果还没有，是否愿意签订？
A. 已签订　B. 没签订，希望签订　C. 没签订，不打算签订　D. 不清楚

2. 我院学生在贵单位顶岗实习的大致时间是：
A. 1 个月以下　B. 1~3 个月　C. 4~6 个月　D. 7~12 个月　E. 12 个月以上

3. 贵单位有没有收到我院实习计划？您觉得实习计划可行吗？
A. 有收到，详细可行　B. 有收到，实习计划尚需改进　C. 没收到　D. 不了解

4. 贵单位有没有收到我院实习大纲、指导书？有没有参与大纲、指导书制订、修订工作？
A. 有收到，有参与　B. 有收到，没参与　C. 没收到，有参与　D. 没收到，没参与

5. 贵单位对实习生英语和计算机等级考试的成绩有没有要求？
A. 对英语有要求　B. 对计算机有要求　C. 对英语和计算机有要求　D. 无要求

6. 贵单位对要实习的非技术岗位人员的专业是否对口，持何种态度？
A. 优先考虑专业对口者　B. 非专业对口者基本不予考虑　C. 不限专业，依据具体情况而定

7. 我院学生在贵单位实习时，是否有专职指导教师或辅导员全程跟踪实习？
A. 有，每隔一定时间可以见到他们　B. 有，偶尔能见到他们　C. 没有，由实习单位代管或学生自主管理

8. 贵单位是否参与顶岗实习学生的成绩评定？
A. 有参与　B. 没有参与

9. 您认为我院课程设置与职业岗位工作需要的衔接：
A. 很好　B. 较好　C. 一般，需改进　D. 不好，需改进　E. 非常不好，急需改进

10. 我院学生在贵单位实习后，您认为学生的职业技能与职业素质：
A. 有很大提高　B. 有提高　C. 有一点提高　D. 没有多大提高　E. 完全没有提高

11. 贵单位今后是否考虑继续接收我院实习生及录用毕业生？
A. 打算继续接收实习生并录用毕业生
B. 打算继续接收实习生，但不打算录用毕业生
C. 打算不再继续接收实习生，但打算录用毕业生
D. 打算不再接收实习生及录用毕业生

续上表

12. 贵单位对我院学生下列职业素质满意度的情况及您认为各项素质的相对重要性：

	非常满意	满意	一般	不满意	非常不满意	非常重要	重要	一般	不重要	非常不重要
12-a 服从管理	□	□	□	□	□	□	□	□	□	□
12-b 敬业勤奋	□	□	□	□	□	□	□	□	□	□
12-c 诚实守信	□	□	□	□	□	□	□	□	□	□
12-d 团队精神	□	□	□	□	□	□	□	□	□	□
12-e 专业技能	□	□	□	□	□	□	□	□	□	□
12-f 沟通能力	□	□	□	□	□	□	□	□	□	□
12-g 承压能力	□	□	□	□	□	□	□	□	□	□
12-h 学习能力	□	□	□	□	□	□	□	□	□	□
12-i 组织能力	□	□	□	□	□	□	□	□	□	□
12-j 创新能力	□	□	□	□	□	□	□	□	□	□
12-k 工作业绩	□	□	□	□	□	□	□	□	□	□

第二部分　用人单位基本情况

13. 贵单位性质：
A. 党政机关/事业单位　B. 国有企业　C. 中外合资/外商独资企业　D. 民营/个体　E. 其他

14. 贵单位规模：
A. 100 人以下　B. 100~300 人　C. 301~500 人　D. 501~1 000 人　E. 1 000 人以上

15. 贵单位接收的顶岗实习学生主要来源于：

15-a. 经管文类：□经济系　□旅游系　□管理系　□外语系

15-b. 理工类：□机电系　□食品系　□轻化系　□电子系　□汽车系　□计算机系　□传播系

15-c. 艺术类：□艺术设计学院

16. 请问，您的岗位或职务是：
□岗位负责人或一线管理人员　□人力资源管理人员　□单位负责人　□其他

（2）雇主满意度评价标准。我们结合现阶段雇主对高职院校学生工作基本能力与职业素质需求，参照国内外成熟的雇主满意度调查量表，在"高职院校人才培养质量跟踪系统建设"（项目编号：20120101008）、"高职院校学生学习成果评价研究与实践"（项目编号：201401030）中，以"岗位表现竞争力""招聘表现竞争力"为核心构建企业满意度评价标准

（见表 2-14）。同时兼顾不同规模、不同类型雇主企业文化的差异性、不同被调查人对应届毕业生岗位竞争力、招聘竞争力的判断尺度把握的差异性，设计调查的情景题目。

表 2-14　雇主满意度评价标准

一级指标	二级指标	三级指标
岗位表现力	A 职业道德	A1 服从管理；A2 敬业勤奋；A3 诚实守信
	B 职业技能	B1 专业知识与技能；B2 解决问题能力；B3 工作效率与业绩
	C 职业素质	C1 沟通与团队合作能力；C2 承压与情绪管理能力；C3 组织能力；C4 主动学习能力
招聘竞争力	D 岗位竞争力（与本科/中职生比）	D1 劳动力优势；D2 学习情况或职业资格证书；D3 专业实习或在校兼职经历；D4 个人应聘表现或工作价值观

雇主满意度调查问卷

感谢您参加"广东轻工职业技术学院毕业生雇主满意度调查"。第 1~11 题，请根据贵单位对高职生该项职业素质需求的重要性、对聘用我校学生的该项职业素质的岗位表现做客观评价！

1. 服从管理
   重要性：非常不重要　不重要　一般或无法判断　重要　非常重要
   满意度：非常不满意　不满意　一般或无法判断　满意　非常满意
2. 敬业勤奋
   重要性：非常不重要　不重要　一般或无法判断　重要　非常重要
   满意度：非常不满意　不满意　一般或无法判断　满意　非常满意
3. 诚实守信
   重要性：非常不重要　不重要　一般或无法判断　重要　非常重要
   满意度：非常不满意　不满意　一般或无法判断　满意　非常满意
4. 专业知识与技能
   重要性：非常不重要　不重要　一般或无法判断　重要　非常重要
   满意度：非常不满意　不满意　一般或无法判断　满意　非常满意
5. 解决问题能力
   重要性：非常不重要　不重要　一般或无法判断　重要　非常重要
   满意度：非常不满意　不满意　一般或无法判断　满意　非常满意

6. 工作效率与业绩
重要性：非常不重要　不重要　一般或无法判断　重要　非常重要
满意度：非常不满意　不满意　一般或无法判断　满意　非常满意

7. 沟通与团队合作能力
重要性：非常不重要　不重要　一般或无法判断　重要　非常重要
满意度：非常不满意　不满意　一般或无法判断　满意　非常满意

8. 承压与情绪管理能力
重要性：非常不重要　不重要　一般或无法判断　重要　非常重要
满意度：非常不满意　不满意　一般或无法判断　满意　非常满意

9. 组织能力
重要性：非常不重要　不重要　一般或无法判断　重要　非常重要
满意度：非常不满意　不满意　一般或无法判断　满意　非常满意

10. 主动学习能力
重要性：非常不重要　不重要　一般或无法判断　重要　非常重要
满意度：非常不满意　不满意　一般或无法判断　满意　非常满意

11. 贵单位对高职毕业生职业道德、职业技能、职业素质的整体满意度
满意度：非常不满意　不满意　一般或无法判断　满意　非常满意

第12～14题，请根据贵单位招聘高职生时下列各项因素的重要性、对聘用高职生时该项因素的实际表现满意度做客观评价。

12. 与本科/中职生相比，贵单位认为，招聘高职生：

12-1. 学生劳动力成本（薪酬）与专业能力（学历）的性价比
重要性：非常不重要　不重要　一般或无法判断　重要　非常重要
满意度：非常不满意　不满意　一般或无法判断　满意　非常满意

12-2. 学生学习情况或职业资格证书
重要性：非常不重要　不重要　一般或无法判断　重要　非常重要
满意度：非常不满意　不满意　一般或无法判断　满意　非常满意

12-3. 学生专业实习或在校兼职经历
重要性：非常不重要　不重要　一般或无法判断　重要　非常重要
满意度：非常不满意　不满意　一般或无法判断　满意　非常满意

12-4. 学生个人应聘表现或工作价值观
重要性：非常不重要　不重要　一般或无法判断　重要　非常重要
满意度：非常不满意　不满意　一般或无法判断　满意　非常满意

13. 与本科/中职毕业生相比，贵单位对招聘的高职生总体竞争力
满意度：非常不满意　不满意　一般或无法判断　满意　非常满意

14. 贵单位是否愿意继续招聘高职毕业生
满意度：非常不愿意　不愿意　一般或无法判断　愿意　非常愿意

2.3.4　督导工作考核标准

督导工作考核包括对校级督导的个人考核和对二级督导组的集体考核。我们按照督导岗位工作内容及分工，从学生参与评教质量、听课情况、信息反馈等五维度制定校级督导工作考核评价标准；从教学质量评价、满意度调查与学生学习成果测试、教学公开课、教学竞赛等其他工作制定二级督导组工作考核评价标准。

2.3.4.1　考核原则

对校级督导个人考核和二级督导组集体考核采用以下原则：一是绩效兼顾原则，以学校战略目标为导向，充分考虑"绩"和"效"两个方面的因素；二是责任自律原则，考核责任人和被考核人必须在责任基础上自律，体现公开、公平、公正和实事求是，对考评结果承担责任。

2.3.4.2　考核标准

校级督导工作考核标准。根据校级督导岗位职责及不同岗位的差异性，我们制定督导工作学期考核标准①（见表2-15、表2-16）。考核标准中定性指标与定量标准相结合，打造我们"管理至零"的组织文化，即"1-1¹"。"管理至零"是指通过和督导协商建立1系列工作目标，守护督导"愿意变成更好的自己"的1粒"种子"，播撒信任他们"愿意变成更好的自己"的1米"阳光"，尊重他们的个人工作方式，充分发挥个人经验和主观能动性，最大限度地提高工作绩效。

二级督导组工作考核标准。二级督导组工作考核由教学质量评价、满意度调查与学生学习成果测试、其他工作、工作特色与改进计划4个考核指标组成，见表2-17。它是基于二级督导组"一页纸"计划总结管理的基础上，对二级督导组核心工作内容的考核，也是学校《年度工作目标责任制考核实施方案》中的组成部分，每年根据学校工作实际需要选取若干指标纳入考核，同时适度调整指标的权重及考核观测点。它按百分制评价，再按学校规定折算成相应的考核分值，以督促解决二级督导组工作的难点与重点问题。

---

①　广东省教学成果培育项目"多元协同参与的人才培养质量监控体系研究与实践（00402202）"，2017年结题，广东省教学成果奖。

表 2–15 督导学期绩效考核标准（督导组长岗）

姓名		性别		岗位	督导组组长	
工作量考核（内容）					标准 （每学期）	分值
工作纪律 （10分）	不迟到、不早退、有事请假				发现1次得0分	2
	每月提交工作计划与总结，参加月度例会					2
	办公区不大声喧哗、遵守督导工作细则					3
	不在学校计算机上做与工作无关的事					3
听课情况 （35分）	听课记录按规定填写、字迹工整规范，按时归档				有1次未按规定填写、反馈或按时录入得0分	5
	按规定程序，课后与任课教师反馈听课意见					5
	按规定时间每周在平台上录入督导评价成绩					5
	对上学期学生评价<80分的教师开展重点听课，每位教师被听课次数≥2次				有1位教师未听到或次数不满足为0分	20
管理工作 （55分）	组织召开督导工作会议，解决工作问题，持续改进工作流程				出现失误得0分	5
	按计划组织集体听课并确保听课质量					5
	按计划组织专项巡查工作并撰写巡查简报					5
	按计划组织学生入学教育诚信评教或学生诚信评教承诺书签署工作，监督学生信息员会议召开的质量					5
	按计划发布质量监控月报并确保月报质量					10
	按计划与分管督导一起向系二级督导反馈学生评价<80分的任课教师存在的问题≥1次					5
	按计划组织召开企业评教评学会或职教集团专业培养质量第三方评价工作并确保工作质量				出现失误得0分	10
	按计划组织系（院）部开展二级督导典型案例展（含监控清单内容）					10
其他工作情况 （加分项，10分）	制作督导工作宣传资料或其他工作				按实际情况由办公室确定	3
	撰写办公室安排的专项分析报告或其他工作					3
	参与开展的一流院校建设项目、专项调查、信息化管理等方面的工作					4

表 2-16 督导学期绩效考核标准（督导岗）

姓名		性别		岗位		督导	
分管系（部）							

工作量考核（内容）			标准（每学期）	自评	组长评
工作纪律（10分）	不迟到、不早退、有事请假		无违反纪律现象		
	办公区不大声喧哗、遵守督导工作细则				
	不在公用计算机上做与工作无关的事				
听课情况（45分）	听课记录按规定填写完整，按时归档		≥150节（每周≥8节）		
	教学质量评价表填写完整，按时归档				
	按规定程序，课后与任课教师反馈听课意见并录入教师评语				
信息反馈（20分）	分管二级督导组任课教师存在的	教学态度的问题	≥2次		
		教学内容的问题			
		教学方法的问题			
		教学效果的问题			
		教学秩序的问题			
	分管二级督导组学生评价75分以下课程	教师名单	≥1次		
		跟踪调查情况、征集学生对教师的意见			
		跟踪听课	≥3次		
		存在的问题与解决建议	≥1次		
	教学日常管理方面	存在的问题与解决建议	≥1次		
学生信息员会议与学生评教（25分）	按时完成分管二级督导组会议资料的准备		按工作标准		
	按时完成分管二级督导组授课平台信息的补充与完整				
	按时完善、审核分管二级督导组三方数据及同行评语的录入				
	按时提交分管二级督导组授课质量分析报告				
其他工作情况（加分项，10分）	发现并改善教学管理问题，同时整理出典型案例		≥3条		
	参与学生/教师/企业专项调查等或其他建设工作		按实际情况		

表 2-17 二级督导工作年度考核标准

考核指标	考核观测点
1. 教师授课质量评价（40 分）	1.1 同行评教率≥99%，且按时上报"教师教学质量同行评价汇总表"和"同行评教情况统计表"，得 5 分。 1.2 本学年在校任课专任教师同行评语覆盖率≥100%，且按时填报，得 10 分。 1.3 没有学生评价＜85 分的老师；或组织督导组对学生评价＜85 分的教师开展集体听课，有集体听课评价意见及建议，得 10 分。 1.4 大一学生"诚信评教承诺书"签约率≥95%，且按时上报签约统计表，得 5 分。 1.5 社会参与评教率≥60%，且按时上报"社会参与评教统计表"，得 10 分。
2. 满意度调查与学生职业能力测试（30 分）	2.1 "顶岗实习单位满意度调查"参与率≥50%，得 10 分。 2.2 "学生满意度调查"参评率≥85%，且总体满意度≥3.75，得 5 分。 2.3 "教师满意度调查"参与率≥85%，且总体满意度≥3.75，得 5 分。 2.4 "应届毕业生职业能力测试"参与率≥85%，且测试各项职业能力平均分≥24，得 10 分
3. 其他工作（25 分）	3.1 督促学风建设：重大节假日上课首日、实验实训周、考试周等组织教学巡查，得 10 分。 3.2 教学公开课、教学竞赛：每学年组织开展教学公开课或教学竞赛≥1 次，得 5 分。 3.3 企业督导：按照粤轻院督〔2017〕4 号文参与教学质量监控工作，得 10 分。 注：以工作场景照片或新闻报道为依据
4. 工作特色与改进计划（5 分）	4.1 在"二级督导工作总结与计划表"中，按栏目要求制订了改进计划，得 2.5 分。 4.2 二级督导工作特色鲜明，提供了典型案例，包括 200 字以内的特色描述和图片说明；或企业参与专业评价，得 2.5 分

第3章　多元互补的质量监控工作内容

中国的世界高铁速度

110多年前,被誉为"中国工程之父"的詹天佑在长城脚下建成了中国第一条铁路——京张铁路。今天,中国高铁在自主研发的基础上以84%的中国标准、50%的寿命提升、17%的人均能耗下降,跑出了世界顶级速度……

——摘自人民网《中国高铁引领全球体验"中国速度"改变技术格局》

【思考】

中国高铁从整车研发、路轨施工,到运营信息化管理等,多方跨行业协同参与,需求导向与任务驱动相结合,不断刷新了世界高铁的新时速。"一个和尚挑水喝,两个和尚抬水喝,三个和尚没水喝"这个在中国广为流传的关于需求、人性、责任分配的故事,湮没在新时代中国众行业齐心聚力开创世界高铁速度的故事里。

"内容"既是抵达目标路上的风景,更是承载目标的船。"内容"由需求产生,需求是一种无限的客观存在。不同监控主体需求的差异性是永恒的,这些永恒的差异被人才培养质量的保障和改进需求连接着、牵引着,是一种有限的客观存在。学校在质量监控的实践中,为了达到目标,必须连接需求、洞察人性、赋予内容、分配责任,只有通过赋予内容、分配责任,我们才能达到目标。

我们结合不同主体对人才培养质量的需求,通过颁布多元主体参与质量监控实施细则,构建督导、教师、学生、企业多方协同参与的互补型质量监控主体(见图3-1),打造质量监控工作内容的任务链。

图 3-1 多元质量监控工作内容

3.1 质量监控工作的内容

质量监控是指对质量实施情况的监督和管理，主要包括：质量实际情况的度量、质量实际与质量标准的比较、质量误差与问题的确认、质量问题的原因分析和采取的纠偏措施以及消除质量差距与问题等一系列活动的总和。工作内容是组织对各类岗位的性质和特征、工作范围、工作任务、职责权限、质量标准、岗位关系以及人员任职资格条件等事项所做的统一规定。质量监控的工作内容是由质量监控的一系列活动组成的。本章多元质量监控工作内容是指质量监控部门在实施质量监督和管理的过程中，为了达成质量监控目标，规定不同主体开展的质量实际情况的度量、与质量标准的比较、误差与问题的确认分析、纠偏措施及督促改进等一系列互相关联的过程性、纠偏性和把关性的质量管理活动，目的是确保组织质量目标的实现。

3.2 质量监控工作的组织

质量监控工作的关键环节是质量误差与问题的确认,也就是根据质量监控标准采集相关质量信息,测量并监控质量目标的达成度。我们通过以下措施构建多元互补的质量监控主体,打造质量监控工作内容任务链,为最终发现质量差距与问题、分析差距与问题原因、采取纠偏措施以及消除质量差距等一系列质量监控活动奠定基础。一是成立两级督导队伍、组建三级学生信息员队伍。两级督导包括"学校—二级单位"督导,其中,学校督导员均为聘用制专职督导员,二级督导员由专业带头人、骨干教师及专业委员会行业企业社会代表组成。三级学生信息员队伍包括"校级—二级学院—班级"学生干部或志愿者,将学生信息员队伍由原来的各班学习委员、班长扩展到学校—二级学院学生会、宿舍舍长或有成就动机的学生。二是颁布实施细则等制度文件,吸纳学生、企业等参与各项质量监控活动。三是建立信息反馈渠道,让参与者"享"说就说,如"我要吐槽""广轻学生信息圈"等。

3.3 质量监控工作的实施

3.3.1 督导

我们设立了"学校—二级单位"两级督导机构。校级督导员由学校聘任、教学督导室领导;二级督导员由二级教学单位党政工学团领导班子确定,一般由二级教学单位党政一把手任组长,主管教学负责人任副组长,专业带头人、企业代表组成(每专业至少1名)及教学骨干教师组成,二级督导组由组长领导。校级督导组负责组织、协调指导二级督导组的工作,二级督导组负责组织实施所在单位的教学督导工作,必要时两级督导联合组织各种形式的督导活动。

广东轻工职业技术学院教学督导工作实施细则
粤轻院督〔××××〕×号

第一章 总 则

第一条 为进一步强化教学工作的中心地位,进一步提高学校教学质量和办学水平,规范教学过程管理和教学督导工作,特制定本细则。

第二条 教学督导工作是学校对全校教学运行、教学质量实施科学管理的一项重要举措,教学督导室是学校教学质量的监督机构,负责全校教学质量监控工作。

第三条 教学督导对全校教学质量开展调研、检查、监督、评估、反馈及督促改进，以促进全校教风、学风建设，持续改善学校人才培养质量及管理水平。

第四条 学校设立"学校—二级教学单位"两级督导机构。校级督导由学校聘任、教学督导室领导；二级督导由二级教学单位党政工学团领导班子确定，二级督导组组长领导。校级督导组负责组织、协调二级督导组的工作，二级督导组负责组织实施所在单位的教学督导工作，必要时两级督导可联合组织各种形式的督导活动。

第二章 工作原则与工作任务

第五条 教学督导的工作原则

（一）多元参与原则。针对人才培养质量的过程、结果、保障三个关键环节，从制度层面吸纳"督导—学生—教师—企业"协同参与质量监控，从多维视角聚焦督导学校短板问题。

（二）立足一线原则。教学督导深入课堂、实训、实习场所等教学一线开展听课、巡查、调查、研讨等工作，充分掌握学校教学一线情况。

（三）客观评价原则。结合评价标准、根据评价对象特点，实事求是评价教师授课质量、学生学习效果、教学保障实施、管理制度运行等，力争做到公平、公正、准确、有效。评价意见出现分歧时，坚持采用跟踪调查、数据分析等办法取得意见的一致性。

（四）注重实效原则。对"教师—教学单位—保障部门"等出现的各类事故，从教师授课提升、部门工作整改、管理制度完善等方面督促改进。

第六条 教学督导的工作任务

（一）授课评价。教师授课质量评价是教学督导的重点工作，根据新教师、授课评价分值落后等教师专业成长特点，必须坚持全面听课、集体听课、专项听课相结合。

（二）教学巡查。教学巡查是教学督导的常规工作，包括对教风、学风、教学保障条件等的教学巡查，必须坚持日常巡查、重点巡查、专项巡查相结合。

（三）教学检查。教学检查是教学督导的重点工作，包括对教师备课情况、作业布置及批改讲评情况、考试命题及阅卷情况、成绩记录及成绩评定情况等，特别是顶岗实习检查，必须坚持重点抽查、专项检查相结合。

（四）专项调查。专项调查是教学督导的基础工作，特别是"学生—教师—雇主（用人单位）"满意度调查，必须坚持数据分析与经验判断相结合。

（五）信息反馈。信息反馈是教学督导的基础工作，收集筛选学生、教师、企业在座谈会、学生信息圈、微信端、专项调查、专业评价等不同途径反馈的各类信息，采用反馈单、专项报告、监控月报、数据发布等措施反馈，必须坚持多途径与精准反馈相结合。

（六）督促改进。督促改进是教学督导的难点工作，加强对"教师—教学单位—保障部门"质量事故的处理力度，从教师授课提升、部门工作整改、管理制度完善等方面督促改进，必须坚持持续改进。

第三章 任职条件与工作职责

第七条 教学督导的任职条件

（一）校级督导由教学或管理经验丰富、掌握一定的教育理论、爱岗敬业、身体健康的现职或退休的副高及以上职称的成员组成（含行业或实习企业代表）。

（二）二级督导由二级教学单位主管教学负责人、专业带头人、企业代表组成（每专业至少1名）及教学骨干组成，组长由党政一把手担任，成员报教学督导室备案。

第八条 教学督导应牢固树立良好的职业道德，公平、公正，不徇私情。在开展工作时，应按规范要求做好工作记录并定期将各类教学质量信息提交给教学督导室。

第九条 校级督导组的工作职责

（一）制定全校质量监控目标，定期测评目标的达成度。负责年度、学期教学督导工作计划的制订并组织实施。

（二）制定理论、实训（实验）、顶岗实习等教师授课质量评价标准并组织学生、二级督导（同行）对教师授课质量进行测评，按照《教师授课质量考核评价管理实施办法》，定期提交教师授课质量考核评价结果。

（三）制定"学生—教师—企业"满意度评价标准并与二级督导组协同开展调查，定期提交调查结果。

（四）建立信息反馈机制，将学生、教师、用人单位的评价及听课、巡查发现的问题作为反馈信息源，学校人才培养各环节的职能部门及其实施者为反馈信息接收点，定期统计、分析有关质量信息并向信息接收点反馈。

（五）建立教学过程与结果相结合的监测分析机制，针对督导工作中发现的问题，通过个人访谈、师生座谈会、问卷调查、专项调研、抽查有关教学资料等措施锁定短板问题，并向学校领导及有关部门提出书面（或口头）的建议意见，作为决策参考。

（六）组织二级督导协同开展公开课、教学竞赛、教学巡查、教学检查、顶岗实习调查、典型案例展等工作，帮助二级督导组根据自身特点形成各自督导特色。

第十条 二级督导组的工作职责

（一）结合本部门工作情况，定期开展各类教学竞赛、教学观摩等活动，每学期制订督导工作计划并及时总结上学期工作开展情况。

（二）组织开展同行评教，深入课堂、实践场所听课并对听课对象做出综合质量评价。每学期将本部门授课教师评价结果录入教师授课质量评教管理系统，并填报"教师教学质量评价汇总表"。

（三）定期组织本院系新生签署"教师授课质量诚信评价承诺书"，将学生诚信评教纳入素质教育。

（四）定期组织本组成员开展教学巡查、教学检查等，及时了解在课程安排、学生成绩评定、教材选用等方面存在的问题，制定整改措施并持续跟踪改进效果。

（五）两级督导协同，定期组织开展学生满意度调查、顶岗实习单位评教评学调查、教师满意度调查等，根据调查发现的问题，制定整改措施并持续跟踪改进效果。

（六）及时收集、整理、汇总、分析、处理各类教学质量数据或信息，按要求填报质量监控台账。特别是针对学生评价分数较低课程，集体分析存在问题，制订解决方案并持续跟踪改进效果。

第十一条 两级督导听课要求

（一）校级督导。原则上每人每周听课不少于8学时，每次听课后，应与任课教师交流听课建议（原则是1∶1∶1，即反馈1个优点、1个缺点、1个改进建议），填写"听课记录"并按课程类型填写"教师授课质量评价表"。

（二）二级督导。按照教务处《听课评课管理办法》安排听课时数。每次听课后，填写"听课记录"并按课程类型填写"教师授课质量评价表"。

（三）实施分类听课。按照学校《教师授课质量考核评价管理实施办法》，督导对"正常授课""限制授课""暂停授课"三类教学人员实施分类听课。

1. "正常授课"教师。学校分管督导、二级督导随机听课，每学期至少听课1次。

2. 新教师、"限制授课"、"暂停授课"教师。新教师、"限制授课"教师任课当期、"暂停授课"教师恢复任课当期，由校级督导组组长每月听课1次，学生信息员每月向组长反馈1次，集体听课1次。若当期期末评价属于"正常授课"人员，下学期纳入常规听课；若当期期末评价属于"限制授课"、"暂停授课"人员，反馈给二级督导组组长，二级督导组指定专人每月听课1次，集体听课1次，直至纳入"正常授课"范畴。

第四章　工作考核与奖励

第十二条　教学督导室对二级督导组的考核纳入学校整体考核指标，不再单独考核。如需单独考核，须与二级督导组协商共同制定考核标准体系。

第十三条　二级督导组每年按照学校有关文件，及时向校级督导推选"课堂教学质量优秀奖""教学督导先进工作者"获奖名单。教学督导室按相关文件对"课堂教学质量优秀奖""教学督导先进工作者"获奖个人予以表彰。

第五章　附　则

第十四条　两级教学督导在开展工作时，有权调阅各种教学文件、资料，包括教师的教学大纲、教材、讲稿、教案、教学进度表等资料，有关单位和个人应积极配合。对教学督导提出的意见和建议，有关单位应予以重视，并及时做出答复。

第十五条　本细则由教学督导室负责解释，自××××年××月××日起施行。

3.3.1.1　工作原则

多元参与。针对人才培养质量的过程、结果、保障三个关键环节，我们从制度层面吸纳"督导—学生—教师—企业"协同参与质量监控，从多维视角聚焦督导学校短板问题。

立足一线。教学督导深入课堂、实训、实习场所等教学一线开展听课、巡查、调查、研讨等工作，通过课堂观察法和专业参与法充分掌握学校教学一线情况。

客观评价。结合评价标准、根据评价对象特点，实事求是评价教师授课质量、学生学习效果、教学保障实施、管理制度运行等，力争做到公平、公正、准确、有效。评价意见出现分歧时，坚持采用跟踪调查、数据分析等办法取得一致意见。

注重实效。对"教师—教学执行单位—核心保障部门"等出现的各类质量偏差，甚至是质量事故，从教师授课提升、部门工作整改、管理制度完善等方面督促改进。

3.3.1.2 工作任务

授课评价。教师授课质量评价是教学督导的重点工作，坚持全覆盖随机听课、集体重点听课、专项考察听课相结合。

（1）教学巡查。教学巡查是教学督导的常规工作，是对教风、学风、教学保障条件等的教学巡查，坚持日常巡查、重点巡查、专项巡查相结合。

（2）教学检查。教学检查是教学督导的基础工作，是对教师备课情况、作业布置及批改讲评情况、考试命题及阅卷情况、成绩记录及成绩评定情况等的教学检查，坚持重点抽查、专项检查相结合。

（3）专项调查。专项调查是教学督导的核心工作，特别是"学生—教师—企业"满意度调查，坚持数据分析与经验判断相结合。

（4）信息反馈。信息反馈是教学督导的关键工作，收集和筛选学生、教师、企业座谈会、学生信息圈、微信端、专项调查、专业评价等不同途径反馈的各类信息，采用反馈单、专项报告、监控月报、数据发布等反馈，坚持精准反馈与多途径反馈相结合。

（5）督促改进。督促改进是教学督导的难点工作，加强对"教师—教学执行单位—核心保障部门"质量事故的处理力度，从教师授课提升、部门工作整改、管理制度完善等方面督促改进，坚持定期督促与持续改进相结合。

3.3.1.3 工作职责

（1）校级督导组。制定全校质量监控目标，定期测评目标的达成度。负责年度、学期教学督导工作计划的制订并组织实施。

制定理论、实训（实验）、顶岗实习等教师授课质量的评价标准，并组织学生、二级督导（同行）对教师授课质量进行测评，引导教师开展自评。按照《教师授课质量考核评价管理实施办法》，定期提交教师授课质量考核评价结果。

制定"学生—教师—企业"满意度评价标准，并与二级督导组协同开展调查，定期反馈调查结果并提交专项调查报告。

建立信息反馈机制，将学生、教师、用人单位的评价及听课、巡查发现的问题作为反馈信息源，学校人才培养各环节的职能部门及其实施者为反馈信息接收点，定期统计、分析有关信息并向信息接收点反馈。

建立教学过程与结果相结合的监测分析机制，针对督导工作中发现的问题，通过个人访谈、师生座谈会、问卷调查、专项调研、抽查有关教学资料等措施锁定短板问题，并向学校领导及有关部门提出书面（或口头）的建议意见，作为决策参考。

组织二级督导协同开展公开课、教学竞赛、教学巡查、教学检查、顶岗实习调查、典型案例展等工作，帮助二级督导组根据自身特点形成各自督导特色。

（2）二级督导组。组织开展同行评教，深入课堂、实践场所听课并对听课对象做出综合质量评价。每学期将本部门授课教师评价结果录入教师授课质量评教管理系统，并填报"教师教学质量评价汇总表"。

组织新生签署"教师授课质量诚信评价承诺书"，将学生诚信评教纳入素质教育。

结合本部门工作情况，定期开展各类教学竞赛、教学观摩等活动，每学期制订督导工作计划，并及时总结上学期督导工作开展情况。

组织本组成员定期开展教学巡查、教学检查等，及时了解在课程安排、学生成绩评定、教材选用等方面存在的问题，制定整改措施并持续跟踪改进效果。

两级督导协同，每年开展学生满意度调查、顶岗实习单位评教评学调查、教师满意度调查等，根据调查发现的问题，制定整改措施并持续跟踪改进效果。

及时收集、整理、汇总、分析、处理各类教学质量数据或信息，按要求填报质量监控台账。特别是针对学生评价分数较低课程的教师或纳入"温室计划"的教师，集体分析存在的问题，指导教师制订解决方案并跟踪教师的改进效果。

3.3.1.4 听课规范

校级督导。原则上每人每周听课不少于 8 学时，每次听课后，应与任课教师交流听课建议（原则是 1∶1∶1，即反馈 1 个优点、1 个缺点、1 个改进建议），填写"听课记录"并按课程类型填写"教师授课质量评价表"。

二级督导。按照教务处《听课评课管理办法》安排听课学时数。每次听课后，填写"听课记录"并按课程类型填写"教师授课质量评价表"。

分类听课。按照学校《教师授课质量考核评价管理实施办法》《开展"温室计划"，加大优质课堂建设的实施方案》，督导实施分类听课。

①正常授课教师。学校分管督导、二级督导随机听课，每学期至少听课 1 次。

②新教师、"限制授课"教师、"暂停授课"教师。新教师、"限制授课"教师任课当期、"暂停授课"教师恢复任课当期,由校级督导组组长每月听课1次,学生信息员每月向组长反馈1次,集体听课1次。若当期期末评价属于"正常授课"人员,下学期纳入常规听课;若当期期末评价属于"限制授课""暂停授课"人员,反馈给二级督导组组长,由二级督导组指定专人每月听课1次,集体听课1次,直至纳入"正常授课"范畴。

③"温室计划"教师。"温室计划"教师当期由督导组组长或校级分管督导重点跟踪听课,听课范围包括教师当期所有上课课程。学期1/3～1/2时段,校督导协同教师所在二级督导组召开学生会议,开展学习效果调查,倾听学生意见后集体听课。

3.3.2 教师

教师参与质量监控是教师全面参与质量兴校的重要举措。我们从教师的日常工作及对人才培养质量的诉求出发,按照"课堂教学—专业建设—学校/学生发展—及时反馈"的路径,吸纳教师参与质量监控,充分发挥教师参与教学管理的主动性和积极性。

3.3.2.1 参与原则

多元参与。针对人才培养质量的过程、结果、保障三个关键环节,从制度层面吸纳教师参与质量监控,协同学校、学生、行业企业等,从多维视角聚焦学校短板问题。

客观评价。参与教师授课质量评价,按照学校制订的同行评价用表、同行听课评课工作流程等依规评教。参与调查、专业评价时,结合自身体验,实事求是按时完成,力争做到评价公平、公正、有效。评价意见出现分歧时,坚持采用跟踪调查、数据分析等科学办法,争取取得一致意见。

注重实效。教师在参与教学质量监控过程中,发现问题及时向相关部门反映或直接向教学督导室反馈,并从授课提升、工作整改、制度完善三个方面协助两级督导督促改进。

3.3.2.2 基本任务

(1) 同行评课。学校从制度上将同行听课评课工作纳入教师基本教学工作量并给予课酬,教师按规定参与同行听课评课(见图3-2)。学校要求教研活动定期研讨听课情况,开展以"钉课"为主的教研活动(见图3-3),让每节课聚集同行的智慧和个人的钉钉子态度、工匠精神,让目标"亮起来"、教材"活起来"、环节"细起来"、同行"动起来"、学生"学起来"。在一次次"钉课"的过程中,教师对教学理念把握更准确,对课程的研读更深入,对学情的了解更透彻,对教学方法的选择更娴熟,对教学手段的应用更科学。通过"钉课",教师践行"以学生为中心,守住三尺讲台"的教学理念,从而实现全校课堂教学质量的持续改进与提升。每学期期末,经过同行协作评议,集体确定教师授课质量评价结果,由专人负责将教师的同行评分、评语记录入教师授课质量评教管理系统。

图 3-2 教师参与同行听课评课

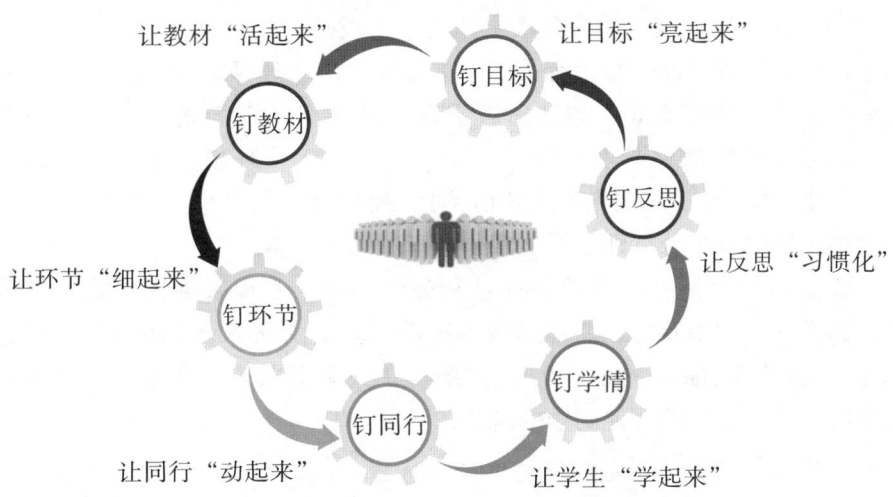

图 3-3 教师开展"钉课"教研活动

(2)专业评价。魅族的李楠在"码农的深耕理论"中提出,产品的生命力来自于自己的热爱,生产需要迭代,需要收集用户使用反馈,总结反思缺陷并持续改进。专业建设也需要深耕,需要连接办学相关方需求。通过厘清专业办学质量各核心要素间的依存关系,我们建立了满足企业认知程度、以服务对象体验为核心的企业参与专业诊断评价指标体系。"自我诊断+企业参与"相结合，整合已有的质量跟踪信息化平台采集诊断评价数据，采用"回应—协商—共识"的建构型方法，吸纳专业教师团队定期对专业的人才培养目标、办学资源、学生学习成果、服务对象满意度、社会声誉等方面综合评价，并对自身的教育教学活动进行反思，促进专业教师团队建立多方参与的质量自我保证机制，如图3-4所示。

图3-4 教师参与专业诊断评价

（3）满意度调查。作为育人主体之一的教师，其课堂教学能力的质量水平，除了与所掌握的知识有关外，关键还取决于教师对教学的投入（从组织行为学的角度来看，教师对教学投入的多少不仅与教师的责任心有关，还与学校的战略与发展前景、学校文化、工作环境、薪酬与培训体系、学生的学习成果等因素息息相关）。我们吸纳教师参与满意度调查，从教师发展的视角分析评价影响教师教学投入的因素。

（4）信息反馈。每位教师都是义务督导员，发现影响教学质量的信息，如教材采购不及时、课程排课不科学、教室设施有故障等，应该也必须通过电话、E-mail、办公自动化系统等正式渠道向教学督导室、相关职能部门等反馈并协助督促问题的解决。

3.3.3 学生

学生参与质量监控是学生参与学校教学事务管理的重要举措，也是实施学生全面素质教育的重要载体。为贯彻学生本位的教育理念，充分发挥学生民主参与教学管理的主动性和积极性，我们成立"学校—二级学院—班级"三级学生信息员组织，引导学生从满足自身学习成长需求出发，参与并协助"学校—二级单位"两级督导开展各类质量评价与监控工作。通过收集、整理及反馈各类质量信息等任务驱动，"小参与·大素质"，确保学校多元协同参与质量监控体系的顺畅运行。

3.3.3.1 参与原则

全员参与。在校学习期间,学生积极广泛参与教师授课质量评价、满意度调查、职业能力测试、信息反馈等事项,不可缺项。

诚实守信。针对参与的各项质量评价与监控工作,按照评价标准或规范,结合自身体验,实事求是按时完成。

客观评价。参与教师授课质量评价,按照学校制定的学生评价用表、学生评教工作流程等依规评教。参与调查和测试时,结合学习体验,评价公正、公平、有效。

3.3.3.2 基本任务

授课评价。根据评价标准,对教师课堂教学过程进行评价。

满意度调查。毕业前,结合在校学习体验,对学校整体教学质量情况做出评价,如课程教学环境、课程教学体验、教学管理与沟通、自我发展与学习成果等。

职业能力测试。毕业前,参加学校组织的职业能力测试。

信息反馈。在学校学习过程中,对影响课堂教学的关键问题,如教学场地、设备设施等存在的问题,按照教学督导室提供的正式反馈渠道提出意见或建议。

3.3.3.3 工作职责

(1)学生信息员委员会。

①协助教学督导室,组织学生信息员工作组开展质量监控与评价工作。

②收集、核实、汇总学生信息员工作组及全校学生反馈信息并上报教学督导室。

③制订措施,在全校每年开展"小参与·大素质"主题宣传月活动(见图3-5),调动全校学生参与质量监控的主动性和积极性。

图3-5 "小参与·大素质"宣传月

(2) 学生信息员工作组。

①协助教学督导室,组织学生信息员开展各项质量监控与评价工作。

②收集、核实、汇总信息员反馈信息并上报教学督导室、本学院二级督导组。

③协助教学督导室、本学院二级督导组,组织召集本学院信息员参加全校信息员大会。督促检查各班级学生信息员是否按标准和流程开展教师授课质量评价,并按时向分管校督导提交评教资料。

④协助教学督导室、本学院二级督导组,组织本学院信息员落实教学质量学生满意度调查、学生职业能力测试工作。

⑤收集、核实、汇总本学院信息员及其他学生反馈信息并上报教学督导室。

(3) 学生信息员。

①组织开展教师授课质量评价。入校时协助本学院二级督导组组织本班学生签署"教师授课质量诚信评价承诺书",签约率≥95%。按时参加学生信息员会议,组织本班学生学习评教培训资料。按照学生评价用表、学生评教工作流程、评教注意事项等组织本班学生开展教师授课质量评价(见图3-6)。教师授课质量评教结果经公示无异议后录入教师授课质量评教管理系统,同时及时将纸质评教汇总表上报学生信息员工作组。

②召集本班学生参与教学质量学生满意度调查、学生职业能力测试,参与率≥90%。

图3-6 学生参与教师授课质量评价

③收集、核实、汇总本班学生的反馈信息并上报教学督导室。

(4) 全体学生。

①参与教师授课质量评价。入校时签署"教师授课质量诚信评价承诺书",学习评教培训资料。按照学生评价用表、学生评教工作流程、评教注意事项等要求客观评价教师授课质量。如对公示结果有异议,及时向本班学生信息员反馈。若本班学生信息员不处理,及时向分管校督导或教学督导室反馈。

②参与教学质量学生满意度调查、学生职业能力测试,如图3-7所示。

③协助督促问题的解决,及时通过正式渠道向学生信息员、教学督导室或学校相关部门反馈信息,不在网络空间发表不当言论,或发现他人不当言论时及时制止,并向分管校督导反馈,如图3-8所示。

图3-7 学生参与调查与测试

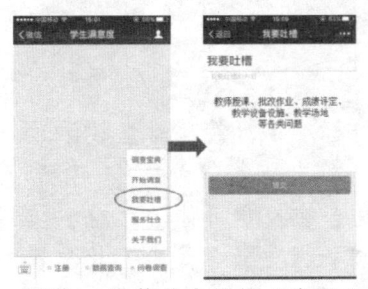
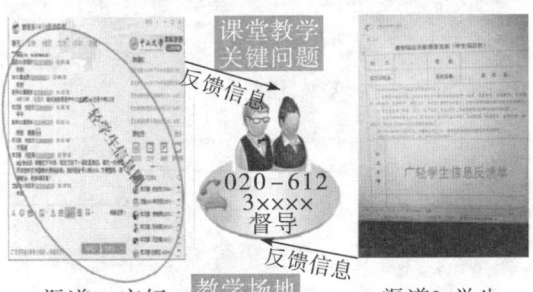

图3-8 学生参与信息反馈渠道

广东轻工职业技术学院学生参与质量监控实施细则

粤轻院督〔××××〕×号

第一章 总 则

第一条 为贯彻学生本位的教育理念，进一步优化我校多元协同参与质量监控体系，充分发挥学生民主参与教学管理的主动性和积极性，同时规范过程管理，特制定本实施细则。

第二条 学生参与质量监控是学生参与教学过程管理的重要举措，也是学生素质教育的重要载体。"小参与·大素质"，学生从满足自身学习成长需求出发参与监控评价，通过任务驱动，帮助学生锤炼自身职业素质。

第三条 教学督导室负责培训、组织学生参与质量监控工作。

第四条 学校成立"学校—二级学院—班级"三级学生信息员组织架构，负责协助"学校—二级教学单位"两级督导开展各类质量评价与监控工作，同时收集、整理及反馈教学质量信息。

第二章 参与原则与基本任务

第五条 参与原则

（一）全员参与原则。在校学习期间，全校学生积极广泛参与教师授课质量评价、满意度调查、职业能力测试、信息反馈等事项，不缺项。

（二）诚实守信原则。针对参与的各项质量评价与监控工作，按照评价标准或规范，结合自身体验，实事求是按时完成。

（三）客观评价原则。参与教师授课质量评价，按照学校制定的学生评价用表、评教流程等依规评教。参与调查和测试，结合学习体验，公正、公平评价。

第六条 基本任务

（一）参与教师授课质量评价。根据评价标准，对教师课堂教学过程进行评价。

（二）参与学生满意度调查。毕业前，结合在校学习体验，对学校整体教学质量情况做出评价，如课程教学环境、课程教学体验、教学管理与沟通、自我发展与学习成果等。

（三）参与学生职业能力测试。毕业前，参加学校组织的职业能力测试。

（四）参与信息反馈。在校学习过程中，对影响课堂教学的关键问题，如教学场地、设备设施等存在的问题，按照教学督导室提供的正式反馈渠道，提出意见或建议。

第三章　管理组织架构及任职资格

第七条　组织架构

设立学校学生信息员委员会、二级学院学生信息员工作组、班级学生信息员三级管理组织架构，协助教学督导室统筹全校学生参与质量监控。

（一）学生信息员委员会。委员会设主席1名，人员由校学生会分管学生学习方面工作的副主席担任，校学生会、教学督导室、团委协同管理。

（二）学生信息员工作组。工作组设组长1名，人员由二级学院学习部长担任，二级学院学生会、督导组、分团委协同管理。

（三）学生信息员。人员由班长、舍长、有成就动机或热心参与质量监控的同学组成，班委会管理。设联络员1名，由班级学习委员担任。

第八条　任职资格

（一）全日制学生。

（二）有主人翁精神，关心学校事业发展，热心学校事务管理及教学质量提升。

（三）有较强的学习能力和工作能力，善于发现问题、客观反映问题，敢说真话。

（四）在校期间，无处分等不良记录。

第四章　工作职责与工作奖励

第九条　工作职责

（一）学生信息员委员会

1. 协助教学督导室，组织学生信息员工作组开展各项学生参与质量监控与评价工作。

2. 收集、核实、汇总学生信息员工作组及全校学生反馈信息并上报教学督导室。

3. 制订措施，在全校学生中持续开展"小参与·大素质"宣传，调动全校学生参与质量监控的主动性和积极性。

（二）学生信息员工作组

1. 协助教学督导室，组织学生信息员开展各项学生参与质量监控与评价工作。

2. 收集、核实、汇总学生信息员反馈信息并上报本学院二级督导组和教学督导室。

3. 协助教学督导室、本学院二级督导组,组织召集本学院学生信息员参加信息员大会。督促检查学生信息员是否按标准和流程开展教师授课质量评价,并按时向分管督导提交评教资料。

4. 协助教学督导室、本学院二级督导组,组织本学院学生信息员落实学生参与教学质量学生满意度调查、学生职业能力测试。

5. 收集、核实、汇总本学院学生信息员及学生反馈信息并上报教学督导室。

(三)学生信息员

1. 组织开展教师授课质量评价。入校时协助本学院组织本班学生签署"教师授课质量诚信评价承诺书",签约率≥95%。按时参加学生信息员会议,组织本班学生学习评教培训资料。按照学生评价用表、评教流程、评教注意事项等组织本班学生开展教师授课质量评价。教师授课质量评教结果经公示无异议后录入教师授课质量评教管理系统,同时及时将纸质评教汇总表上报学生信息员工作组。

2. 召集本班学生参与教学质量学生满意度调查、学生职业能力测试,参与率≥90%。

3. 收集、核实、汇总本班学生反馈信息并上报教学督导室。

(四)全体学生

1. 参与教师授课质量评价。入校时签署"教师授课质量诚信评价承诺书",学习评教培训资料。按照学生评价用表、评教流程、评教注意事项等要求客观评价教师授课质量。对公示结果有异议,及时向本班学生信息员反馈,若不处理,及时向教学督导室反馈。

2. 参与教学质量学生满意度调查、学生职业能力测试。

3. 及时向学生信息员、教学督导室或学校相关部门通过正式渠道反馈信息、督促问题解决,不在网络空间发表不当言论。

第十条 学生信息员工作考核与奖励

(一)对不按规定履行职责或违反有关规定者,经教学督导室提名,学生信息员委员会核实,予以通报批评或除名。

(二)对表现优秀者,经学生信息员工作组提名,学生信息员委员会审定,教学督导室备案,授予"优秀学生信息员"称号。"优秀学生信息员"每学年评选一次,比例不超过20%,由学校颁发获奖证书。

(三)优秀学生信息员,可根据《学生综合评定条例》规定,按照其所担任学生干部所属类别的优秀等级取得相应品德分数。

第五章 附 则

第十一条 本细则由教学督导室负责解释，自××××年××月××日起施行。

3.3.4 **企业**

从国外职业教育的发展看，无论是德国的"双元制"、英国的"现代学徒制"、澳大利亚的 TAFE（职业技术教育学院，Technical and Further Education）模式，还是美国的社区学院等，都离不开企业的积极参与。特别是德国、美国等举办职业教育促进产业经济发展的成功案例，均证明了"重点关注企业和学生需求、不断改进教育经历的质量，利用雇主满意度和学生满意度测评调整未来方向"是职业院校成功的三个基本因素。从我国职业教育的发展历程看，无论是《教育部关于充分发挥行业指导作用 推进职业教育改革发展的意见》（教职成〔2011〕6 号）提出的"探索建立评估行业指导、参与职业教育督导机制"，还是写进党的十九大工作报告的"产教融合"，企业参与职业教育是构建我国现代职业教育体系的关键。

此处所论述的企业参与质量监控是按照人才培养过程来定义的，属于"企业参与职业教育"的微观层面。

3.3.4.1 参与原则

多元参与。针对人才培养质量的过程、结果、保障三个关键环节，从制度层面吸纳行业企业参与质量监控，协同学校、学生、教师等，从多维视角聚焦学校短板问题。

客观评价。结合评价标准、根据评价对象特点参与监控评价，力争做到评价公平、公正、准确、有效。评价意见出现分歧时，坚持采用跟踪调查、数据分析等办法，力争取得一致意见。

注重实效。企业在参与教学质量监控过程中，发现问题及时向相关部门反映，或直接向教学督导室反馈，从教师授课提升、部门工作整改、管理制度完善三个方面协助督促改进。

3.3.4.2 基本任务

培养方案论证。二级教学执行单位的企业督导参与人才培养方案制定或修订时的论证。企业督导与二级教学执行单位聘请的行业企业专家一起，将行业规范、职业标准作为评价专业人才培养方案是否对接行业产业需求、是否满足用人单位对员工职业素质需求，课程设置是否与岗位需求相匹配等的依据，对专业人才培养质量进行事前控制。

顶岗实习评价。学生顶岗实习期间，企业从对顶岗实习教学满意度和学生岗位表现力满意度两大维度评价学校顶岗实习管理状况与学生在岗位的学习产出状况，内容涉及实习岗位与专业的对口情况，学生在顶岗实习岗位表现出的职业道德、职业技能、职业发展能力、岗位竞争力等，对专业的人才培养质量进行事中控制，如图3-9所示。

图3-9　企业参与顶岗实习评价

课程评价。企业督导或专家参加教师教学竞赛、公开课，学生毕业答辩等活动，分析教师的教学内容在教学过程中是否契合行业企业的需求，评价教学设备设施等是否满足行业企业技术装备水平对人才培养的要求等，对专业的人才培养质量进行事中控制。

专业评价。作为人才培养质量的利益相关方，企业既是受益者，也是保障者，但不是教育者本身。我们根据专业建设的需要，协同全国轻工行业职业教育教学指导委员会、广东轻工职业教育集团的企业专家，从师资队伍、招生就业、服务对象满意度、技能大赛与创新创业竞赛等维度吸纳行业企业专家参与评价专业办学水平，评价学生在学习过程中的专业设置、教学管理等现状，帮助专业厘清办学质量各核心要素之间的依存关系并不断改进，对专业的人才培养质量进行全面控制，如图3-10所示。

图3-10　企业参与专业诊断评价

满意度调查。企业从对毕业生的岗位表现力满意度、招聘竞争力满意度来评价学校的人才培养质量水平，内容涉及职业道德、知识技能水平、职业能力、创新创业意识与能力、个人应聘表现或工作价值观等，对专业的人才培养质量进行事后控制。

信息反馈。企业在参与上述基本任务的过程中，对发现的问题及时向"学校—二级单位"两级督导组反馈，对专业的人才培养质量进行事前、事中或事后控制。

广东轻工职业技术学院行业企业参与质量监控实施细则

粤轻院督〔××××〕××号

第一章 总 则

第一条 为进一步优化我校"学校（督导）—学生—教师—雇主（行业企业）"协同参与的教学质量监控体系，充分发挥行业企业参与学校人才培养质量监控评价的积极作用，深化产教融合，同时规范过程管理，特制定本实施细则。

第二条 切实引导行业企业参与教学质量评价，将行业企业参与教学评价数据用于发现、监控学校短板，促进"学校—二级教学单位—教学保障部门"及时反思学校人才培养质量与学生自我发展之间、与用人单位对员工职业素质需求之间的差距，不断提升学校人才培养质量水平。

第三条 各部门结合优势，协同行业企业参与质量监控工作。

第二章 参与原则与工作职责

第四条 参与原则

（一）多元参与原则。针对人才培养质量的过程、结果、保障三个关键环节，从制度层面吸纳行业企业参与质量监控，协同学校、学生、教师等，从多维视角聚焦学校短板问题。

（二）客观评价原则。行业企业结合评价标准、根据评价对象特点，实事求是参与质量监控评价，力争做到公平、公正、准确、有效。评价意见出现分歧时，坚持采用跟踪调查、数据分析等办法。

（三）注重实效原则。行业企业参与教学质量监控过程中，发现问题及时向相关部门反映或直接向教学督导室反馈，从"教师授课提升、部门工作整改、管理制度完善"三个方面督促改进。

第五条 工作职责

（一）参与人才培养方案论证

专业人才培养方案新订或修订时，二级教学单位的企业督导将行业规范、职业标准作为评价专业人才培养方案是否对接行业产业需求、是否满足用人单位对员工职业素质需求，课程设置是否与岗位需求相匹配等的依据，参与人才培养方案论证。

（二）参与顶岗实习评价

学生顶岗实习期间，从对顶岗实习教学满意度和学生岗位表现力满意度两大维度评价学校顶岗实习管理状况与学生在岗位的学习产出状况，内容涉及实习岗位与专业的对口情况、学生在顶岗实习岗位表现出的职业道德、职业技能、职业发展能力、岗位竞争力等。

（三）参与雇主（用人单位）满意度评价

学生毕业后，从对毕业生的招聘竞争力满意度、岗位表现力满意度两大维度评价学校人才培养质量水平，内容涉及职业道德、知识技能水平、职业能力、创新创业意识与能力、个人应聘表现或工作价值观等。

（四）参与试点专业评价

根据专业建设需要，从师资队伍、招生就业、服务对象满意度、技能大赛与创新创业竞赛等维度评价专业办学水平。

（五）参与课程教学评价

通过参加教师教学竞赛、公开课，学生毕业答辩等活动，分析教师教学内容与教学过程是否契合行业企业需求，评价教学设备设施是否满足行业企业技术装备水平对人才培养的需要。

（六）参与信息反馈

在履行职责的过程中，发现问题及时向"校级—二级教学单位"两级督导反馈。

第三章 工作奖励与附则

第六条 工作考核与奖励

行业企业参与第五条中任意一项工作连续3年的，由二级教学督导组提名、学校教学督导室审查，经教学科研教授咨询委员会审核、学校公示等环节，予以奖励。

第七条 行业企业参与教学质量监控的过程中，有权调阅相关教学文件、资料，有关单位和个人应积极配合。对行业企业提出的意见和建议，有关单位应予以重视，并及时做出答复。

第八条 本细则由教学督导室负责解释，自××××年××月××日起施行。

第 4 章　精准聚焦的多元监控数据平台

连接"米粉"的小米

小米的 MIUI 提出"和用户做朋友"的理念,在手机设置了"用户反馈"功能,让"米粉"们随时参与到 MIUI 的设计和开发中来。值得称道的是,小米将用户较为关心的、易发的信息提炼成一个反馈框架标准,快速准确地挖掘用户体验大数据,用于 MIUI 的快速迭代,完成了 MIUI 从 100 名到 2.8 亿名用户的发展。

——摘自董红光《从 100 到 2.8 亿用户,MIUI 的发展、创新故事》

【思考】

借助互联网的传递优势、质量优势、成本优势、交流优势,应用信息技术对反馈信息进行采集、加工、存储、交流,能够赋能产品质量深耕迭代的"数据大脑",连接数据服务于产品质量提升的"最后一公里"。

"平台"既是连接数据服务的神经网络,也是赋能质量深耕迭代的数据大脑。基于互联网的数据平台既是一种空间连接的状态,也是一种技术手段。评价标准只有在本身参与质量监控所组成的体系中才具有现实存在的意义,这种现实存在的意义就是为了保障和改进人才培养质量提供反馈,是有时间性的。学校在质量监控的实践中,为了达到目标,必须把教学行为产生的结果转化为数据,量化进度和效果。

为解决多元评价数据精准分析时时效滞后的问题,我们按照"教师授课、学生职业能力、'学生—教师—企业'满意度、督导工作"四个层面的监控评价标准,研发了相应的质量监控数据平台,为多元主体协同参与监控评价提供"绿色通道"。

4.1　多元监控数据平台的内涵

监控数据平台是指综合利用计算机网络技术、数据库技术、通信技术等构成的以计算机技术为基础、基于集中管理监控模式的智能化和高效率的技术手段,用于完成各类所需数据信息的采集、接收、传输、存储、加工、处理、反馈等工作。本章节的多元监控数据平台的监控数据包括学生、教师、企业、督导等,在"教师授课、学生职业能力、'学生—教师—企业'满意度、督导工作"等工作层面采集、接收、传输、存储、加工、处理、反馈的数据。

4.2 多元监控数据平台开发方案

依据"教师授课、学生职业能力、'学生—教师—企业'满意度、督导工作"四个层面建立的多元协同参与的质量监控评价标准,我们在用户群和功能需求分析的基础上,采用 UML 建模、决策树技术等开发多元监控数据平台,具体的实施方案路线如图 4-1 所示。整个系统采用三层结构的 B/S 模式客户服务体系,即客户层、应用层和数据层,简化客户端应用程序的设计、开发与维护,减小平台实施的工作量与环节,并实现评价、调查、测试的动态维护、访问控制、数据分析、数据共享与辅助决策 4 大功能。

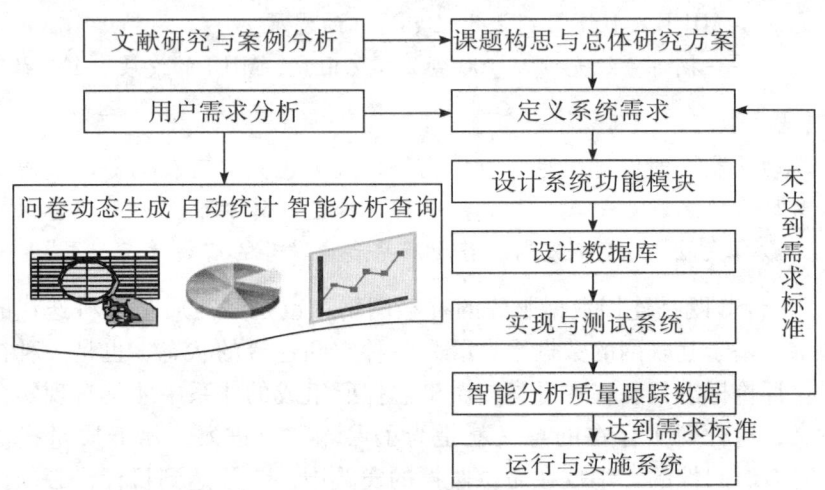

图 4-1　信息化系统开发路线图

4.3 多元监控数据平台的组成

人才培养质量的不同利益相关者对学校人才培养质量有不同的价值诉求,多方协同参与质量监控评价,"同"是目的,"协"是手段。我们通过开发多元监控数据平台,精准对接人才培养过程、结果、保障的三个环节,"协"多方参与质量监控,"同"多方改进质量短板。

多元监控数据平台主要包括以下四个模块,如图 4-2 所示。一是教师授课质量评教管理系统。聚合学生、同行、督导三方综合量化评价结果的同时，引导学生诚信客观评教。督导及同行评语聚焦教师弱势、结果偏离度与排名等，以督促教师自我改进教学，服务教师的专业成长。

二是学生职业能力测试系统。通过测评学生职场职业能力，了解学生职业素质教育方面的学习成果，服务学生的职场定位。

三是"学生—教师—企业"满意度调查系统。从多元视角测评学校的教学是否满足学生发展，是否满足企业需求的状况与趋势，帮助学校了解办学短板，服务学校的教学改进。

四是督导工作考核评价系统。定期测评督导工作完成绩效状况以及同岗位间的绩效对比，引导督导自我反思、自我管理，保证督导工作的精细化管理。

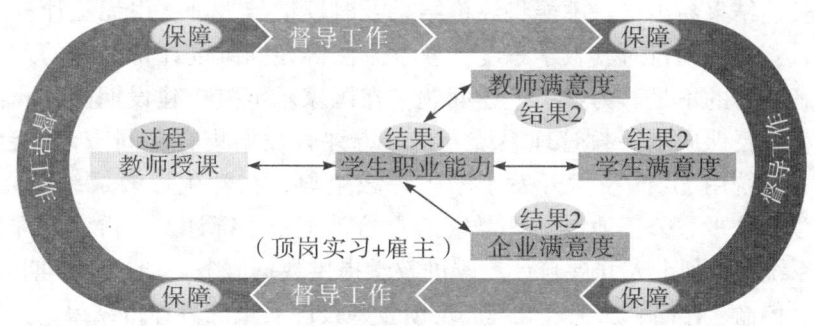

图4-2　多元监控数据平台组成

4.3.1　教师授课质量评教管理系统

4.3.1.1　系统的基本情况

马尔凯塞一再强调："评价不只是收集数据。为了进行评价工作，教育者必须明确他们收集信息的目的。数据收集后，教育者必须研究并使用这些结果，从而改善教育活动。"课堂教学评价是对教师教学组织设计行为、课堂管理行为、沟通交流行为以及课堂教学效果、教学目标达成度等教学事实的诊断及价值判断，是专业建设乃至教育教学管理的重要手段。教学评价数据采集的客观性、准确性、及时性是保证评价结果用于绩效管理、改善课堂教学的"隐形翅膀"，至关重要。

我们研发的教师授课质量评教管理系统，是授课质量三方在线评价的综合管理系统，已取得国家软件著作权登记（登记号：2011SR056043、2012SR090394、2015SR003927、2017SR369620），并获得全国教育教学信息化大赛"教育教学工具类软件系统"类二等奖、广东省一等奖。该系统实现了督导、同行、学生在一个平台上测评教师授课质量，并从职称结构、年龄结构、"双师"结构、课程性质等多维度进行课堂授课质量分析，具备评价、诊断、预测三重功效，是学校质量监控发展性评价的有效工具。

4.3.1.2 系统解决的问题

不同评价主体的价值判断和利益出发点是不同的，许多学校在对教师授课质量进行评价时往往采用学生评教、督导评教和同行评教的综合加权结果。但这三方评价在实际工作中，往往分离操作：一是学生评教以教务管理系统学生查看成绩前的网上评教为主，评价结果仅仅以教师个体为输出对象，不能按课程或者职称结构、年龄结构、"双师"结构分析教师的授课质量，也不能按不同的二级教学单位等反馈教师的授课状况；二是同行和督导评教以听课后的纸质课堂教学评价表的人工打分为主。质量监控部门要想获得三方综合评价结果需要进行二次人工统计，数据量大、统计周期长、结果易出错，不能将评价结果及时反馈给教师，也无法让教师从学生、督导、同行对其教学态度、教学方法等相同维度评价结果的差异性上了解自身的不足。为解决上述问题，在国家示范院校建设期间，我们开发了教师授课质量评教管理系统，将三方评教数据集合在同一个平台上。同时，系统用 Flash 技术开发了学生评教宝典，在学生评教成绩录入前，引导学生公平、公正地参与评教。通过自动汇集、统计、分析三方评价结果，系统为教师个人开展自评、改进教学提供数据服务。通过每学期采集、接收、传输、存储、加工、处理、反馈教师授课质量三方评价结果，分析全校教师授课质量优先改进领域，应用行动策略矩阵确定优先改进项目，制定整改措施，不断为提高全校教师授课质量水平提供数据决策服务。

4.3.1.3 系统的模块特点

在功能结构上，我们开发的系统具有以下特点：一是采用模块化设计，各模块间独立性强、耦合度低，并可根据特定需求调整模块。二是采用 B/S 架构设计，用户无须安装客户端软件，只需在网站服务器上进行安装和配置，即可直接使用浏览器登录系统进行在线测评和评教管理。三是导航设置符合督导、教师、学生操作习惯，简便、快捷。

4.3.1.4 系统的关键技术

系统采用三层结构的 B/S 模式客户服务体系，即客户层、应用层和数据层，简化了客户端应用程序的设计、开发与维护，减小了系统实施的工作量与环节。

数据库采用 Microsoft SQL Server 2005，Web 服务器和应用服务器操作系统采用 Microsoft Windows 2003 Server。开发初期，考虑到系统采集、接收、传输、存储、加工、处理、反馈的数据在内部使用，规模较小，采用了配置环境简单、开发周期短、适合中小型动态网站信息管理系统的 ASP 技术，网页框架、布局设计以及静态网页部分采用的开发工具是 Macromedia 公司的 Dreamweaver。随着系统数据应用范围的不断扩大、系统数据采集及服务功能的丰富以及系统本身安全要求的提高，转用 ASP.NET 技术，并使用 Microsoft Visual Studio 2010 作为开发平台，用 C#语言构造应用程序，使得开发流程更加简单、程序结构更加清晰、安全性更加可靠。

系统需实现督导、学生、同行三方对教师授课质量的在线测评，实现多方评价数据按规定的权重进行汇总计算。系统需满足两级督导对教师课堂授课质量数据的监控需求，辅助完成课堂教学质量监督、改进跟踪和趋势预测的功能。因此，系统设计了五大功能模块：在线测评、测评数据管理、数据查询与统计、基础信息管理和系统管理。每个模块又细分为若干子模块，如图 4-3 所示。

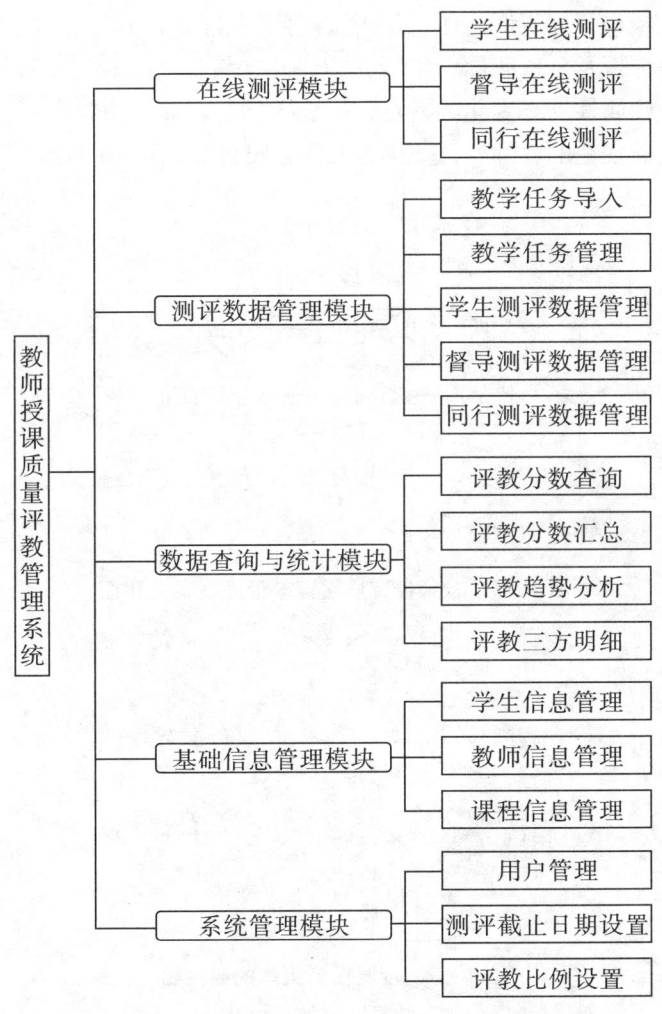

图 4-3　教师授课质量评教管理系统功能模块图

(1) 数据库设计。我们按照以下规则设计数据库：首先，根据数据的不同用途、安全保密性决定数据的组织形式及结构，减小数据冗余，提高数据采集、接收、传输、存储、加工、处理、使用过程的安全性；其次，根据用户类型与数据访问权限，设计多种视图访问数据库，简化数据库的复杂性并满足日常课堂教学质量监控的需求。

①系统 E-R 图。根据系统功能需求设计实体—关系（E-R）模型，如图 4-4 所示。图中，授课任务实体属性包含授课任务信息（教师编号、课程编号、学期）和评价信息（督导评价、同行评价、学生评价），还有三方评价是否全部完成的标识及分管督导用户名，见图 4-5。根据学校督导工作分工，全校听课任务按照二级督导组的管理权限分配到各个校级督导名下，我们把标识听课任务评分的归属作为分管督导用户名的属性，以实现锁定督导评分任务、检查督导听课工作量是否按规定完成的目的。历史数据实体的数据用于趋势分析及分析职称、年龄、"双师"、教师来源对课堂教学质量的影响。根据教师属性动态变化的特点，历史数据会存储对应学期过去的教师属性数据，而非现在的教师属性数据，其属性设计如图 4-6 所示。

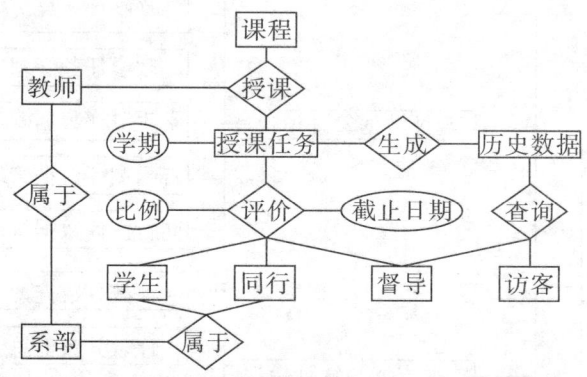

图 4-4 教师授课质量评教管理系统 E-R 图

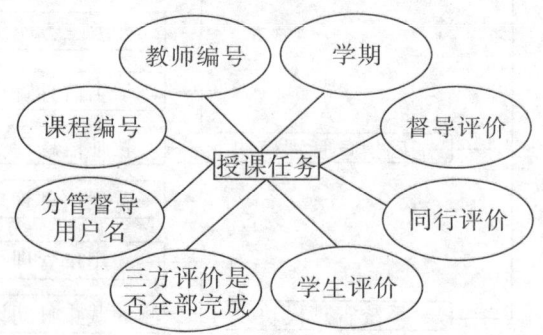

图 4-5 授课任务实体的属性图

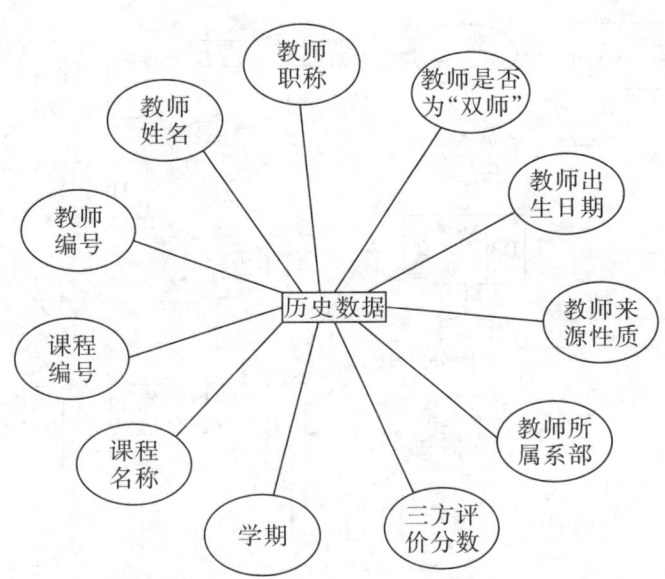

图 4-6　历史数据实体的属性图

②数据流图。我们系统的用户有：管理员、校督导员、同行（二级督导员）、学生以及访客（领导和教师）。管理员管理用户信息（D1）、评价截止日期（D2）、教师信息（D4）、课程信息（D5）、学期信息（D6）、教师授课质量三方评分信息（D7）和三方权重比例（D8）等数据。校督导员、同行及二级督导员和学生根据用户信息（D1）和截止日期（D2）登录系统进行评分。由于实际工作流程中校督导员、同行（二级督导员）只对某个教师某门课程评分一次，因此评分数据直接写入三方评分信息（D7）。而对某个教师某门课程进行评分的学生则有多个，我们先用学生评分信息（D3）记录每个学生的评分，然后统计汇总成某个教师某门课程的学生评分，再写入教师授课质量三方评分信息（D7）。系统根据三方权重比例（D8）计算综合得分。所有用户均可查询三方评分明细、统计分析数据和趋势分析数据。系统数据流设计如图 4-7 所示。

③数据表设计。我们根据系统 E-R 图、数据流图设计了 10 张基本表及每学期的历史数据表。历史数据表是教师表、课程表、授课评分表和院系表的 4 表联立，由系统自动生成，不允许修改。10 张基本表如下：

　　a. 用户表（用户名、密码、权限、院系部）。
　　b. 院系表（院系部编号、院系部名称）。
　　c. 教师表（教师编号、姓名、性别、出生日期、学历、学位、职称、"双师"、职业资格证书、教师来源、院系部编号）。

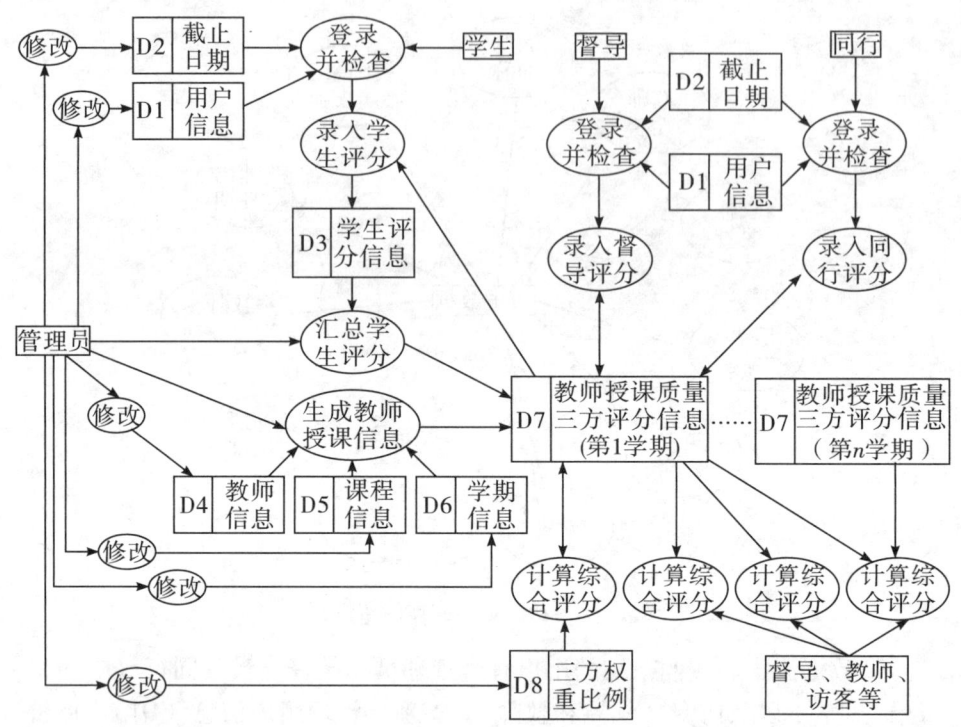

图 4-7 教师授课质量评教管理系统数据流图

d. 课程表（课程编号、课程名称、课程类型）。

e. 学生信息表（学生用户名、密码、权限、院系部）。

f. 授课评分表（教师编号、课程编号、学期、督导教学态度评分、督导教学内容评分、督导教学方法评分、督导教学效果评分、督导教学秩序评分、学生教学态度评分、学生教学内容评分、学生教学方法评分、学生教学效果评分、学生教学秩序评分、同行教学态度评分、同行教学内容评分、同行教学方法评分、同行教学效果评分、同行教学秩序评分、总分、是否完成、用户名）。

g. 学生评分表（学生用户名、学期、教师编号、课程编号、学生教学态度评分、学生教学内容评分、学生教学方法评分、学生教学效果评分、学生教学秩序评分、评分日期）。

h. 三方评分权重比例表（督导比例、学生比例、同行比例）。

i. 截止日期表（用户类型、截止日期）。

j. 学期表（学期编号、学期名称）。

④数据共享设计。按照数据共享的原则，数据库设计之初我们就考虑了数据和信息的扩展接口问题，预留了与学校其他应用系统的数据接口，保证学校数据的一致性和完整性。不仅教师编号、课程编号等与学校人才培养数据采集平台的编号一致，教师的属性包括学历、职称、职业资格证书等信息也一致。

（2）安全性设计。我们系统的安全设计除采用网络基础结构（如防火墙）、基础系统（如操作系统、Web 服务器）提供的安全保障外，在 Web 服务和应用程序方面采用的安全技术有：对交互操作进行身份验证和访问控制、登录过程的安全技术、分数录入自动检错技术、数据库多用户并发控制技术、数据库备份技术。

①身份验证和访问控制设计。系统只能通过登录页面进入管理系统，不能通过任何其他中间动态页面访问系统，并设计了根据用户身份确定访问权限的功能。

②登录过程的安全性设计。系统设计了验证码技术和防 SQL 注入式攻击技术。采用 PNG 格式的随机数字 + 随机大写英文字母图片作为验证码，采用限制表单、查询字符串输入长度、检查用户输入内容、数据合法性检验等方法来防止 SQL 注入式攻击。

③分数录入自动检错设计。在用户评分时，为防止用户输错、输漏，系统设计了自动检错及即时计算总分功能。严格检查各项分数输入是否在规定取值范围内，如超出取值范围则向用户发出出错提示并指明出错位置。在分数录入时自动计算总分，并实时在页面显示，帮助用户即时核对输入的分数。

④数据库多用户并发控制设计。系统在 Web 应用程序进行了数据库多用户并发控制设计，通过用 BEGIN TRANSACTION …… COMMIT TRANSACTION/ROLLBACK TRANSACTION 语句来定义、建立事务，应用 SQL Server 的事务处理机制和锁机制来保证数据的完整性和一致性。

⑤数据库备份设计。系统数据库备份采用"数据库服务器定期维护计划自动备份" + "Web 应用程序数据库备份"的双备份设计。在数据库服务器中设定每周自动备份一次；当开放学生评分时，由于数据库处于使用高峰，则设定每天自动备份一次。在 Web 应用程序中通过后台程序在某些重要数据库操作后自动做数据库备份，如每学期初导入基础数据后和评教结束后均自动做一次完全备份。

（3）统计方法设计。我们系统需按职称、年龄、"双师"、教师来源等分类统计评教分值，根据学校监控目标对二级督导组的考核需求，系统还要统计各二级督导组每学期分管课程所有教师课堂授课质量的平均分、历史趋势等。而每学期、每个教师、每门课程的综合评分是由督导、学生和同行这三方评分根据权重比例计算的。在实际工作中，由于督导员人数有限、听课时间有限，所以听课评课的数量有限，这样就存在部分教师授课的课程三方评分不完全的情况。如果统计样本只取三方评分都完成的记录，会大大减少样本数量，出现学生评分和同行评分不能用于教师课堂授课质量综合考核的现象，最终影响了对任课教师授课质量实际情况的统计质量。因此，我们系统的统计公式按公式（4-1）计算：

$$S_{综合} = S_{督导} \times P_{督导} + S_{学生} \times P_{学生} + S_{同行} \times P_{同行} \quad (4-1)$$

式中，$S_{综合}$为综合平均分，$S_{督导}$为督导平均分，$S_{学生}$为学生平均分，$S_{同行}$为同行平均分，$P_{督导}$为督导评分比例，$P_{学生}$为学生评分比例，$P_{同行}$为同行评分比例。

如，按"双师"、非"双师"统计评教平均分的计算方法是：按双师属性"是"与"否"分类分别计算督导平均分、学生平均分和同行平均分，然后再按权重比例计算综合平均分。

如果某属性的统计分类数少于该属性在数据库中的实际分类数，则需采用加权平均法，即先按该属性在数据库中的分类计算平均分，再按需统计的分类加权合并其平均分。如，按职称属性统计，数据库职称属性有4个分类（助理、中级、副高和正高），但统计分类却只有3个（初级、中级、高级）。统计时需将"副高"和"正高"两个类别合并成"高级"一个类别。"高级"类别平均分应按如下公式进行计算：

$$S_{高级} = \frac{N_{副高}}{N_{副高} + N_{正高}} \times S_{副高} + \frac{N_{正高}}{N_{副高} + N_{正高}} \times S_{正高} \quad (4-2)$$

式中，$S_{高级}$为"高级"类别平均分，$S_{副高}$为"副高"类别平均分，$S_{正高}$为"正高"类别平均分，$N_{副高}$为"副高"类别人数，$N_{正高}$为"正高"类别人数。

（4）导入与存储过程设计。

①导入设计。系统需导入教师基本信息、课程基本信息、教学任务和学生基本信息。导入来源是 Excel 表格。在填写 Excel 导入表格时为了保证导入正确，对数据进行了定义（包括长度、范围等说明），并在导入过程

中对每一数据项逐一检查。如，系统检查 Excel 表格中所填的二级督导组名称是否与数据库中的一致，不一致则提示用户 Excel 表格中哪一行哪一列出错，方便用户修改。

②存储过程设计。系统多处使用存储过程，在数据库进行复杂操作时，我们将复杂操作用存储过程封装起来与数据库提供的事务处理一起结合使用。

（5）Flash 动画演示设计。为引导学生按照评价标准和流程公平公正地参与评教，我们系统在学生登录后设计了评教规则浏览界面，用 Flash 技术开发了"评教宝典"。"评教宝典"以逐幅手绘图画为主，另外加 ActionScript 3.0 来操控整个动画的流程，即增加视频进度条。"评教宝典"由学生开发，动画图案简洁，深受广大学生喜爱。大部分动画是在 Flash 上以手写输入工具数位板进行手工绘制，小部分动画是在 Photoshop 上进行精细调整绘制。动画的程序用 ActionScript 3.0 于帧上写入，用于控制动画各部分的衔接和停止；视频进度条作用于整个动画，以读取动画的帧数为主，用于动画进度的改动等，跟普通播放器相似，方便学生观看。

（6）人机交互界面设计。

①用户界面简单易用。系统人机界面的设计注重用户的操作体验，各个功能模块页面操作风格一致，功能菜单提供 1~2 层的子菜单供用户选择。在此基础上，系统提供了导航功能，每一功能页面均明确显示当前的导航路径，使用户对当前所处的页面位置一目了然。

②数据导入自动检查。系统对导入的 Excel 标准格式数据（如教师信息、学生信息、课程信息等）进行自动检查。对重复的数据，采用自动剔除处理；对不符合格式要求的数据，采用提示错误位置处理，方便用户快速查找和修改不符合格式要求的数据。

③动态图表和动画。系统具有多样的数据统计及分析功能，在用户给定的不同统计或分析条件下，使用丰富的 Flash 图表直观形象地展示数据统计及分析结果。针对学生评教用户，开发了辅助软件"评教宝典"，采用学生喜闻乐见的卡通主角"盒子人"来实现人机交互，满足学生的用户体验，引导学生客观公正评教。"评教宝典"分为三段：评教案例展示、评教感受总结、评教标准说明，思路清晰、逻辑性强，风格诙谐有趣，生动地阐述了评教规则，以期提高学生评教结果的客观性。

④针对用户特点设计。校督导员是系统的重要用户，需要每天录入教

师的评教结果，同时需要查看二级督导员及同行、学生评价结果作为分析教师课堂教学偏差原因、反馈偏差结果、建议采取纠偏措施等一系列活动。系统针对校级督导都是退休返聘教授的用户特点，进行了针对性设计，如字体尽量大、颜色清晰；查询结果不采用翻页，一目了然；输入操作提供下拉框选择，以减少字符输入；输入一旦有错误即有提示；删除操作有提示信息保护，以防误操作；提供默认值、自动返回功能，减少操作步骤等。

4.3.1.5　系统的应用情况

（1）学校应用情况。我们的系统始于2010年，从三方评教按比例自动汇总、分类趋势分析及二级教学单位排序、重点监控75分以下教师、学生评教成绩偏离预警到督导同行填报定性评语等，功能不断更新完善。学校应用系统，每学期对专兼职教师开展"学生—督导—同行"三方综合评教。学生按照不同课程类型标准对教师授课过程进行整体评价，在教师课程进度超过2/3时将评教结果录入系统；校督导员按照不同课程类型标准，随机听课与重点听课相结合，每学期至少听教师一门课程，听后将评教结果录入系统；同行根据学校听课工作量要求按照不同课程类型标准将评教结果反馈给教研室，教研室集体讨论后汇总作为同行评教结果，于期末上交二级督导组后由专人将评教结果录入系统。教师可以随时登录系统查看评价结果、质量轨迹及评价建议，作为其自评与改进教学的重要参考。作为事中或事后控制措施，系统具备引导学生客观参与评教、重点监控学生评教低于75分以下教师或新开课教师、掌握教师授课质量变化趋势、帮助教师改进课堂教学方法提供数据支撑服务的功能。

首先，对课程课堂教学质量具备评价与诊断双重功效。一是根据需求，系统可以实现任意组合的智能查询，汇总分析各教学单位、不同教师、不同年龄段、不同职称、不同学历、不同类型课程三方综合评价和学生评价分值，同时输出统计报表、图形和智能比较结果，对全校教师授课课程质量状况与变化趋势起到"晴雨表"的预报预测作用；二是根据结果，系统具备智能辅助诊断教师个人课堂教学存在问题的功能。如通过对教师授课质量评教管理系统上近12个学期课程评分在75分以下的教师进行质量跟踪，我们发现学生评价低的课程主要有以下两个原因：①教师授课门类较多，难以保证所有课程的教学质量。如某讲师，两个学期共讲授

11门课程，其中"软件工程"等4门课程学生评分在75分以下；"移动应用开发技能"等7门课程学生评分在80分以上，"手机软件开发"课程的学生评分甚至在90分以上。该案例说明：一名教师的业务基础、精力与能力是有限的，专业教研室排课要严格按照学校的相关规定选择合适的教师承担教学任务。②教师专业与课程偏离度大。如我校某兼课教师，3个学期所教授的6门课程，最高为78分，最低为55.5分。该教师是计算机专业的硕士生，但承担的授课课程主要是"企业经营与管理"，教师在课堂没有基本的教学组织和教学设计环节。根据系统数据，我们严格对教师任课资格和任课工作量进行了更为细化的规定，有效杜绝了此类事件的发生。

其次，为建立多方共同参与的教师教学质量综合评价制度搭建了高效的管理平台。依托教师授课质量评教管理系统大数据，我们对多方综合评价在80分以下的"幼苗""枯枝"教师、新开课教师，开展"督导组集体—分管督导员"重点听课及精细评教，打造我们的优质课堂。一是听课前检查教师课程标准、教学进度表、教案PPT等，了解教师教学投入和准备状况。二是听课后组织全体校督导员集体剖析教师授课问题的症结所在，并与教师沟通形成书面建议，以信息反馈单的形式反馈给任课教师及二级督导组，并录入教师授课质量评教管理系统，帮助教师反思。教师可以随时登录系统查看历史评价结果、质量轨迹及同行、督导评语，作为教师自评与改进课堂教学薄弱环节的重要参考。三是应用多方评教大数据，每学期公布全校课堂教学质量监控目标达成度，鞭策教师守住优质课堂底线。系统中数据显示，2010年至2018年期间，全校90分以上课程比例由35.7%上升至91.2%，80分以下课程比例由19.4%下降到0，教师授课质量的分布已呈现出有利于达成"优质课堂"建设目标的"倒三角形"，1 800多门课程授课质量步入"优质"行列，受益学生6万多人。

（2）社会影响概况。作为典型案例，我们系统的使用情况被收录在2012年广东省高职院校质量年度报告中。作为学校质量监控发展性评价的有效工具，我们的系统吸引了承德石油高等专科学校、苏州工艺美术职业技术学院、深圳信息职业技术学院、广东交通职业技术学院、茂名职业技术学院、广州科技贸易职业学院、岭南职业技术学院、广东邮电职业技术学院、珠海城市职业技术学院、揭阳职业技术学院等省内外学校到学校交流学习，受到了一致好评。作为成果推广，我们与广州科技贸易职业学院、乌鲁木齐职业大学等签订二次开发协议，转化我们系统的软件著作权成果。

4.3.2 学生职业能力测试系统

4.3.2.1 系统的基本情况

教育学理论认为教育领域存在两类理念。一类被称为工具教育论，核心是教育必须适应经济社会发展的需要；另一类被称为本体教育论，核心是教育必须适应受教育者身心发展的需要。从提升高技能劳动力素质水平、培养更多的大国工匠的角度来看，高职走向本体教育的价值取向是一种必然趋势，这需要学校教育教学活动满足学生两个层面的需要，一是满足学生就业的短期成长需求；二是满足学生可持续发展的成才需要，其核心就是学生整个的学习成果，包括学生的行为、知识、技能、招聘竞争力和岗位竞争力等。我们借鉴 AHELO 的理念框架，立足职业教育的职业性和经济性双重属性，以测评学生"学"的产出性评价为目标，在学生职业能力评价标准的基础上，研发测试系统，帮助学生了解个人职业能力与未来职业发展目标之间的差距，帮助专业了解人才培养方案对学生职业能力培养目标的达成度。

经过两年多时间的不断完善，我们自主研发的"学生职业能力测试系统"取得 1 项国家软件著作权登记（登记号：2017SR369225）。

以该系统为载体，我们在每学年的第一学期期末组织应届毕业生参加测试。系统测试数据的输出引导专业在建设过程中关注学生职业能力发展，关注课程设置与行业企业岗位素质需求的对接程度。系统测试数据的输出为分析学校教学质量优先改进领域，应用行动策略矩阵确定优先改进项目，制定整改措施，不断提高学校素质教育水平，提升教学质量提供了数据服务，具备评价、诊断、预测三重功效，是学校质量监控发展性评价的有效工具。

4.3.2.2 系统解决的问题

我们的系统解决了不同专业学生测试的大数据在进行采集、接收、传输、存储、加工、处理、反馈等环节数据量大、采集成本高、统计分析易出错、反馈不及时、能力定性分析标准难以统一等一系列问题，实现了多维海量数据的即时挖掘、可视化分析。我们的系统将学生职业能力"体检"数据集合在同一平台上，打通了数据服务的"最后一公里"，数据用于了解不同专业人才培养质量与岗位职业能力对接的程度，并驱动测试结果应用于专业人才培养方案调整、课程整合、教师课堂教学的改进等。

4.3.2.3 系统的模块特点

系统包括题库管理、测试卷管理、学生用户管理、发布回收管理、数据统计分析、信息维护六大模块。具有以下特点：一是采用三层结构的B/S模式客户服务体系，减小了系统实施的工作量与环节。实现了测试结果的单题统计、交叉统计、趋势分析和十大模块职业能力定性分析等即时统计功能，有效解决了测试数据量大、采集统计成本高、后期统计分析易于出错等瓶颈问题。二是分专业及专业大类统计学生的十大职业能力模块测试数据，对学生职业能力进行趋势分析、质量预警，为学校不断提高教学质量提供了数据支撑。

4.3.2.4 系统的关键技术

系统采用三层结构的 B/S 模式客户服务体系，即客户层、应用层和数据层，简化了客户端应用程序的设计、开发与维护，减小了系统实施的工作量与环节。

数据库采用 Microsoft SQL Server 2005，Web 服务器和应用服务器操作系统采用 Microsoft Windows 2003 Server，配置环境简单、开发周期短、采用适合中小型动态网站信息管理系统开发的 ASP 技术，网页框架、布局设计以及静态网页部分采用 Macromedia 公司的 Dreamweaver。随着系统应用范围的扩大、功能的丰富以及安全要求的提高，系统将转用 ASP.NET 技术，并使用 Microsoft Visual Studio 2010 作为开发平台，用 C#语言构造应用程序，使开发流程更加简单、程序结构更加清晰、安全性更高。

系统的数据库设计、测试题目发布设计、测试问卷有效填答设计、统计分析方法设计、人机交互界面设计基本采用和顶岗实习满意度调查系统相同的关键技术，在此不展开叙述。

4.3.2.5 系统的应用情况

（1）学校应用情况。从 2016 年开始，我们每年应用系统对大三学生开展学生职业能力测试，测试参与率超过 90%，涵盖制造大类、轻纺食品大类、艺术设计传媒大类等 18 个专业大类的所有专业的应届毕业生，每人测试时间限定为 20 分钟。校督导员、二级督导组、专业负责人、学生以及全体教师以访客身份查看测试结果。作为事后控制措施，为专业人才培养方案的优化、专业团队改进课堂教学方法提供数据支撑服务（如学生职业能力测试报告）。

（2）社会影响概况。作为学生层面的诊断与改进成效评价工具，系统被教育部诊断与改进课题组推荐，并于2015年12月在常州工程职业技术学院进行试点应用。

作为学校质量监控发展性评价的有效工具，系统吸引了岭南职业技术学院、广东邮电职业技术学院、广东交通职业技术学院等省内外学校到学校交流学习，受到了一致好评。

系统作为成果推广，多次出现在"广东省中高职衔接骨干教师培训班"的专题讲座中。

学生职业能力测试报告（2016年度，节选）

一、参与测试学生概况

2016年9月，质量监控办公室对大三学生开展学生职业能力测试，共发放问卷7 165份，回收6 342份，有效问卷6 342份，问卷回收率为88.5%。涉及药品经营与管理、机电一体化技术、高分子材料加工技术、食品生物技术、印刷图文信息处理、装潢艺术设计等具体专业，涵盖制造大类、轻纺食品大类、艺术设计传媒大类等18个专业大类，每人测试时间限定为20分钟。

二、测试模块与工具

本次测试问卷，依据人力资源和社会保障部职业技能鉴定中心编写的《职业社会能力训练手册》中对于"职业社会能力"概念的内涵，包括"与人交流""与人合作""解决问题"等能力，将学生职业能力分解为10个一级指标、26个二级指标。这些指标综合考虑了高职教育人才培养模式的特殊性，既相互联系又有所区别，共同构成了调查研究高职学生职业能力的过程性因素，能够全面地反映学生在职业能力培养中所应掌握的知识目标、能力目标（专业能力、方法能力、社会能力）和情感目标（态度、信念、价值观等）。

在测试问卷设计上，通过多次修订和试测，审核问卷的信度和效度并不断完善问卷内容。测试全部为客观题，结合学生日常生活和学习环境来设置题目，并运用生活化的语言进行描述，使测试更加贴近真实情境，让学生进行测试时更容易选择判断，从而提高测试的真实性和客观性。

在计算方法上，每个一级指标包含10道题，共计100题。每道试题设置三个选项，根据二级指标的测试重点将三个选项依次设为3分、2分和1分。每一项指标（10道题）根据选项得分设为10~14分、15~24分和25~30分三个分数段，即低、中、高三个层次。

三、测试结果分析

(一) 综合分析

全校综合平均分为 25.8 分(满分 30 分),属于较高分数段。根据图 4-8 可以看出,其中,沟通能力、应变能力、团队协作能力、敬业勤奋、诚实守信、解决问题能力这 6 个一级指标都处于较高分数段。高职教育人才培养目标决定了高职学生的职业能力与素质必须在全真的职业环境中进行培养,"解决问题能力"指标高达 26.8 分,这与我校在教学中重视培养学生的社会实践技能和专业实操能力密不可分。此外,组织能力和学习能力指标分别为 24.1 分和 25.1 分,属于中间分数段,这与我校学生的日常学习行为习惯特征有一定的吻合性。

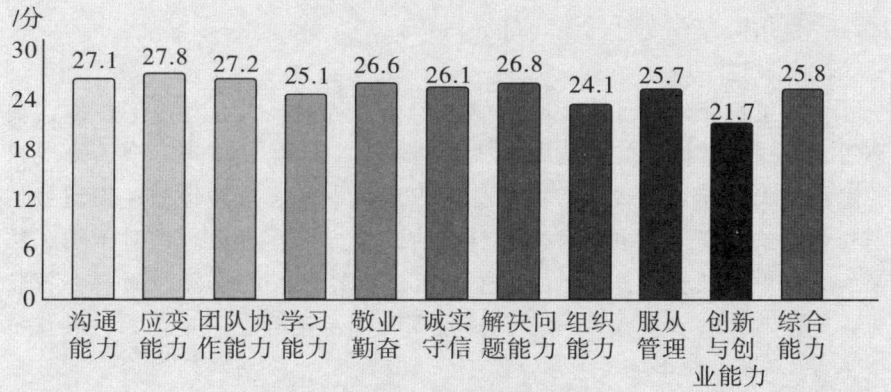

图 4-8 职业能力测试结果统计

数据来源:"学生职业能力测试系统"(2017SR369225)

(二) 具体分析

1. 解决问题能力

根据解决问题的过程,解决问题能力划分为情绪反应和行为决策 2 个二级指标,其中情绪反应是指面对问题时秉持的观念和态度,行为决策是指惯性的或经过思考后采取的行为方式。对测试结果进行分析,在与"情绪反应"相对应的 5 个题目的选项中,答题者的选择与题目的分值一致,而在"行为决策"的题目中,答题者有 3 道题的选择与题目的分值有所差异,举例见表 4-1。

表4-1 解决问题能力行为决策指标试题举例

题目	选项	分值	答题者选择
班会上，辅导员提出了一些要求，许多班级同学不认可、怨言颇多，作为班干部的你，该怎么办？	A. 将辅导员的要求向同学详细解释，尽量让大家接受	3	2
	B. 了解同学的意见在哪里，反映给辅导员	2	3
	C. 不管不理，当作不知道	1	1

对高职学生来说，解决问题能力不仅表现出个人的承压与情绪管理系统反应如何，也体现了在平时的实训工作过程中，能否结合实际情况，学会积极主动分析问题、解决问题。

2. 组织能力

根据组织管理的过程，组织能力划分为认知模式、计划实施和沟通协调3个二级指标。其中认知模式是指在组织管理过程中，个人表现出的思维模式；计划实施是指在安排组织活动中的看法和计划；沟通协调是指在组织管理过程中，个人表现出的工作方式和行为。从对于测试结果的分析中可以看出，"计划实施"指标中答题者的选择和题目分值较为一致，而"认知模式"和"沟通协调"指标则存在一定差异，具体举例见表4-2和表4-3。

表4-2 组织能力认知模式指标试题举例

题目	选项	分值	答题者选择
作为教师组织的某虚拟项目小组中的组长，你如何看待自己在团队中的作用？	A. 组长，一定是团队中不可缺少的一员，而且要对团队工作负责	3	2
	B. 组长，是团队中不可缺少的一员，愿意根据团队的需要来调整自己	2	3
	C. 虚拟项目嘛，没什么实际作用，挂名而已，起不了什么作用	1	1

认知模式是个体可逐渐养成的一种思维习惯，因此，针对组织能力指标中认知模式较弱的情况，需要着重培养学生多了解自身的性格特点和工作能力，以及个人在团队中的定位等，并有意识地加强学习与锻炼。

表4-3 组织能力沟通协调指标试题举例

题目	选项	分值	答题者选择
作为班干部，当你需要某位同学配合完成一项工作，你会怎么办？	A. 直接安排该同学，要求他配合集体工作	2	1
	B. 这位同学确实是最佳人选，但我还是尊重该同学的意见，如果不愿意参加就不勉强了	1	2
	C. 将情况说明，尽量让该同学自愿参与，主动配合完成工作	3	3

组织能力指标中的沟通协调强调的是，在团队工作中对于任务分配后的协调与商量。要求学生打开自身封闭的状态，在提高沟通能力的同时，从大局和整体考虑，树立充分发挥各团体成员优势和能力的意识，高效地完成工作任务。

3. 学习能力

根据学习的特点和个人的学习习惯，学习能力划分为独立性、主动性和方式3个二级指标。其中独立性是指对周围学习环境的依赖性；主动性是指对学习的态度或学习的主要驱动力；方式是指通过哪种方式来促进学习，达到学习目标等。从测试结果可以看出，学生在对于学习的"主动性"和"方式"上的选择和题目分值具有一致性，在学习的"独立性"上有所差异，具体题目见表4-4。

表4-4 学习能力独立性指标试题举例

题目	选项	分值	答题者选择
通常，你在课堂上课过程中的表现是：	A. 对感兴趣的内容很认真，不感兴趣的就干别的事情	2	3
	B. 常常走神	1	1
	C. 基本不会走神	3	2

能够自主学习不仅是学生在学校教育期间需要具备的技能之一，更是进入社会后保持竞争状态、实现自身可持续发展所必备的能力。从举例说明的题目中可以看出，保证学习状态的不受干扰十分重要，学习的独立性是个体养成良好学习习惯的基础。

4.3.3 "学生—教师—雇主"满意度调查系统

4.3.3.1 系统的基本情况

《第四代教育评价》一书中认为，评价应是参与评价的所有人，特别是评价者与其对象交互作用、共同构建的过程。学生、教师、企业是不同的利益主体，对学校人才培养质量的关键诉求存在差异性，参与质量监控评价的成熟度与聚焦点也不同，需要顶层设计诊断数据的反馈、应用、预警、再诊断模式。我们按照"学生满意度"服务于"学"，帮助学生发展；"企业满意度"服务于"教"，促进学生发展；"教师满意度"服务于"教学"，成就学生发展的逻辑主线，在确定了满意度评价标准体系的基础上，将不同会诊主体的"体检"标准、"体检"结果与信息化大数据平台相融合，自主研发了在线跟踪评价调查系统。

我们研发的教学质量学生满意度调查系统累计取得三项国家软件著作权登记（登记号：2013SR025439、2014SR002995、2017SR349210）；教师满意度调查系统取得两项国家软件著作权登记（登记号：2015SR02243、2017SR355935）；雇主满意度调查系统取得一项国家软件著作权登记（登记号：2014SR002911），并获得国家信息化大赛"教育教学工具类软件系统"三等奖、广东省一等奖。

以系统为载体，我们每年定期组织学生、教师、雇主开展调查。系统调查数据的输出引导专业在建设过程中关注学生发展、关注企业需求、关注专业团队的竞争力，引导专业在课程、教师、学生、雇主等不同层面对自身教育教学活动进行持续反思，推进专业建立多方参与的自我质量保证机制、探索多方参与专业办学评价新途径。系统调查数据的输出为学校分析教学质量优先改进领域、应用行动策略矩阵制定整改措施，满足不同利益主体的关键诉求、不断提高人才培养质量提供数据服务，具备评价、诊断、预测三重功效，是学校质量监控发展性评价的有效工具。

4.3.3.2 系统解决的问题

正如本章引言："'平台'既是连接数据服务的神经网络，也是赋能质量深耕迭代的数据大脑。基于互联网的数据平台既是一种空间连接的状态，也是一种技术手段。"学校在质量监控的实践中，为了获得目标，我们必须打通数据服务的"最后一公里"，只有打通数据服务的"最后一公里"，目标才能达成。我们的系统解决了学生、教师、企业参与学校人才培养质量"会诊"的"体检"大数据在采集、接收、传输、存储、加工、处理、反馈等环节地域分散、数据量大、采集成本高、统计分析易出错、反馈不及时等一系列问题，实现了多维海量数据的即时挖掘、可视化分析。我们的系统将多方近似全景的评价"体检"数据集合在同一平台上，打通了数据服务的"最后一公里"，为数据用于驱动监控评价结果应用于专业人才培养方案调整、课程整合、教师课堂教学改进等决策提供服务。

4.3.3.3 系统的模块特点

系统的三个子系统的功能模块一致，包含题库管理、院系管理、用户管理、问卷管理、年度数据比较、历年数据查询和信息维护七大模块。我们的系统具有以下特点：一是采用三层结构的 B/S 模式客户服务体系，减小了系统实施的工作量与环节。系统实现了自动生成问卷、发布问卷的功能，实现了调查数据的单题统计、交叉统计和趋势分析等即时统计功能。二是采用智能识别技术，包括一个邮箱只能填答一次、答卷不完整不能提交并提示漏选项、对问卷题目之间结果的一致性检测等，保障调查数据的质量。三是采用数据挖掘技术对调查结果进行多维统计分析和趋势查询，通过丰富直观的数据图表，对学生学习体验、教师专业成长、学生岗位招聘竞争力及岗位表现竞争力提供趋势分析、质量预警服务。

4.3.3.4 系统的关键技术

系统采用三层结构的 B/S 模式客户服务体系，即表示层、业务逻辑层和数据层，简化了客户端应用程序的设计、开发与维护，减小了系统实施的工作量与环节。

数据库采用 Microsoft SQL Server 2005，Web 服务器和应用服务器操作系统采用 Microsoft Windows 2003 Server。采用 ASP.NET 技术，以 Microsoft Visual Studio 2010 作为开发平台，用 C#语言构造应用程序，使得开发流程更加简单、程序结构更加清晰、安全性更高。

因系统数据服务的统计需求不同，三个子系统仅在功能和用户使用权限上稍有区别。因篇幅有限，我们以教师满意度子调查系统为例，介绍开发的关键技术，如图 4-9 所示。

（1）数据库设计。我们按照以下规则设计数据库：一是根据数据的不同用途、安全保密性决定数据的组织形式及结构，减小数据冗余，提高数据使用存储过程的安全性；二是根据用户类型与数据访问权限，设计多种视图访问数据库，简化数据库的复杂性并满足三方协同参与满意度调查的需求。

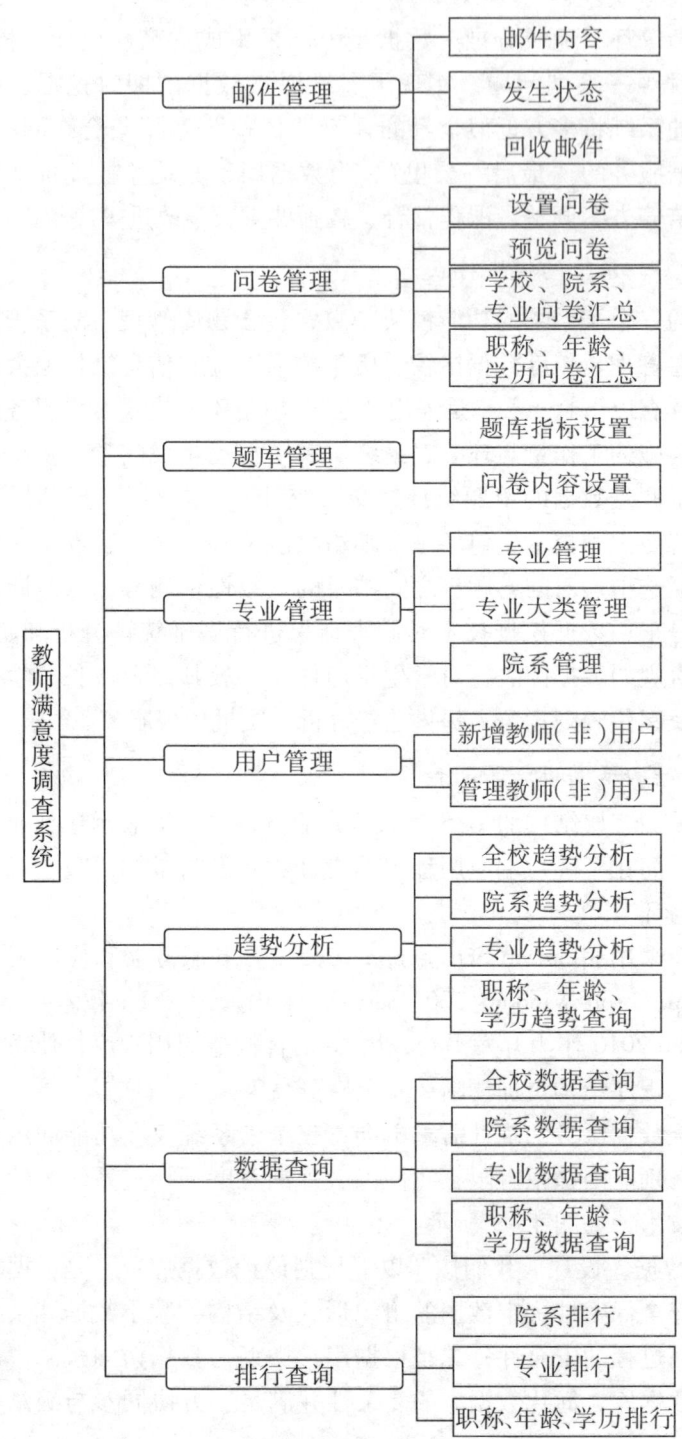

图 4-9 教师满意度调查子系统功能模块图

①系统 E-R 图。根据系统功能需求设计实体—关系（E-R）模型，以教师满意度调查子系统为例（见图 4-10）介绍系统 E-R 图。图中，由管理员负责管理问卷和教师邮箱，启动问卷调查后，向设定范围的教师发送调查邮件。教师通过邮件链接完成答卷，原始问卷在试题分数表中保存。系统回收问卷后更新统计数据，生成各类统计报表，保存在不同的表中，各实体属性如图 4-11 所示。

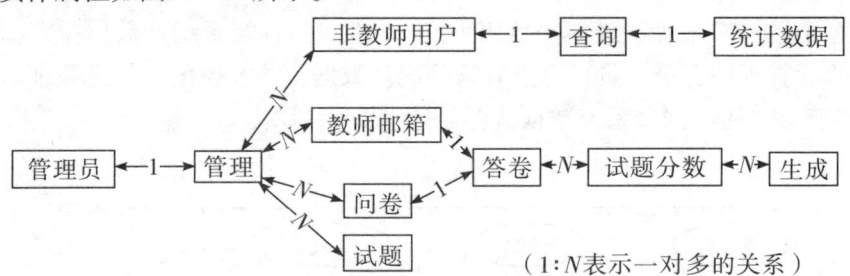

图 4-10 教师满意度调查子系统 E-R 图

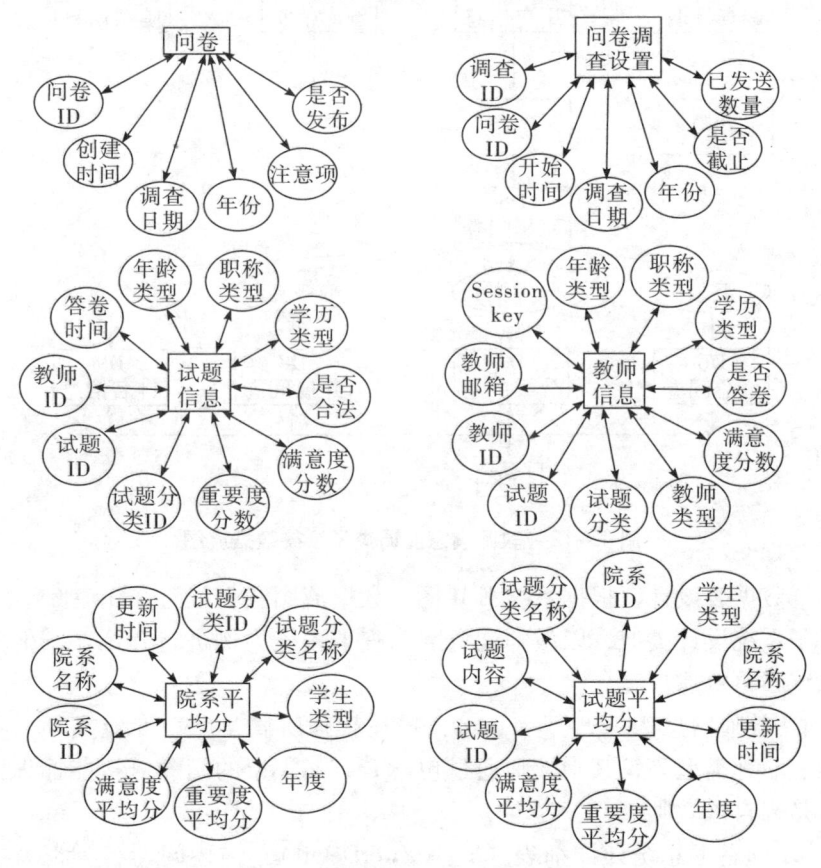

图 4-11 教师满意度调查子系统实体属性图

②数据流图。系统的使用用户有：管理员、调查人员（学生、教师、雇主）以及访客。管理员负责管理用户信息（D1）、题库信息（D2）、院系信息（D3）和调查日期（D4）。管理员和录入员设定调查日期（D4）。仍以教师满意度调查子系统为例，教师登录系统通过对用户信息（D1）和调查日期（D4）的验证完成答卷操作生成教师原始问卷（D5）。原始问卷（D5）在更新统计结果后得到年度的汇总问卷（D6）、各院系统计数据的分类问卷（D7）、汇总数据的年度问卷（D8）和各院系统计数据排名信息（D9）。管理员、录入员可以查看这些统计数据，访客经用户信息验证后也可以查看上述数据。系统数据流图设计见图4-12。

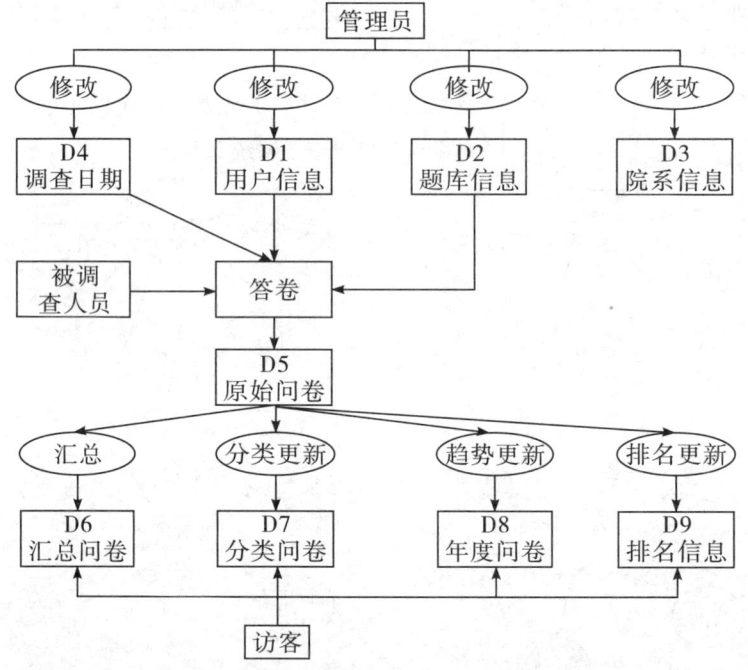

图4-12 教师满意度调查子系统数据流图

③数据表设计。根据系统E-R图、数据流图我们设计了15张基本表，每个子系统设计类似，以教师满意度调查子系统为例进行介绍，其他两个子系统不再赘述。

a. 教师信息表（T_Teacher）：描述教师所属学院、专业类型、年龄类型、职称类型等，其中教师通过包含session key的问卷链接能标识回复问卷是来自该教师。

b. 问卷汇总统计详细表（T_AnswerDetail）：描述问卷各类汇总统计

问卷的每题信息。

  c. 问卷汇总统计表（T_Answer）：描述问卷各类汇总统计的满意度的表。

  d. 邮件详细信息（T_EmailContent）：描述发送邮件正文的表。

  e. 题目分类表（T_QuestionCat）：描述题目分类信息的表。

  f. 题目表（T_Question）：描述题目信息的表。

  g. 问卷表（T_Survey）：描述问卷信息的表。

  h. 教师分数表（T_TeacherScore）：记录教师对满意度评分的表。

  i. 问卷平均分表（T_QuestionAvgScore）：记录全校或者各院系部年度的平均满意度的表。

  j. 问卷分类表（T_QuestionCat）：描述问题分类信息的表。

  k. 问卷分类平均分表（T_QuestionCatAvg）：记录年度的全校二级指标的满意度平均评分的表。

  l. 问卷院系平均分表（T_QuestionDeptAvg）：记录年度的各院系部二级指标的满意度平均评分的表。

  m. 问卷年度平均分表（T_QuestionYearAvg）：记录年度的不同类型教师的满意度平均评分的表。

  n. 非调查用户表（T_User）：描述管理员和访客信息的表。

  o. 邮件服务表（T_ServerEmail）：描述发送邮件的服务器信息的表。

  （2）安全性设计。除采用网络基础结构（如防火墙）、基础系统（如操作系统、Web 服务器）提供的安全保障外，我们系统在 Web 服务和应用程序方面采用的安全技术有：对交互操作进行身份验证和访问控制、登录过程的安全技术、数据库多用户并发控制技术、数据库备份技术。

  ①身份验证和访问控制设计。系统只能通过登录页面进入管理系统，不能通过其他任何中间动态页面访问系统，并设计了根据用户身份确定访问权限的功能。

  ②登录过程的安全性设计。系统设计了防 SQL 注入式攻击技术，采用限制表单、查询字符串输入长度、检查用户输入内容、数据合法性检验等方法来防止 SQL 注入式攻击。

  ③数据库多用户并发控制设计。系统在 Web 应用程序进行了数据库多用户并发控制设计，通过用 BEGIN TRANSACTION …… COMMIT TRANSACTION/ROLLBACK TRANSACTION 语句来定义、建立事务，应用 SQL Server 的事务处理机制和锁机制来保证数据的完整性和一致性。

  ④数据库备份设计。本系统数据库采用"Web 应用程序数据库备份"

设计，在 Web 应用程序中通过 Windows Service 对数据库进行备份。

（3）统计方法设计。系统按被调查用户的特征信息，如教师包括院系、专业、职称、年龄等，学生包括院系、专业大类、专业等；雇主包括行业、雇主性质、雇主规模等分类统计满意度结果。由于问卷实际回复率不均衡，一些以专业为统计的回复问卷数量达不到预期要求，系统在进行专业、职称、年龄等特征统计时以每份问卷为一个样本点，防止以少数问卷实测结果产生的"被代表"。

（4）导入与存储过程设计。系统需导入被调查用户基本信息，导入来源是 Excel 表格。在填写 Excel 导入表格时为保证正确导入，对导入的字段（如所属二级院系、专业等）与本系统数据库定义进行比对，保证数据导入的一致性。不一致则提示用户 Excel 表格中哪一行哪一列出错，方便修改。系统将复杂操作与存储过程封装，并与数据库提供的事务处理一起结合使用。

（5）人机交互界面设计。

①用户界面简单易用。系统人机界面的设计注重用户的操作体验，各个功能模块页面操作风格一致，功能菜单提供 1~2 层的子菜单供用户选择。在此基础上，系统提供了导航功能，每一功能页面均明确显示当前的导航路径，使用户对当前所处的页面位置一目了然。

②数据导入自动检查。系统对导入的 Excel 标准格式数据（如教师信息、学生信息、课程信息等）进行自动检查。对重复的数据，采用自动剔除处理；对不符合格式要求的数据，采用提示错误位置处理，方便用户快速查找和修改不符合格式要求的数据。

③动态图表和动画。系统具有多样的数据统计及分析功能，在用户给定的不同统计或分析条件下，使用丰富的图表直观形象地展示数据统计及分析结果。

4.3.3.5 系统的应用情况

（1）学校应用情况。我们的系统始于学生满意度调查系统，分阶段开发并于 2017 年完成所有三个子系统的开发。2012 年，我们应用学生满意度子系统每年对大三学生开展调查，参与率由 50% 逐步提升到 85% 以上，涵盖学校制造大类、轻纺食品大类、艺术设计传媒大类等 18 个专业大类的所有专业的应届毕业生。调查由"学校—二级单位"两级督导共同组织，每个学生填答时间限定为 20 分钟，按调查计划集中在机房填答。2014 年，我们增加了应用教师满意度调查子系统每年对专任教师开展调查，参与率由 50% 逐步提升到 85% 以上，涵盖学校制造大类、轻纺食品大类、艺术设计传媒大类等 18 个专业大类及基础课的所有专任教师。2017 年，我们又增加了应用雇主满意度调查子系统对毕业半年到一年的学生就业单位开展雇主调查。学校领导、校督导员、二级督导组、专业负责人、教师、学生等都可以以访客身份查看当期及历史调查数据。作为事后控制措施，系统为专业人才培养方案的优化、专业团队改进课堂教学方法提供数据支撑服务，形成了我们多方参与质量信息反馈的特色。

首先，对学生的学习成果具备评价与诊断双重功效。学生学习成果是指完成指定的学习内容后，学生具有的行为（action）、知识（knowledge）、能力（skill）和态度（attitudes）的描述。学生满意度调查，从学生的角度分析学生对其专业学习经历的看法，分析其专业兴趣、专业知识、岗位能力、职业素质、就业能力与培养目标的达成率。教师满意度调查，分析学生在课程学习过程中的课堂表现、作业水平、测试成绩、职业证书获取率与培养方案的达成率。雇主（企业）满意度调查，分析应届毕业生的岗位表现力和招聘竞争力，了解学生学习成果满足劳动力市场需要的达成率。我们组织专门人员，分析输出的调查结果，应用交叉多维分析原理及行动策略矩阵，对调查数据进行深度挖掘，剖析各改进领域聚焦点之间的关联度，确定绩差较大的质量优先改进领域，组织各部门协同制定改进措施，确保问题从源头上得到解决。如作为国家示范校，我校大多数教室在 2006 年就配备了性能良好的多媒体设备，为什么学生满意度调查输出的结果显示"教室多媒体设备"的绩差仍大于 1.5，属于优先改进的领域？经综合调查与分析，我们发现问题出在设备的使用和维护管理上：一些教师不按操作规范使用多媒体设备，造成设备过快老化；一些教室的投影仪因灯泡没有定期检查，导致投影效果差，影响了学生课堂学习，也影响了教学效果。我们设置了相应质量监控目标，督促相关教学保障核心部门制定改进措施，精准对接改进效果，力争实现学生满意度、业务管理水平的"双提高"。

其次，为建立多方共同参与质量监控，聚焦优先改进领域搭建了管理平台。以改进学生的学习成果为目标，以全面支持学生发展为核心，我们通过建立调查操作流程标准，开展面向"学生—教师—企业"满意度调查，将调查结果及时向教务处、实训中心、二级学院进行反馈，持续提高学生的在校学习体验，将提升学生的职业道德、职业技能、职业发展能力、岗位竞争力等落实到具体的教学环节中。

（2）社会影响概况。作为复核工作程序，学生满意度调查系统模块被纳入教育部高职院校内部质量保证体系诊断与改进指导方案复核工作程序之一，并于 2015 年 12 月在常州工程职业技术学院进行试点应用。

作为省厅委托工作，广东省教育厅以教改重点专项的形式委托我们在校本调查系统的基础上面向全省开发"广东高职院校人才培养质量跟踪系统"。依托系统开展全省的调查，调查结果作为省第三批示范高职院校评审加分项目、每年省高职质量年报学生发展专栏项目、"十三五""创新强校"院校的考核指标。

作为典型案例，一是依托"广东高职院校人才培养质量跟踪系统"启用大数据监测并改善高职人才培养"体质"被《人民日报》内参全文刊载；二是省级政府开展"多元协同参与质量监控"的具体做法，被收录在《2015 年中国高等职业教育质量年度报告》中；三是《"三主体"协同参与转变人才培养质量跟踪评价范式》等系列论文在《中国高等教育》《中国职业技术教育》发表后，被中国高职高专教育网、湖北省高职高专教育网、中国民办高等教育信息网、百度文库、天津交通职业技术学院、眉山职业技术学院、常州信息职业技术学院、南京信息职业技术学院、河南质量工程职业学院、济宁职业技术学院、辽宁建设职业教育集团网、新疆交通职业技术学院、宜宾职业技术学院、金华职业技术学院、广东环境保护工程职业学院、广东科学技术职业学院、广州科技贸易职业学院等全文转载。

作为学校质量监控发展性评价的有效工具，我们的系统吸引了承德石油高等专科学校、苏州工艺美术职业技术学院、深圳信息职业技术学院、广东交通职业技术学院、茂名职业技术学院、广州科技贸易职业学院、岭南职业技术学院、广东邮电职业技术学院、珠海城市职业技术学院、揭阳职业技术学院等省内外学校到我校交流学习，受到了一致好评。

作为成果推广，我们与广州科技贸易职业学院、清远职业技术学院、茂名职业技术学院、乌鲁木齐职业大学签订二次开发协议，转化我们系统的软件著作权成果。在广东省内部质量保证体系诊断与改进培训班、中高职衔接骨干教师培训班、常州工程职业技术学院讲座上，都对该系统做了详细介绍。

4.3.4 顶岗实习满意度调查系统

4.3.4.1 系统的基本情况

我们按照"企业满意度"服务于"教"，促进学生发展的理念，将企业参与教学质量评价按两阶段设计。顶岗实习满意度是在第六学期吸纳企业参与顶岗实习评价（见 2.3.3.3），由于与学生毕业半年至一年后的满意度评价标准的差异性，我们配合顶岗实习管理，单独研发了在线评价调查系统，将"体检"标准、"体检"结果融合在信息化平台上。

我们研发的"顶岗实习单位评教评学调查系统"取得一项国家软件著作权登记（登记号：2012SR127115），并获得广东省信息化大赛"教育教学工具类软件系统"优秀奖。系统被应用于中国职业技术教育学会科研规划项目"企业参与顶岗实习质量评价的实证研究——以广东轻工职业技术学院为例"的课题研究（获中国职业技术教育学会科研规划项目二等奖）。系统还是我校国家信息化试点项目——"信息化环境下校内外实训实习管理新模式探索"的重要组成部分，于2017年顺利通过验收。

以该系统为载体，我们每学年第二学期定期组织应届毕业生所在的顶岗实习单位开展评教评学调查。系统调查数据的输出引导专业在建设过程中关注学生发展、关注企业需求，特别是关注课程与专业面向的岗位及岗位群对接的程度。系统调查数据的输出为分析学校教学质量优先改进领域、应用行动策略矩阵确定优先改进项目、制定整改措施，不断提高学校顶岗实习环节管理水平、提升教学质量提供了数据服务，具备评价、诊断、预测三重功效，是学校质量监控发展性评价的有效工具。

4.3.4.2　系统解决的问题

正如本章引言："平台"既是连接数据服务的神经网络，也是赋能质量深耕迭代的数据大脑。学校在质量监控的实践中，为了获得目标，我们必须打通数据服务的"最后一公里"，只有打通数据服务的"最后一公里"，目标才能达到。我们的系统解决了顶岗实习单位参与学校人才培养质量"会诊"的"体检"大数据在进行采集、接收、传输、存储、加工、处理、反馈等环节地域分散、数据量大、采集成本高、统计分析易出错、反馈不及时等一系列问题，实现了多维海量数据的即时挖掘、可视化分析。我们的系统将顶岗实习单位近似全景的评价"体检"数据集合在同一平台上，打通了数据服务"最后一公里"，为数据用于驱动监控评价结果应用于专业人才培养方案调整、课程整合、教师课堂教学改进等决策提供服务。

4.3.4.3　系统的模块特点

系统包含题库管理、问卷管理、顶岗实习单位管理、发布回收管理、数据统计分析、填写答卷管理和信息维护管理七大模块，如图4-13所示。具有以下特点：一是采用三层结构的B/S模式客户服务体系，减小了系统实施的工作量与环节。系统实现了支持多种题型、自动生成问卷的发布功能，实现了调查数据的单题统计、交叉统计和趋势分析等即时统计功能，有效解决了调查数据量大、采集成本高、后期统计分析易于出错等瓶颈问题。二是采用 Flash 技术开发了企业调查宝典，实现了人机交互功能，引导企业代表客观参与调查评价。三是分专业大类统计学生的岗位表现力满意度，对学生岗位表现力进行趋势分析、质量预警，为学校改进教学质量提供数据服务。

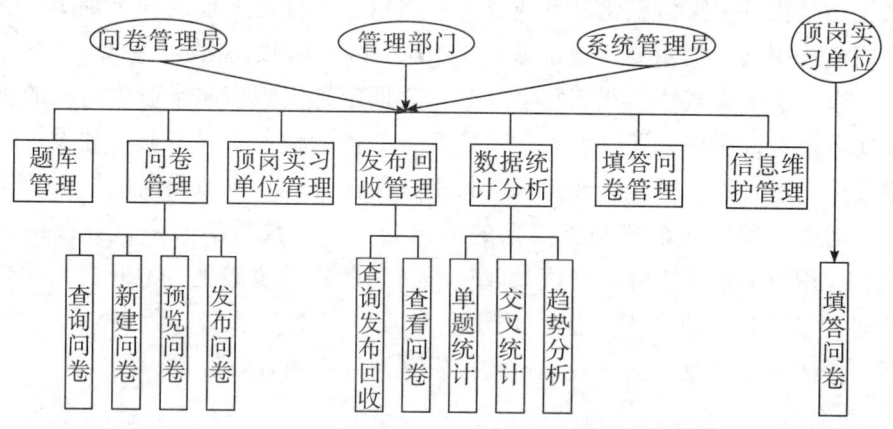

图 4-13　顶岗实习满意度调查系统功能模块图

4.3.4.4　系统的关键技术

系统采用三层结构的 B/S 模式客户服务体系，即客户层、应用层和数据层，简化了客户端应用程序的设计、开发与维护，减小了系统实施的工作量与环节。

数据库采用 Microsoft SQL Server 2005，Web 服务器和应用服务器操作系统采用 Microsoft Windows 2003 Server，配置环境简单、开发周期短、采用适合中小型动态网站信息管理系统开发的 ASP 技术，网页框架、布局设计以及静态网页部分采用 Macromedia 公司的 Dreamweaver。随着系统应用范围的扩大、功能的丰富以及安全要求的提高，系统将转用 ASP. NET 技术，并使用 Microsoft Visual Studio 2010 作为开发平台，用 C#语言构造应用程序，使开发流程更加简单、程序结构更加清晰、安全性能更好。

（1）数据库设计。首先，根据数据的不同用途、安全保密性决定数据的组织形式及结构，减小数据冗余，提高数据使用存储过程的安全性。其次，根据用户类型与数据访问权限，设计多种视图访问数据库，简化数据库的复杂性并满足日常教学质量监控的需求。

系统问卷题目类型有单选题、多选题、满意度矩阵量表题和重要性矩阵量表题。我们结合题目类型的扩展性来设计通用性较强的数据库结构。系统设计了7张数据表，题目类型除了系统中出现的3种类型外，题目类型扩展为普通量表题、多选排序题等满足远期使用的需要。系统的数据表结构如下。

a. 题库表（题目编号、题目类型、题目内容、选项数量、选项1内容、选项2内容、选项3内容、选项4内容、……父题编号、录入员编号）。

b. 问卷表（问卷编号、问卷名称、题目数量、创建时间、截止日期、是否启动、说明文字、录入员编号）。

c. 问卷—题库表（问卷编号、题目编号、题目序号）。

d. 结果表（问卷编号、题目编号、调查对象编号、选项1结果、选项2结果、选项3结果、选项4结果、……答卷时间）。

e. 发放回收信息表（问卷编号、调查对象编号、唯一标识码、发放状态、发放时间）。

f. 调查对象表（调查对象编号、名称、类型、Email、规模、性质、电话、所在地）。

g. 用户表（用户编号、账号、密码、角色）。

（2）问卷发布设计。系统采用邮件群发技术，一次将多封邮件发送给顶岗实习单位预留的电子邮箱，具体实现采用JMail组件。JMail组件的优势是只需要注册一个dll组件即可被调用，而其他邮件组件，需要在IIS上设置发布SMTP服务器。

（3）保障问卷填答有效性设计。系统的问卷发布是将问卷调查的网址发给被调查对象。那么如何辨别调查对象并防止调查对象伪造是保障问卷有效填答的第一个关键步骤。我们利用伪随机技术为每个调查对象生成一个唯一的标识码，就像身份证号码。这个唯一的标识码伴随调查网址一起发给被调查对象，答卷提交时系统根据唯一标识码辨别被调查对象，并记录其答卷数据。用户答卷时，除了要确保填答完整，还要防止重复答卷，这是确保问卷数据有效性的第二个关键步骤。我们通过设计问卷发放回收情况表，记录问卷发放给被调查对象的三种状态：未发送、已发送未提交和已提交。当被调查对象第一次有效提交问卷后，系统记录下"已提交"状态；如果被调查对象再次点击提交按钮，则系统会提示"已提交，不能再次提交！"的信息。

（4）统计分析方法设计。系统对调查结果进行单题统计、交叉统计和趋势分析。单题统计，单选题和多选题主要是统计各选项填答的百分比；矩阵量表题（包括满意度量表和重要性量表）主要是统计每项的平均值。交叉统计，挖掘问卷题目之间的关系，例如以学生来源多选题作为自变量，职业素质满意度、重要性矩阵量表题目作为因变量，将学生来源按理工大类、经管大类、设计大类进行统计，可获得不同专业大类学生的职业素质满意度和重要性数据并进行分析。趋势分析，以时间数列展示顶岗实习单位对学生职业素质满意度、重要性比对关系的动态趋势。

（5）人机交互界面设计。

①用户界面简单易用。系统人机界面的设计注重用户的操作体验，各个功能模块页面操作风格一致，功能菜单提供1~2层的子菜单供用户选择。在此基础上，我们系统提供了导航功能，每一功能页面均明确显示当前的导航路径，使用户对当前所处的页面位置一目了然。

②数据导入自动检查。系统对导入的Excel标准格式数据（如教师信息、学生信息、课程信息等）进行自动检查。对重复的数据，采用自动剔除处理；对不符合格式要求的数据，采用提示错误位置处理，方便用户快速查找和修改不符合格式要求的数据。

③动态图表和动画。系统具有多样的数据统计及分析功能，在用户给定的不同统计或分析条件下，使用丰富的图表直观形象地展示数据统计及分析结果。

④问卷填答设计。被调查对象无须登录系统，只需点击电子邮件中的网址即可远程打开问卷填写页面。如有漏答，系统将给予提示，并将光标定位在漏答题上。全部填答完毕，点击"提交"按钮即可完成调查工作。

4.3.4.5 系统的应用情况

（1）学校应用情况。从2013年开始，我们每年应用系统对大三学生所在顶岗实习单位开展满意度调查，在全校制造大类、轻纺食品大类、艺术设计传媒大类等18个专业大类的69个专业中，按接纳顶岗实习人数对企业抽取的优先性进行排序筛选。每个专业随机抽取3家以上企业，通过系统发送邮件进行在线调查，测试参与率达50%以上。作为事中、事后控制措施，弥补了学校顶岗实习过程管理系统事中控制的不足，形成了我们企业参与顶岗实习质量评价的特色。

首先，对学校顶岗实习管理和课程设置情况具备评价与诊断双重功效。一是根据需求选项，系统可以按单选题、多选题、矩阵量表题实现来自不同单位调查问卷的汇总分析，同时输出统计报表、图形和智能比较结果。如 2014 年对专职指导教师对实习的全程跟踪状况进行调查，结果显示，安排有专职指导教师全程跟踪，每隔一定时间可以见到他们下厂的占 38.55%；安排有专职指导教师全程跟踪，偶尔可以见到他们下厂的占 18.07%；没有安排专职指导教师全程跟踪，主要由实习单位兼职教师代管或学生自主管理的占 43.37%。通过调查数据，我们了解到虽然学校规定顶岗实习采用双导师制，但仍存在"放羊"的状况。学校依此要求二级督导组对顶岗实习单位进行抽查，同时要求专职指导教师定期与学生面对面地沟通，了解学生的学习、生活需求和心理状况，共同关心他们的工作与生活动态，校企共同做好学生顶岗实习的过程管理。二是系统呈现的问卷调查结果按时间对学生的岗位表现力（包括：职业道德、职业技能、职业发展能力、岗位竞争力）进行趋势分析。如系统 2012—2014 年学生的团队精神趋势分析数据显示，顶岗实习单位对学生团队精神的满意度呈逐年下降趋势，对该项指标的重要性呈逐年上升趋势，重要性和满意度的绩差由 2012 年的 0.2、2013 年的 0.4 扩大到 2014 年的 1.0。面对"90 后"学生团队合作精神、沟通能力方面较弱的特点，我们向教务处、团委、学生处等部门反馈，建议在工学结合课程、专业见习、社团活动等学习过程中，设计相关训练环节，或是制定政策，鼓励学生参加职业技能大赛或业余时间到企业、社区兼职，多方位进行团队合作意识训练，培养学生团队精神与沟通能力的素质等方面的养成，多方位进行抗压与情绪管理能力的培养。三是系统反馈行业、企业对专业课程设置的调整需求。如，我校软件专业的顶岗实习企业希望实习生对数据库 SQL 语句要熟悉，要懂软件开发程序，建议开设 C++ 职业训导课程；一些食品企业希望开设诸如 ISO、HAPPC、GMP 方面的课程，多让学生独立进行食品检测实验项目；一些服装企业建议学校要注重引导学生了解成衣市场，增设组织学生到学校周边著名的服装辅料批发市场了解市场价格或面料流行趋势等方面的课程，以提高学生商业意识；还有一些旅游企业希望开设"情景模拟"的理论与实践相结合的课程，培养学生的沟通表达能力等综合职业素养。我们根据系统反馈，建议专业团队加大专业调查的广度与深度，在专业调查论证会上，不仅要有论证报告，还要有调查实例，使专业调查的落脚点真正落实到满足企业的岗位需求上来。

其次，为建立校企共同参与的顶岗实习管理制度搭建了高效的管理平台。通过向地域分散的顶岗实习单位进行调查，调查结果即时向教务、实训中心、二级学院进行反馈，督促专业团队将提高学生的职业道德、职业技能、职业发展能力、岗位竞争力等落实到具体的教学环节,为学生的发展和学校校企深度合作开展人才培养的持续改进提供服务。

(2) 社会影响概况。作为学校质量监控发展性评价的有效工具,系统吸引了广东邮电职业技术学院、佛山职业技术学院、广州华南商贸职业学院等到我校交流学习,受到了一致好评。

作为成果推广,学校向对口援疆院校——乌鲁木齐职业大学捐赠系统。在广东省内部质量保证体系诊断与改进培训班、中高职衔接骨干教师培训班、常州工程职业技术学院讲座上,都对该系统做了详细介绍。

4.3.5 督导工作考核评价系统

4.3.5.1 系统的基本情况

考虑到督导室人员构成的特殊性,我们践行"管理至零",即 $1-1^1$ 的组织文化。目的是通过帮助督导树立 1 系列目标,守护督导"愿意变成更好的自己"的 1 粒"种子",播撒信任他们"愿意变成更好的自己"的 1 米"阳光",实现统一规范、标准下的自我管理。我们按照岗位设置绩效考核表,研发了在线考核系统,将督导各岗位的"体检"标准、"体检"结果与信息化大数据平台相融合。系统是一套网络服务解决方案,用于周期性评价全体员工的工作表现,衡量、控制和改善员工工作绩效,改善反馈机能,激励团队士气。

以该系统为载体,我们每学期组织教学督导室全体工作人员按照各岗位的考核评价标准进行考核测评。系统测评数据的输出帮助各岗位人员对接办公室工作计划和个人工作计划,明确工作目标和工作质量。系统测评数据的输出帮助各岗位人员对接岗位规范,反思自身不足、查找与同事的差距,设定自我改进目标。系统测评数据的输出为分析办公室管理优先改进领域、应用行动策略矩阵确定改进项目、制定整改措施,不断完善办公室的各项工作流程,实现"管理至零",提供了数据服务,具备评价、诊断、预测三重功效,是保障学校各项质量监控目标达成、精准督促关键工作持续改进的有效工具。

4.3.5.2 系统解决的问题

系统解决了教学督导室各岗位的考核数据在进行采集、接收、传输、存储、加工、处理、反馈等环节采集成本高、统计分析易出错、反馈不及时、历史数据无法直观比较等一系列问题,实现了数据的即时挖掘、可视化分析。系统将督导各岗位"体检"数据集合在同一平台上,数据用于了解不同岗位人员规范完成各项工作目标的达成度,并为驱动考核结果应用于工作责任分配矩阵的调整、岗位工作流程的优化等提供决策数据服务。

4.3.5.3 系统的模块特点

系统包括评分管理模块、用户信息管理模块、评分设置模块以及督导计划配置四大功能模块。具有以下特点：一是系统的建设遵循国内通用的信息化建设标准，保证系统具备良好的兼容性。二是采用 MVC 框架，框架中业务逻辑、数据与界面分离，能快速分析数据、显示各类统计图表。前端界面设计更加个性化，用户无须培训也能操作系统。三是细分用户群，根据学校需求本系统分为督导组长、督导、行政助理、主管等角色，设置了不同用户的不同权限及登录功能模块，确保数据采集、存储、汇总、统计、转移及共享的准确性。

4.3.5.4 系统的关键技术

数据库采用 Microsoft SQL Server 2012，开发环境采用 VS 2012 + MVC + Bootstrap。系统基于.NET 平台，采用了 ASP.NET 应用程序典型的三层架构模式。

三层架构模式，即客户端和服务器之间加入了中间层，使系统的功能划分更合理，各模块间耦合度更低。各个功能分解到各自独立的组件中，各层互不干涉，结构更清晰。系统功能需求发生变化时，开发人员能快速进行维护和修改，系统应用的可扩展性强。

软件设计模式采用 MVC，一是解决了页面代码、页面控制逻辑和数据耦合问题；二是分离视图层和业务逻辑层，使得系统更易于维护和修改。前端框架采用 Bootstrap，通过现成的 UI 组件迅速搭建前端页面，界面美观，布局统一。采用响应式的前端框架具有很强的兼容性，保障用户不管在什么设备或者浏览器上能够正常显示和操作系统。

4.3.5.5 系统的应用情况

从 2014 年开始，我们每学期应用系统对督导开展学期考核，考核流程按工作责任矩阵确定。督导岗位考核由督导自评、督导组组长评价两个环节组成；督导组组长岗位考核由组长自评、办公室主任评价两个环节组成；行政岗位考核由自评、办公室主任评价两个环节组成。主任、督导组组长、督导、行政人员以各自身份查看最终测试结果。作为事前、事中、事后控制的保障措施，为办公室不断完善管理，改进管理模式，打造"管理至零"的组织文化提供数据支撑服务。

第5章 全面多样的质量反馈改进机制

通信领跑者中的"乌龟"

2010年华为建立了"客户满意与质量管理委员会"（英文简称：CSQC），由公司年度轮值CEO亲任主任，设定质量目标。通过"花粉俱乐部""用户大会""华为数据中心""神秘蓝军"等途径全方位收集、分析、挖掘用户、供应商及员工反馈大数据，组建质量改进团队，以每年20%的改进率持续改进规划、产品、运营、供应链、销售和服务等方面的质量。这只任正非口中的"乌龟"，坚持了近30年，从2.1万元起家的小作坊问鼎世界通信行业领域的领导者。

——摘自田涛《华为的理念创新与制度创新》

【思考】

华为将为客户服务作为存在的唯一理由。在质量管理体系形成的五个阶段（流程管理、标准量化、质量文化、零缺陷管理，到以客户体验为导向的闭环），坚持将各方反馈用于"持续改进"，推进"一次把事情做对"的"持续改进"的质量文化。

"反馈"既是目标路上的接力棒，也是抵达目标的晴雨表。正如第3章所言，不同监控主体需求的差异性是永恒的，我们应该知道反馈暂时只是反馈所有主体的差异性。但满足需求是一种有限的客观存在，我们应该知道改进只是暂时改进部分主体的需求。学校在质量监控的实践中，为了达到目标，必须获得教学行为产生结果的反馈。

通过对人才培养各环节主要承担者的责、权、利分析，我们在第3章明确了"督导—学生—教师—企业"参与质量监控的工作内容，收集筛选多元主体在数据监控平台、"广轻学生信息圈"等反馈的教学行为产生的结果，采用办公管理系统（OA）反馈单、监控月报、数据发布等多种途径，反馈给人才培养各环节的承担者，并从教师授课提升、部门工作整改、管理制度完善三方面督促承担者改进。

5.1 质量反馈改进机制的内涵

"质量反馈"是有关质量信息的反馈，通常有反馈内容准确真实、反馈时间尽量缩短、反馈范围全面广泛、反馈渠道多管齐下四个基本要求。"机制"一词最早源于希腊文，原指机器的构造和工作原理。本章节所说的"质量反馈改进机制"，是指在质量反馈改进过程中，各质量信息要素之间相互联系、相互作用的关系，以及以一定的运作方式使各质量信息协调运行而发挥改进功能的工作原理。质量反馈改进机制的建立，一靠体制（组织职能和岗位责权的调整与配置），二靠制度。质量反馈改进机制的实践，一是通过主动收集针对质量目标的相关质量信息，对各项教学活动的情况连续、有层次地反馈；二是通过高效能的分析系统，对质量信息进行过滤、加工和分析，把教学行为产生的结果数据化、视觉化、进度化。

5.2 质量反馈改进机制的框架

根据质量反馈改进机制实践的二要素，按照全方位反馈与重点督促改进相结合的原则，我们全面多样的质量反馈改进机制由信息反馈路径、信息反馈内容、质量改进核心三部分组成，如图5-1所示。

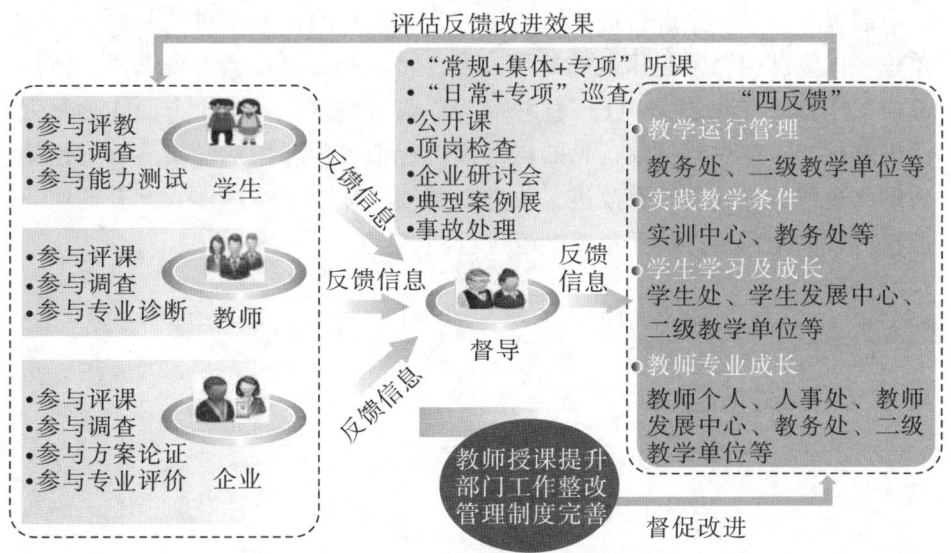

图5-1 多元反馈改进运行机制框架

5.2.1 信息反馈主体与路径

我们以学生、教师、企业的评价以及督导听课巡查等为主要反馈信息源，教学督导室为信息反馈机构，人才培养各环节主要承担者如教务处、实训中心、学生处、团委、二级教学单位等为主要的反馈信息接收点，构建信息反馈路径。

5.2.2 信息反馈内容与渠道

在人才培养质量的过程、结果、保障三个环节，我们不断完善"教师授课、学生职业能力、'学生—教师—企业'满意度、督导工作"四个层面的质量监控评价标准，协同二级督导，通过"常规＋集体＋专项"听课（见表5-1至表5-3及影响教学评价结果的因素分析）、"日常＋专项"巡查（见表5-10和实训周巡查通报）、开展公开课、顶岗实习检查、专题会议等工作任务，收集筛选学生、教师、雇主（企业）在"我要吐槽"、"学生信息员会"、"反馈座谈会"（如学生座谈会纪要）、"学生信息圈"（见表5-11）、"专项调查"（如"学生—教师—企业"专项调查报告）以及数据监控平台等不同渠道反馈的各类信息，采用各类汇总表、反馈单、专项报告、巡查通报、监控月报（如质量监控月报）、数据发布（如质量监控专栏）等多种形式及时向各接收点分类反馈信息。

5.2.3 质量改进核心与成效

通过对质量信息进行过滤、加工、分析，我们加强了对"教师—教学单位—保障部门"质量事故的处理力度，将教师授课提升（见表5-16）、部门工作整改（见表5-11、表5-17）、管理制度完善三个方面作为督促改进的核心。通过对反馈信息的再采集，评估各项教学活动实施改进措施后的改进成效，让反馈有改进，改进有反馈，建成了适应多元互补的质量监控内容的全面多样的质量反馈改进机制。

☆教师授课质量评价反馈——新教师，分管督导重点听课

表5-1　新教师听课计划与评教表

基本信息	姓名	性别	出生年月	所在院系	毕业院校	专业	学历学位
	×××	×	××××××	××××	××××	××××	××××

计划安排	1. 由院系安排一名有经验的教师作为指导教师。 2. 每周听优秀教师的课1~2节。 3. 由院系安排1~2门课上课实践。 4. 由院系安排一定的时间到企业或校内实训基地锻炼。 5. 督导听课考评。督导进行集体听课后，写出综合评教结论。				

考评总结	指导教师（×××） 1. 评价：（在下列对应项后的括号内打"√"） 优秀（　）优良（　）良好（√）一般（　）合格（　）不合格（　）				
	2. 教学评分	课程	学期	督导评分/分	学生评分/分	同行评分/分	综合评分/分
		科研方法	2015—2016-1	87	81	93	84.3
		食品掺伪鉴别技术	2015—2016-1	84	81	94	83.7
		食品安全与质量控制	2015—2016-2	88	90	92	89.8
		专业研讨	2015—2016-2	88	89.5	93	89.2
		人体生理学	2015—2016-2	88	88	93	88.8
	3. 督导综合评价	该教师理论知识比较扎实，在×××教师的指导下，虚心向有经验的教师学习请教，不断改进教学方法，积累教学经验，努力提高教学水平。课堂教学目标明确，备课准备认真，课件层次分明。课堂讲授语言表达清晰，教学效果和学生评价较好，能胜任相关专业课的教学。 　　　　　　　　　　　　　　　　　　评价人：×××督导员				

☆教师授课质量评价反馈——学生评价 80 分以下教师，督导集体听课

表5-2　督导集体听课评价表

任课教师	×××		二级督导组	××学院
课程名称	ERP原理与运用			
授课班级	财管×××		听课教师	教学督导室全体督导
听课时间	20××年××月××日（星期×）上午第×节			

基本评价

　　1. 课前准备充分，课件制作充实，有较强的专业知识和技能。教学组织设计方面，从企业员工工资表信息的采集和编辑，到企业员工薪资结构的讲授；从ERP薪资管理子系统相关概念的表述，到对该系统所涉及数据的采集等操作，运用较为熟练。

　　2. 教学目标明确，条理清晰，理论与实践相结合。以企业员工薪资表为例，对薪资结构进行分解说明，理论联系实际恰如其分。采用项目化教学，通过任务驱动组织教学，并将知识点与数据采集操作切换对照，牢牢抓住了学生的注意力。将企业管理关系融于ERP薪资管理子系统中，基本知识、基本技能的讲解与示范到位，学生回答问题的准确率较高，基本实现了课堂教学目标。

教学建议

　　1. 应进一步准确把握本课重点，如ERP薪资管理子系统及其数据采集的示范和操作、工资表结构的讲解等。在讲解过程中应力图语言简洁，不宜过多重复。对于教学目标的展开，不宜占用过多时间，以免占用重点难点的讲解时间。

　　2. 在以企业员工薪资表为例，讲授并体验ERP软件系统运作过程中，以及企业员工薪资结构与ERP薪资管理子系统的关联上，对系统功能框架的表达不够清晰。建议在后续讲授过程中，让学生首先建立财务管理概念，再深入浅出讲解系统功能结构，以便做到相关知识间的融会贯通，提高学生分析问题和解决问题的能力。

　　3. 概念表述应进一步言简意赅。建议适当增加师生互动的内容，以更好地激发学生求知欲望。

评分	教学态度	教学内容	教学方法	教学效果	教学秩序	总分
	18分	18分	26分	18分	8分	88分

☆教师授课质量评价反馈——"温室计划"教师、学生调查结果反馈

表5-3 学生调查结果汇总表

被调查班级	××151	参加调查人数	21人	调查时间	20××年××月××日
授课教师	×××	教师职称	×××	授课课程	筹资管理
序号	调查问题				答题统计
1	我感觉教师对该门课做了充分的准备				21,100%
2	教师每次课开始都会给出本节课的学习小目标,让我心中有数				18,86%
3	教师下课前会强调本节课的重点、难点				17,81%
4	多数同学精神涣散时,教师会换个"小话题"调动我们的注意力				19,90%
5	当有些同学影响了课堂秩序时教师会进行适度干预				17,81%
6	和其他课程相比,上这门课我玩手机或趴桌子的时间有所减少				16,76%
7	和其他课程相比,教师对我作业的批改能给予有用的学习反馈				16,76%
8	和其他课程相比,我愿花更多的时间去图书馆、上网查资料、与同学讨论等来完成教师布置的作业				14,67%
9	通过学习,我学到了这门课的概念、专业术语、计算方法或技能				18,86%
10	通过学习,我对这门课产生了学习兴趣				15,71%
11	对教师教学改进的建议: A. 我认为教师应保持/停止/开始哪些做法来帮助我更好地学习这门课: (1) 教师的热情总能感染我们。 (2) 保持这种教学态度及精力,停止宽松的考勤,开始带动更多的同学进入课堂。 (3) 保持幽默的风格,开始布置一些作业。 (4) 保持目前清晰有效的方法以帮助我们更好地学习这门课。 (5) 保持课堂内容的生动性,停止过多题外话的延伸。 (6) 教学要"活"。停止局限于教材、死用教案及现成模式,开始做到有特色、风格、灵活。 (7) 兴趣最重要,开始用一些有趣的教学方法教学,多些实践。 (8) 教师教学应更贴近课本,停止额外地教一些不会用到的知识,多讲课程内容,穿插故事,多习题,多实践。 (9) 个别问题可以问下学生,讲解更详细些。 B. 我觉得这门课教师可以从以下几个方面改进: (1) 严格执行教学考核、知识考核,多做复习与回顾,使知识用于实践、生活中。 (2) 教师说话可以大声些。 (3) 不够严格,特别是考勤。 (4) 多注重从课本来讲,从课本上找重点、划重点。 (5) 教师的课件内容很有用,学生一般都是拍照,录好有用资料。多发些资料,方便我们学习。 (6) 授课内容的多样性,课堂的互动性					

☆教师授课质量评价反馈——影响教学评价结果的因素分析

影响教学评价结果的因素分析报告
——以近3学年教学评价结果为例

一、分析背景

自开展学生对教师课堂教学评价以来,国内外越来越多的学者也开始关注影响教学评价结果的因素,并对其进行研究分析。如表5-4所示,影响教学评价结果除"课程自身因素"外,还包括"评教者因素"。

表5-4 学生评教影响因素一览表

课程自身因素	评教者因素
1. 考试科目与考查科目	1. 评教者厌恶学校、学习或教师的个人因素
2. 公共课与专业课	2. 学长、同学或教师的言论评价
3. 课程难易程度	3. 所在年级差异及所在班级的整体班风
4. 课程类型及学习模式差异(理论课得分低,实训课得分高)	4. 评教者知道被评教者的职务

基于以上学者研究的结论,利用我校教师授课质量评教管理系统自2010—2017年以来7个学年的教师授课课程的教学评价结果大数据,教学督导室验证学者们的上述研究结论与我校的符合情况。

二、分析过程

从教师授课质量评教管理系统输出的数据来看,近3个学年各课程评价结果按分数段分布情况见表5-5。从表5-5可以得出以下两点结论:一是我校学生评价为85分以上(界定为优良)的任课教师所占比例呈上升趋势,从2014—2015学年第一学期的91.6%上升到2016—2017学年第二学期的97.6%;二是我校学生评价低于80分(界定为一般)的任课教师所占比例呈下降趋势,从2014—2015学年第一学期的1.2%下降到2016—2017学年第二学期的0.4%。

表 5-5 全部课程评价结果按分数段统计一览表

单位:%

学期	90≤P≤100	85≤P≤90	80≤P<100	75≤P<80	P<75
2016—2017 学年第二学期	67.9	29.7	2.0	0.4	0.0
2016—2017 学年第一学期	65.9	31.0	3.0	0.0	0.0
2015—2016 学年第二学期	61.1	33.5	4.9	0.4	0.2
2015—2016 学年第一学期	59.3	31.8	7.9	0.9	0.1
2014—2015 学年第二学期	64.1	29.7	5.7	1.1	0.1
2014—2015 学年第一学期	63.0	28.6	7.2	1.1	0.1

这两点也从某种程度上印证了教学督导室的工作理念：守住课堂质量底线，针对教学评价80分以下教师实施"温室计划"（即通过督导重点听课、组织学生反馈授课效果及提出改进建议、教师开展教学自评等达到反思教学、改进教学），以督促教师教学质量的改进和提升，从而实现全校绝大部分教师教学评价达到优良的目标，同时也为教师职业发展，如评定职称提供帮助和支持。

基于表5-5"100~90分"（界定为优秀）和"90~85分"（界定为优良）分数段中授课教师所占比例占绝对优势，因此我们将验证影响教学评价结果的因素锁定在这两个分数段上，并从大数据分析中得出与表5-4中研究结论相符的验证结论。

验证结论1：课程类型（如公共课和专业课）是影响教学评价结果的因素之一。以2016—2017学年第二学期的"大学英语"和"商务英语"课程为例，从表5-6中可见，属于专业课的"商务英语"在优秀分数段中以47.7%的绝对优势超过属于公共课的"大学英语"。另外，从同一位教师在公共课和专业课中获得的评价结果分属优良和优秀的一个个案也验证了该结论。具体数据见表5-7。

表 5-6 不同类型课程评价结果按分数段统计一览表

单位:%

课程	90≤P≤100	85≤P≤90	80≤P<100	75≤P<80	P<75
大学英语	41.2	52.9	0.0	5.9	0.0
商务英语	88.9	11.1	0.0	0.0	0.0

表5-7　甲老师不同类型课程评价结果一览表

课程名称	课程类型	评价结果/分
大学英语	公共课	88.1
商务英语	专业课	93.2
国际服务外包实务	专业课	93.2

验证结论2：课程属性（如理论课和实训课）是影响教学评价结果的因素之一。从近3学年的教学评教结果中也可看到，同一位教师所上课程类型不同，获得的评价结果往往是实训课高于理论课。以应用外语与国际交流学院的乙老师和管理学院的丙老师为例，见表5-8。

表5-8　不同教师不同属性课程评价结果对比

教师名称	课程名称	课程属性	评价结果/分
乙	国际服务外包	理论课	85
乙	英语应用能力综合实训	实训课	98
丙	物流包装软件设计	理论课	85.5
丙	物流包装软件设计实训	实训课	99

验证结论3：不同班级是影响教学评价结果的因素之一。即使是同一位教师上同一门课，甚至有些是合班课，不同班级对教师的评教结果可以横跨优秀和优良两个等级。如应用外语与国际交流学院的乙老师所上课程"粤港澳地区文化"，在不同班级中其评教结果显著不同，见表5-9。

表5-9　乙老师不同班级同一课程评价结果对比

课程名称	班级名称	评价结果/分
粤港澳地区文化	商英151	86.2
粤港澳地区文化	商英152	89
粤港澳地区文化	外服151	94.8
粤港澳地区文化	外服152	90.3

验证结论4：授课门类是影响教学评价结果的因素之一。如某位教师，3个学期所授的11门课程中，学生的评教综合分数虽然是84分，但不同课程评价分数的差异性较大：80分以上的课程有6门，而60~79分的课程有5门；最高为95分，最低为61分。

三、结论

基于以上验证结果，教学督导室认为评价的主观性在任何一项评价工作中都是客观存在的，在满足为教师职称评审做好三方综合评价的基础上，教学督导室把听课重点聚焦在教学评价结果为85分以下的教师身上，目的是守住课堂教学底线，实现我校优质课堂占比70%的建设目标。对于评价结果85分以上的教师，守护他们愿意变成更好的自己的"种子"，充分授予其授课自主权，播撒1米"阳光"。因为除去以上所列的影响因素，确实难以精确区分"85~90分"这一分数段的教师与"90~100分"分数段教师授课质量的差异性。

另外，从教学督导室历年来跟踪调查的评教分数低于85分以下的教师情况分析，发现他们在某种程度上存在对自身授课课程投入不足的问题。由于学校专业数量众多，专业本身紧跟行业企业最新技术发展更新速度较快，作为退休后来学校担任教学督导工作的督导们，依赖他们来关注、指导这部分教师具体的授课内容已显得力不从心。教学督导室一致认为，学校领导高瞻远瞩，在学校创建优质校新时期狠抓"同行听课评课"，是引导教师站好三尺讲台，突破目前评教工作瓶颈，提高我校优质课堂比例的有力举措。通过教研活动研讨"同行听课评课"成果，便于借助同行的专业素质指导评教分数85分以下、教学方法存在不足的教师，帮助他们尽早迈入授课质量优良的队伍。

教学督导室
20××年××月××日

☆日常与专项巡查反馈——教学质量信息反馈单

表 5-10 教学质量信息反馈单

信息反馈单位	教学质量监控办公室	反馈人	×××
反馈时间	20××-××-××	联系电话	
信息接收单位	教务处		
反馈信息内容			
□理论课　□校内实验、实训课　□校外（顶岗）实习			
1. 教学态度方面的问题 □	2. 教学内容方面的问题 □	3. 教学方法方面的问题 □	
4. 教学效果方面的问 □	5. 课堂纪律方面的问题 ☑	6. 违反教学规章制度方面的问题 ☑	
7. 教材方面的问题 □	8. 教学设备方面问题 ☑	9. 其他方面的问题 ☑	
主要问题和建议	9月份督导教学巡查发现的问题，有以下几种情况： 第一种，外聘教师上课迟到。×月×日下午，计算机系外聘教师×××上课迟到××分钟，建议进一步加强对外聘教师的管理。 第二种，教学计划修改、调停课管理。开学至今，有记录的调停课，没有及时通知学生的事件有×次。 第三种，多媒体教学设备。从开学至×月××日，发现因多媒体教学设备问题影响教学的事件有×次，×次临时调换了教室。建议除加强对教学设备定期维护外，还要对设备出现故障有应急预案。 第四种，学生迟到。如×月××日，第四实训××××教室声像×××班，××名学生，上课铃响时仅到了×名。建议进一步督促有关部门，依据学校颁布的学风建设实施方案，加强对学生的学风管理。		
	1. 对反馈信息进行调查后，情况不属实		□
	2. 对反馈信息进行调查后，情况属实，采用以下解决方法		☑
	3. 向有关职能部门汇报情况，请求及时解决		□
接收反馈单位处理意见	反馈部门领导意见： 1. 加强外聘教师管理，在每学期开课前、公众假期放假前由二级教学单位告知上课时间和上课要求等注意事项。 2. 规范调停课流程，明确每个流程的责任人。 3. 针对多媒体设备，制定每周二下午全检制度，建立设备档案，及时发现潜在问题。 4. 针对学风问题：(1) 要求各教研室研讨课堂管理办法，督促任课教师从课堂纪律、平时成绩等方面约束学生，从教学方法、教学内容等方面吸引学生；(2) 组织相关职能部门和二级教学单位加强课堂教学纪律巡查；(3) 从学生教育方面提高学生学习的自觉性。		

☆日常与专项巡查反馈——实训周巡查通报

2015—2016 学年第一学期实训周巡查通报

一、实验/实训课秩序及职责

（1）各系实验/实训指导教师做到认真坚守岗位。

（2）各系实验/实训教师均有规范的实验、实训任务书或指导书，但部分教师实验/实训考核内容、方法不够全面。

二、实训任务安排状况

南海校区汽车系第 19 周校内每天有 10 个班实训，由于设备和实训场地的限制，一个班要分成若干个组并按时间段分别参加实训，这样客观上减少了学生独立开展实训的时间。

三、学生出勤状况

全校各班学生实训出勤较好，但督导巡查发现，××系××班的实训课，均有部分学生不在场的现象。经调查，学生实训课时间与实习就业、求职应聘时间有冲突，部分学生已请假去参加实习就业、求职应聘。但仍有学生没有履行请假手续。

要求系（院部）严格按请假制度管理好学生的考勤，同时要求指导教师掌握学生出勤情况。

四、实训场地与设备情况

（1）广州校区第二实验楼，××系××××实验室和××××实验室房顶漏水，存在安全隐患。

（2）××系××班，在学校实习工厂实训，实训内容"特种加工实习"。指导教师反映学生实训使用的部分电火花机已老化。

☆座谈会反馈——学生座谈会纪要

思政课"研练中心"教学改革质量成效学生座谈会纪要

时间：4月6日下午3时至4时30分

地点：南海校区1128、1130、1132课室

参加人：学生60人

座谈内容：听取学生对"研练中心"授课质量评价

一、好的方面

1. 创造学习情境、活跃课堂气氛。走进政治"研练中心"的每一个课室，学生或置身于当年的革命氛围和历史环境，或融入学习情境，学习气氛马上活跃起来。

2. 以学生为主体，创新教学方法。变讲授为讲授与学生研练相结合的教学模式，提高了学生对思政课的学习兴趣。通过组建学生学习小组，小组与小组之间互相提问，互相解决问题，在交流中解疑、在交流中学习，培养学生分工合作和团队精神。课前学生自己找资料、做课件、上台演讲，培养学生自主学习能力。这种教学方法，充分挖掘了每个学生的主观能动性，体现了学生在教学中的主体作用和教师引导作用，锻炼了学生的语言表达能力和沟通能力，使枯燥乏味的单纯理论内容得到激活。学生到课率大大提高，教学效果明显改善。

二、问题与建议

"研练中心"是对思想政治理论课教学模式、教学方法和教学手段进行改革创新的新尝试，但同学们认为也存在一些需要改进的地方。

1. 上课时人数太多，几个班在一起。学生建议最好5人一组，分小班上课，便于同学互相点评打分。

2. 教师要控制好时间让每个小组都能演示。同时在下课前要认真点评学生的发言，加强总结，去伪存真，升华观点。

3. 同学们在网上找的资料角度有限，有的不够真实。希望教师能事先提供参考资料目录，引导学生有目的地去查找资料。对于PPT中一些不够准确的信息，也希望教师能在点评中纠正。

教学质量监控办公室

二〇××年××月××日

☆学生信息圈反馈及改进跟踪

表5-11 学生信息圈反馈信息及改进状况一览表

信息员	班级	事件时间	地点	事件主体	问题描述	改进状况
李××	景观161	12月7日	南海4103	④教室其他设备（√）⑤其他问题（　）	南海校区：教学楼4103课室的电脑每到11:30准时自动关机,这个问题已经持续了一个多月了,有报维修的。(我们是周三和周五早上3、4节的课,周四1、2节就没人）任课教师：×××,课程：大学英语	经检查,未发现11:30关机设置
陈××	监理151	12月5日	南海1113	③教室多媒体设备（√）	今天补课第一次去了1113课室,那个讲台的移动麦连不上,用不了,所以老师就只能站在那里,拿着有线的话筒讲课,和同学们互动时不方便	课室无线话筒问题已经修复,能正常使用
吴××	食品162	12月6日	1506	③教室多媒体设备（√）	1506课室的投影仪投影效果模糊,望能尽快处理	已处理,目前正常
林××	塑机151	12月12日	广州校区401,502	③教室多媒体设备（√）	第7、8节,教学楼401课室,投影幕放不下来。任课教师：×××,课程：应用文写作第2节,教学楼502课室,后半节课电脑有故障,总会弹出应用程序错误,最后老师关掉电脑。任课教师：××,课程：塑料材料应用	已经反映给广州同事,按响应时间处理完毕

123

☆满意度调查反馈——"学生—教师—企业"专项调查报告

教学质量学生满意度调查报告（2013年度）

以学生为中心的教学质量评价——学生满意度调查，既是关于结果的满意度调查，也是关于过程的满意度调查，并且过程的满意度调查，将对结果的满意度产生决定性的影响。通过制定一套以学生教学质量感知为中心的关键指标评价体系，开展在校生教学质量满意度调查，即以第三方视角评价学校教学"内部质量"水平，不仅能够以时间序列全方位系统测量并比较分析学校教学质量状况及其变化趋势，对学校教学质量起到"晴雨表"的预测预报作用；又能够优化学生参与评教的渠道，维护学生对母校的忠诚度；还能够及时了解学校与其他院校的竞争优势与劣势，确定学校教学质量改进的关键优先领域，优化资源配置，持续改进教学质量，不断提升学校未来的行业竞争力。

1. 评价指标体系

评价指标体系如表5-12所示。根据评价指标体系，设计调查问卷，采用里克特5级正向记分的方式测量每项调查内容的重要性与满意度。分别从"重要程度"和"满意程度"作答，答案分别为"重要""比较重要""一般""比较不重要""不重要"，"满意""比较满意""一般""比较不满意""不满意"，赋值从高到低依次记为5分、4分、3分、2分、1分。

表5-12 教学质量学生满意度评价指标体系

一级指标	二级指标	三级指标
教学质量学生满意度	A 课程学习环境	A1 教室多媒体设备；A2 计算机室计算机数量与型号；A3 语音室座位与设备；A4 图书馆
	B 课程学习体验	B1 教师教学能力；B2 教材；B3 课堂管理；B4 布置与批改作业；B5 课后辅导；B6 教学效果；B7 课程考核评价方式；B8 课程设置合理性
	C 技能训练过程	C1 校内实验实训；C2 校外顶岗实习
	D 学校管理与沟通	D1 教学管理；D2 学生管理
	E 受关注程度	E1 社团活动；E2 体育设备、设施与场地；E3 获取学习资料的途径与难易度；E4 校园网络；E5 反映教学问题的渠道与处理效果
	F 自我发展	F1 专业兴趣；F2 职业证书获取；F3 职业技能大赛获奖与参与度；F4 就业信心；F5 职业素养提升

2. 样本选择及分析方法

2.1 样本选择

对学校现有的 12 个院系的二年级的学生抽样调查，广州校区与南海校区 254 名学生在教学质量满意度调查数据平台上参与调查，答卷全部有效。

2.2 分析方法

（1）绩差分析。本次调查不仅调查学生教学质量评价指标的满意度，还调查学生对教学质量评价指标重要性的看法，而且通过对重要性和满意度的比较计算出二者的绩差（重要程度减去满意程度即为绩差）确定改进的指标。美国高校学生满意度测评（SSI）认为，绩差≥1.5 急需改进。

（2）假设检验分析。根据学生个人资料数据，研究不同属性的专业类别的学生对教学满意度的差异，并将学校的所有院系归类为三大学科类别：①经管文类：包括经济系、旅游系、管理系和外语系；②艺术类为艺术设计学院；③理工类：机电系、食品系、轻化系、电子系、汽车系、计算机系和传播系。

3. 调查数据

3.1 全校满意度

全校教学质量学生满意度结果见图 5-2。由图 5-2 可见，全校满意程度较高的前三项为课程学习体验、学校管理与沟通和自我发展；全校的满意程度的加权平均值为 3.52。绩差较大前三项为技能训练过程（绩差为 1.39）、学习环境（绩差为 1.24）、受关注程度（绩差为 1.16）。

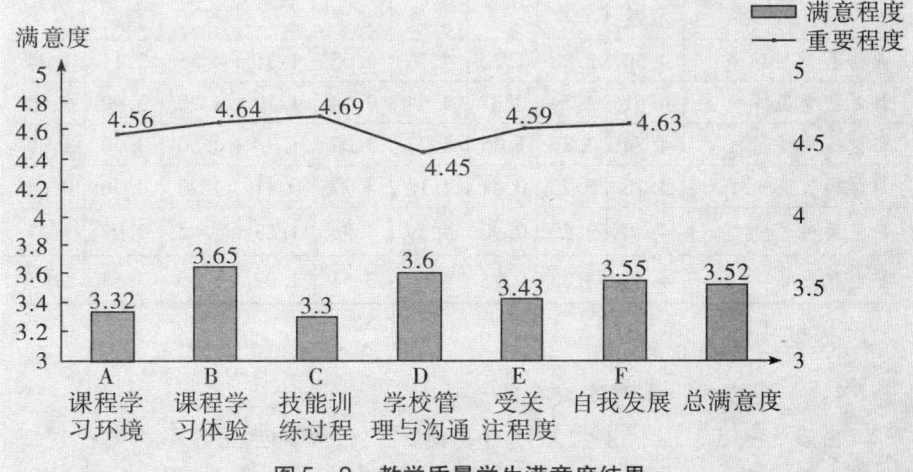

图 5-2 教学质量学生满意度结果

数据来源："教学质量学生满意度调查系统"（2013SR025439）

3.2 理工类专业

理工类专业教学质量满意度结果见表5-13。由表5-13可见,满意程度较高的前三项为自我发展、学校管理与沟通和课程学习体验。绩差较大前三项为技能训练过程（绩差为1.45）、课程学习环境（绩差为1.22）、受关注程度（绩差为0.90）。

3.3 经管文类专业

经管文类专业教学质量满意度结果见表5-13。由表5-13可见,满意程度较高的前三项为学校管理与沟通、课程学习体验和自我发展。绩差较大的前三项为课程学习环境（绩差为1.71）、技能训练过程（绩差为1.70）、受关注程度（绩差为1.23）。

3.4 艺术类专业

艺术类专业教学质量满意度结果见表5-13。由表5-13可见,满意程度较高前三项为课程学习体验、学校管理与沟通和自我发展。绩差较高的前三项为课程学习环境（绩差为1.44）、受关注程度（绩差为1.37）、技能训练过程（绩差为1.36）。

3.5 全校各类专业对教学质量各项满意度的比较

全校各类专业对教学质量各项满意度的比较见表5-13。

表5-13 全校各大类专业学生满意度的分项比较

二级指标	理工类专业			经管文类专业			艺术类专业		
	重要程度	满意程度	绩差	重要程度	满意程度	绩差	重要程度	满意程度	绩差
A 课程学习环境	4.50	3.28	1.22	4.76	3.05	1.71	4.55	3.11	1.44
B 课程学习体验	4.61	3.74	0.87	4.64	3.54	1.10	4.70	3.90	0.80
C 技能训练过程	4.74	3.29	1.45	4.77	3.07	1.70	4.56	3.20	1.36
D 学校管理与沟通	4.13	3.72	0.41	4.18	3.77	0.41	4.20	3.56	0.64
E 受关注程度	4.40	3.50	0.90	4.59	3.36	1.23	4.44	3.07	1.37
F 自我发展	4.56	3.83	0.73	4.60	3.51	1.09	4.60	3.55	1.05

4. 结果与分析

4.1 全校学生满意度较高的选项

由表5-13可见,满意程度最高选项,三大类专业各不相同:理工类为自我发展,经管文类为学校管理与沟通,艺术类为课程学习体验。绩差最小值的选项,全校一致:学校管理与沟通。

4.2 全校学生满意度较低的选项

SSI 认为绩差≥1.5 的项为急需改进项。26 个学生满意度测评指标的绩差较大的指标中,绩差大于 1.5 的指标有 3 项,接近 1.5 的指标有 2 项。见表 5-14。

表 5-14 全校汇总绩差大于或接近 1.5 的分项

全校汇总	教室多媒体设备	计算机室配置	校内实验实训	校外顶岗实习	校园网络
重要程度	4.61	4.58	4.68	4.70	4.68
满意程度	3.07	3.03	3.30	3.31	2.63
绩差	1.54	1.55	1.38	1.39	2.05

4.3 存在的主要问题与改进建议

4.3.1 校园网络

由表 5-14 可见,校园网络的满意程度为最低值:2.63。是 26 项三级指标中唯一一个满意度低于 3.0;绩差 2.05,是 26 项三级指标中的最高值,是全校教学质量的最薄弱环节。校园网络是教育信息化的重要基础设施。学生对校园网满意度极低的原因是,速度不稳定、网速低等问题。建议有关部门加强校园网的维护与管理,通过对校园网性能分析和故障诊断,采取优化网络使用环境,提高网络性能或网速分级管理等措施,使校园网络不再成为提高教学质量的瓶颈。

4.3.2 教室多媒体设备与计算机室配置

由表 5-14 可见,教室多媒体设备和计算机室配置绩差值均大于 1.50。经调查发现,教室多媒体设备主要存在计算机经常死机,摄像头灯泡损坏、偏色,麦克风经常无声等故障问题,设备无法正常工作,或低质量工作,使教学不能正常进行或低质量运行,导致学生满意度极低。计算机室配置的部分计算机没有及时更新换代,无法满足学生对高质量学习的需要。特别是建造较早的机房,有的学生带自己的电脑到计算机室上课。上述两项问题,除设备的更新问题之外,设备的管理与维护尤为重要。建议在建立健全教室多媒体设备和计算机室管理与维护制度的基础上,还要建立教室多媒体设备和计算机室管理与维护的监督考核机制。

4.3.3 技能训练过程

技能训练有 2 项指标：校内实验实训和校外顶岗实习。由表 5-14 可见，校内实验实训绩差为 1.38，校外顶岗实习的绩差为 1.39，虽然全校三类学科专业的绩差值略有不同，但均接近或大于 1.5，均需改进。

技能训练过程是培养、提高学生职业能力的关键性教学环节，是学校培养高端技能型人才的重要环节。对校内实验实训，建议加强实验教学改革和建设，合理配置教学资源，促进资源共享，使学生有更多的机会参与实践教学环节。校外顶岗实习具有时间跨度长、涉及学生和企业数量多、岗位类型多、刚性任务强、实习地点分散且远离学校等特点。建议加强校企合作，通过方案共定，过程共管，质量共测，优化顶岗实习管理，促进顶岗实习教学质量的提高。

5. 2012—2013 学年满意度调查趋势分析

5.1 二级指标的变化趋势

由图 5-3 可见，6 个指标中的满意度，课程学习环境、技能训练过程和受关注程度等 3 项呈上升趋势。总满意度略有上升。

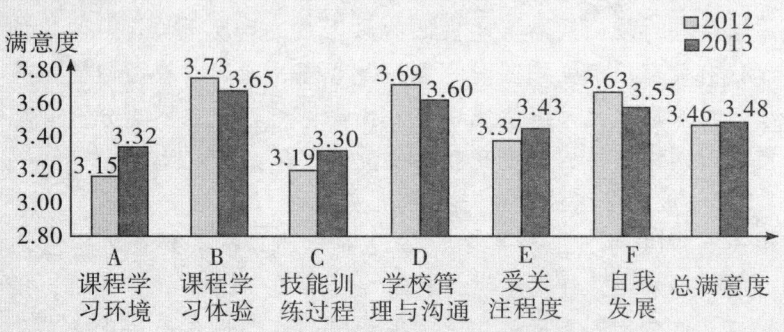

图 5-3 全校学生满意度变化趋势

数据来源："教学质量学生满意度调查系统"（2013SR025439）

5.2 满意度较低需要改进的项目相同

2012—2013 学年的学生满意度调查，满意度较低、绩差较大的项目相同。

教师工作满意度调查报告（2015年度）

1. 调查过程

督导组向873名专任教师发送了调查问卷，有效发送716个邮箱，涉及教师对学校制度与文化、工作环境与机会、考核评价与薪酬、培训与职业发展、学生学习成果五大维度的满意度调查。共回收问卷127份，有效问卷126份，包括艺术设计、旅游、电子信息、财经、生化与药品、轻纺食品、制造、交通运输、环保气象与安全、法律、文化教育11个专业大类的专任教师及思想政治、体育、心理咨询、就业指导等专任教师。

2. 调查结果

总体满意度3.68，属于比较满意的范畴。高于我省国家示范院校（3.51）、公办院校（3.45）、全省平均（3.43），教师对"学生学习成果"维度满意度最高，对"培训与职业发展"维度的满意度最低，各维度的满意度分值见图5-4。追踪调查问卷内容。调查发现：一是"我的职称晋升渠道与机会"这一观测点，满意度为3.20，属于一般的范畴；二是"我的职务晋升渠道与机会""我对学校的培训、进修机会"这两个观测点，满意度为分别为3.27、3.30，属于一般的范畴。按照职称结构分析，中级满意度最低，初级满意度最高；按照学历结构分析，学士满意度最高，硕士、博士满意度持平。

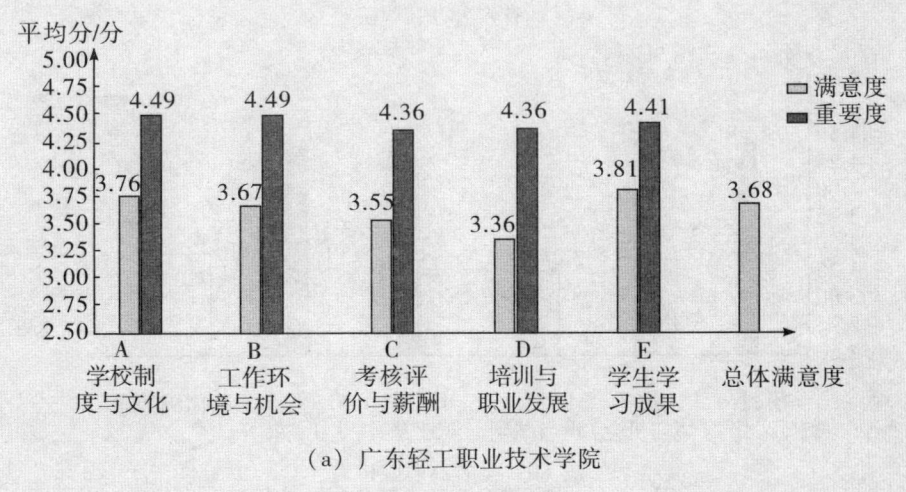

(a) 广东轻工职业技术学院

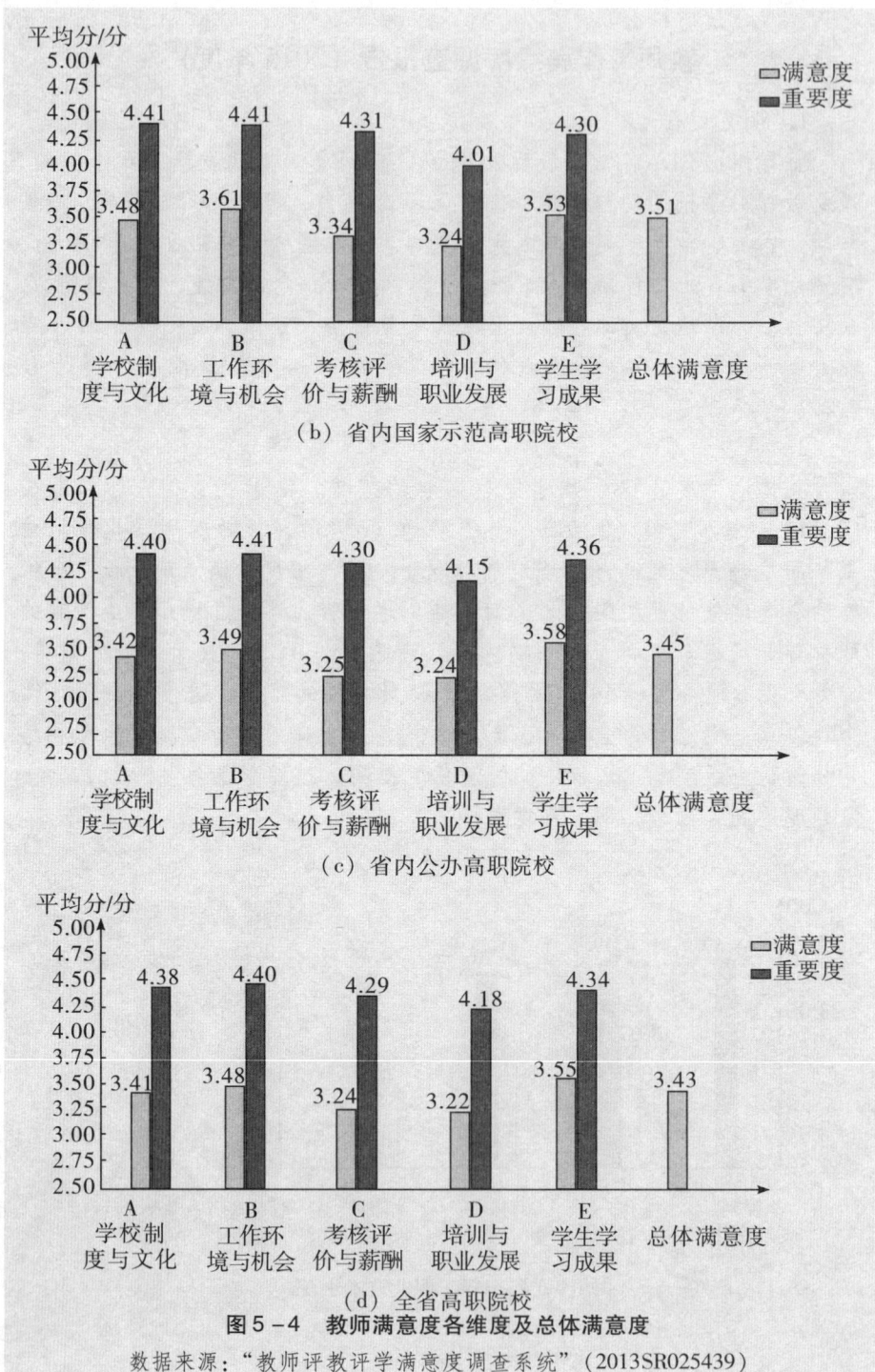

(b) 省内国家示范高职院校

(c) 省内公办高职院校

(d) 全省高职院校

图 5-4　教师满意度各维度及总体满意度

数据来源:"教师评教评学满意度调查系统"(2013SR025439)

3. 调查结论

3.1 满意度与学历。从被调查教师的学历结构分析,教师对学校工作环境的满意度与学历相关性不大,各维度满意度的排序基本相同,见图5-5。

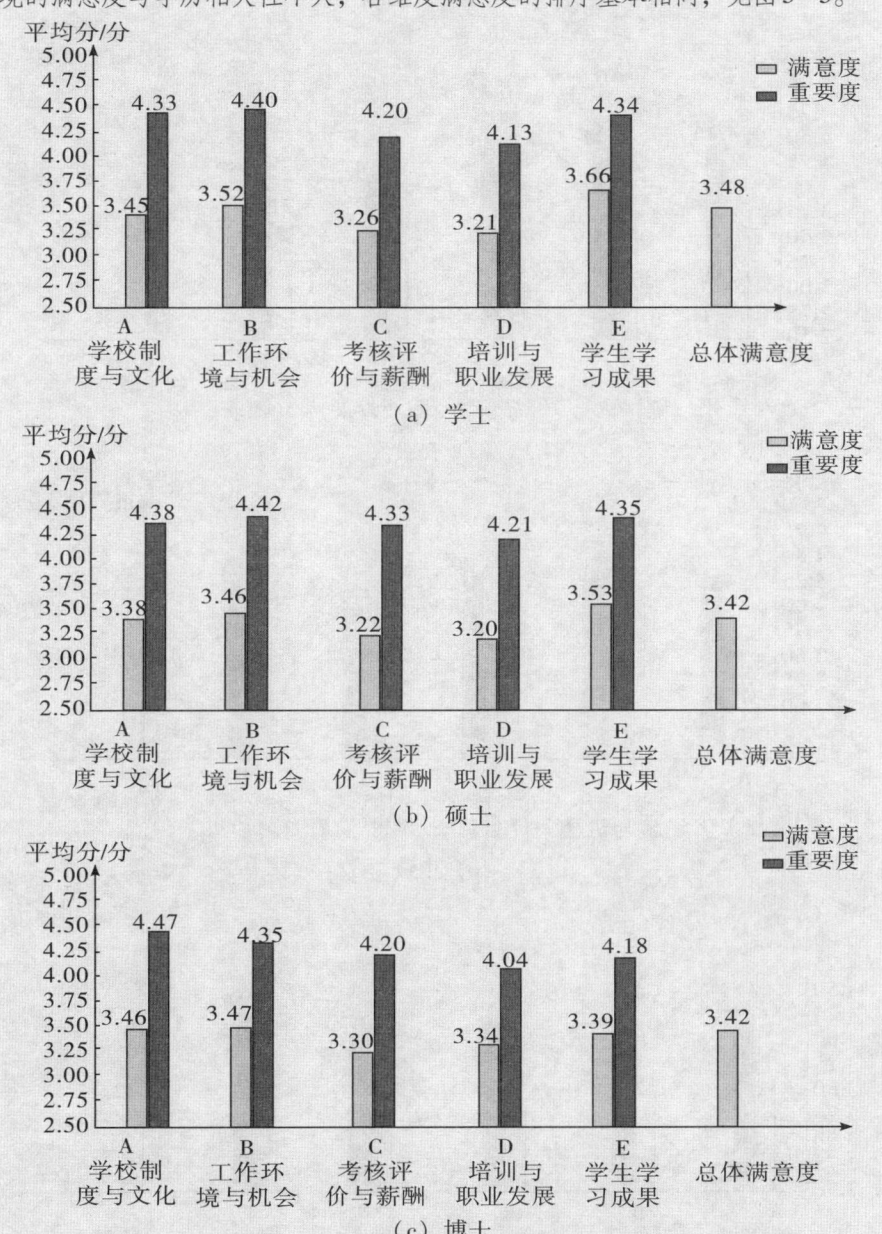

图5-5 不同学历教师各维度及总体满意度

数据来源:"教师评教评学满意度调查系统"(2013SR025439)

3.2 满意度与职称。从被调查教师的职称结构分析,初级职称教师满意度最高,中级职称教师满意度最低,职称与对学校的满意度基本呈负相关,不同职称结构的专任教师对各维度满意度数值,见图5-6。

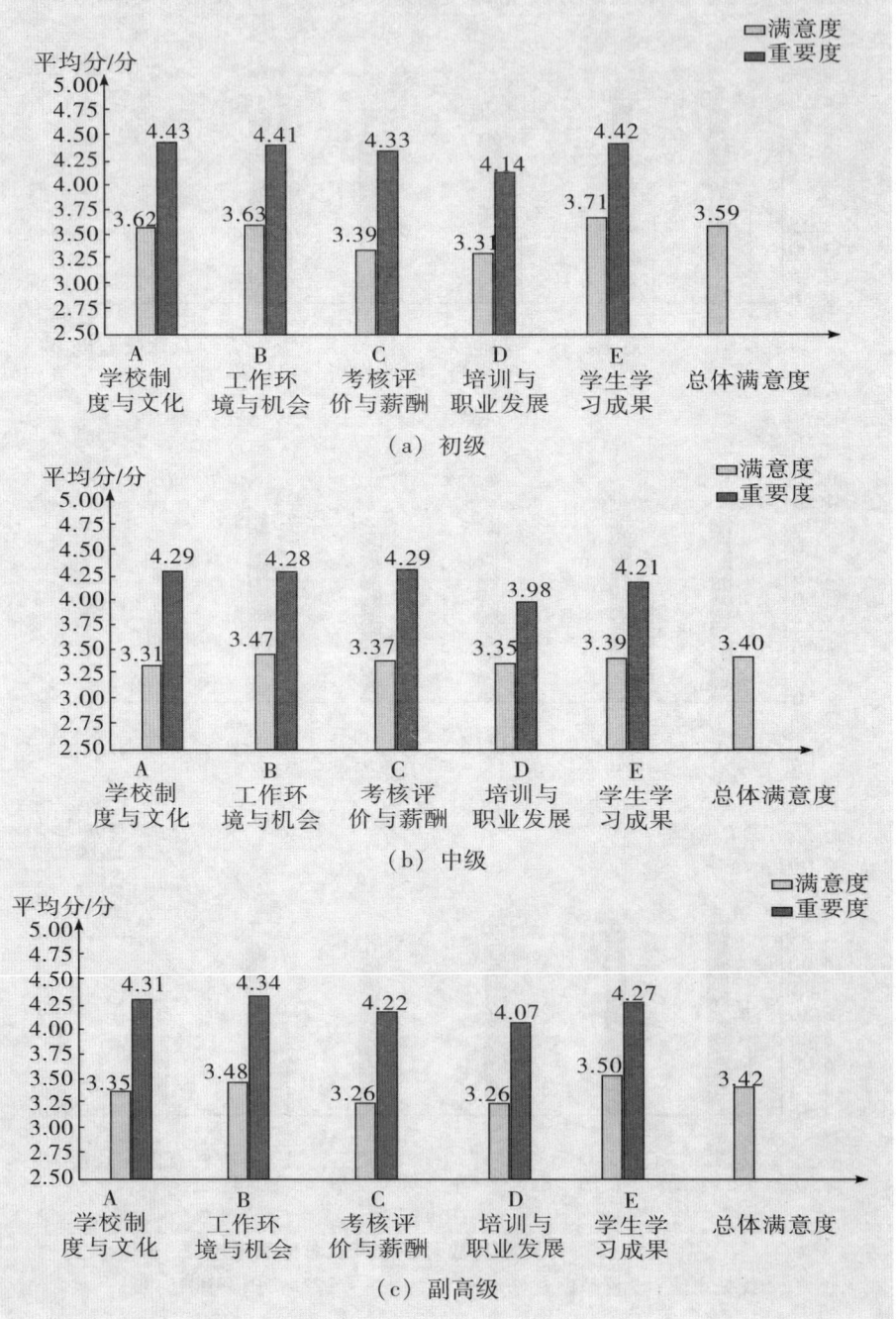

(a) 初级

(b) 中级

(c) 副高级

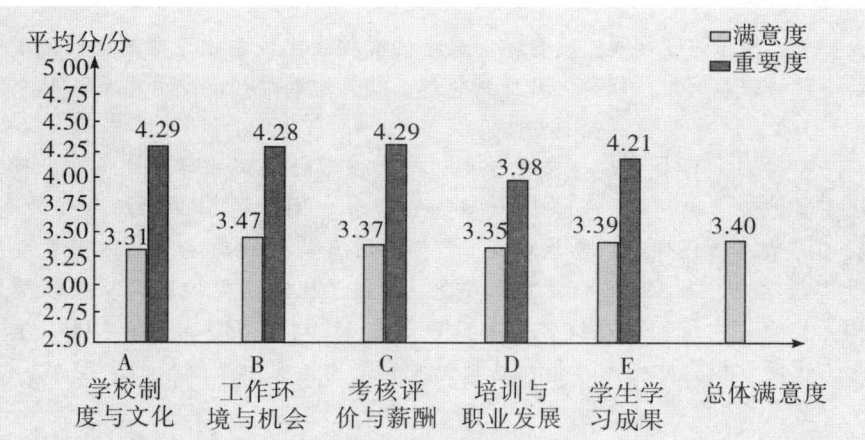

(d) 正高级

图 5-6 不同职称教师各维度及总体满意度

数据来源："教师评教评学满意度调查系统"（2013SR025439）

3.3 各维度满意度较低指标分析

3.3.1 教师对"学校制度与文化"满意度最低的是"我所在学校竞争环境的公平性（如荣誉称号评选、重点专业建设等各类项目评审）"，其中：按职称结构，初级、中级、副高级、正高级分别是 3.63、3.2、3.13、3.59，呈 U 形；按学历结构，学士、硕士、博士分别是 3.07、3.64、3.56。

3.3.2 教师对"工作环境与机会"满意度最低的是"我对课室的多媒体设备"（3.23）；满意度最高的是"我认为学校或同行教学评价与反馈对我执教能力的提升"（3.82），按职称结构：初级、中级、副高级、正高级分别是 3.94、3.72、3.69、3.51，呈下降趋势。

3.3.3 教师对"考核评价与薪酬""培训与职业发展"满意度较低，其中："学校按教学、科研工作量或教学质量评价给予的绩效工资"按职称结构，初级、中级、副高级、正高级分别是 3.31、3.10、3.35、4.00，中级职称最低。从一些学校的实际情况来看，中级职称教师处于专业成长的关键时期，教学、科研工作量大，但由于基本课时费用与高级相差较大，申报课题又受到申报条件的限制（如省级课题均要求要高级职称，中级需推荐等），满意度不高。

3.3.4 从教师所学学科的角度出发，教育学、文学的教师满意度低于平均值。美国知名调查机构 Payscale 发布了 2013—2014 年 129 个专业的大学毕业生薪资排行榜，教育专业、文学专业的毕业生薪资垫底。主要原因：一是受经济危机的影响，文科就业热门经管类的人才需求减少，从而导致文科生就业困难；二是一些文学、历史专业除了教书外没有更多的择业可能。通过访谈发现：教育学、文学的教师在学校由于专业的属性，申报科研项目较为困难，职称晋升遇到瓶颈，和其他教师相比，满意度较低。

3.4 满意度较高指标分析

教师对"学校制度与文化"中"与大多数任课班级学生之间""与教研室其他教师之间""与学校大多数管理者之间的关系"的满意度最高，且"与大多数任课班级学生之间""与教研室其他教师之间"的满意度高于"与学校大多数管理者之间的关系"，属于比较满意的范畴。按职称结构，初级、中级、副高级、正高级分别是4.29、3.83、3.78、4.00，呈U形，说明学校人际关系和谐，这也是学校成为国家示范院校的原因。

3.5 关键指标分析

从教师对满意度各项指标的重要性判断来看，所有指标均大于4，属于比较重要的范畴，说明该评价指标体系科学合理。此外，教师感到学生大多数的考试成绩、毕业论文或毕业设计的质量在所有反应学生学习成果的指标里满意度最低，或许会影响教师在教学组织设计等方面的投入。

"顶岗实习企业评教评学"调查报告（2014年度）

广东轻工职业技术学院在2014年6—7月期间对应届毕业生毕业前顶岗实习进行"企业（雇主）评教评学"专项调查，了解企业对学校顶岗实习管理、课程设置及学生专业技能与职业素质的满意度。

一、调查范围

在全校按每个专业随机至少抽取2家以上顶岗实习企业进行问卷调查，调查采用网上调查方式，网上调查通过调查人员向企业发送电子邮件填答。共下发问卷231份，回收问卷134份。

二、调查内容

按照多层次分析法的原理，根据表5-15确定调查内容，测量每项调查内容的满意度。其中："顶岗实习教学满意度"按照答题选项的百分比进行统计分析；"学生岗位表现力满意度"采用里克特5级正向记分的方式分别从"重要程度"和"满意程度"作答，答案分别为"重要""比较重要""一般""比较不重要""不重要"，"满意""比较满意""一般""比较不满意""不满意"，赋值从高到低依次记为5分、4分、3分、2分、1分。先在学校发放并回收调查问卷，分析顶岗实习单位对学生质量期望与感知的差距，分析问卷的信度、效度，重新修订并完善问卷。对问卷再次进行评估，使问卷的信度和效度（克隆巴赫系数、各变量的Kaiser-Meyer-Olkin）满足调查的目的并符合学生的认知和逻辑思维。

表 5-15 顶岗实习单位满意度评价指标体系

一级指标	二级指标	三级指标	四级指标
顶岗实习单位满意度	顶岗实习教学满意度	A 实习教学保障	A1 实习大纲；A2 实习计划与时间；A3 实习协议；A4 实习岗位对学生基本专业技能与素养要求；A5 课程设置与职业岗位工作需要的衔接状况
		B 实习现场管理	B1 专职指导教师或辅导员全程管理状况；B2 企业参与顶岗实习学生的成绩评定状况
	学生岗位表现力满意度	C 职业道德	C1 服从管理；C2 敬业勤奋；C3 诚实守信
		D 职业技能	D1 专业知识与技能；D2 解决问题能力；D3 工作效率与业绩
		E 职业发展能力	E1 沟通与团队合作能力；E2 承压与情绪管理能力；E3 组织能力；E4 主动学习能力
		F 岗位竞争力	F1 学生职业技能与素养改善状况；F2 是否愿意继续接收实习生

调查量表结合顶岗实习单位对学校人才培养质量的预期质量、感知质量、感知价值的特点，进行顶岗实习满意度评价指标体系设计，符合企业评价的认知习惯。调查量表主要由三部分组成，第一和第二部分是主体部分。其中第一部分内容涉及实习教学保障（包括实习标准、实习计划与时间、实习岗位对学生基本专业技能与素养要求、实习协议），实习现场管理 2 个维度 7 个指标。第二部分内容涉及企业对学生 10 项核心职业素质方面的满意度、实习期间学生职业技能与素养改善状况、是否愿意继续接收实习生 4 个维度 12 个指标，第二部分的问卷采用里克特 5 级正向记分的方式，测量各项调查内容的重要性、满意度与绩差（重要性减去满意性即为绩差）。第三部分是顶岗实习企业规模、类型等基本情况。

三、调查结果及分析

1. 顶岗实习企业特征。134 家企业中：民营企业占 69.49%、外企占 11.86%、国企占 5.08%、其他占 3.39%。实习企业中用人规模在 100 人以下的占 40.68%、100~300 人的占 20.34%、301~500 人的占 10.17%、501~1 000 人的占 15.25%、1 000 人以上的占 13.56%。

2. 实习保障、标准、计划与时间。实习企业与学校签订顶岗实习基地协议的占 30.51%，没签订但希望签订协议的占 25.42%，没签订也不希望签订的占 18.64%；不清楚的占 25.42%。企业参与制订顶岗实习计划的仅占 16.95%，收到或了解顶岗实习计划（大纲）的仅占 18.6%，不清楚的占64.45%。50.85%的学生实习时间基本上在4个月以上。数据说明：学生顶岗实习大部分是在与学校有合作协议的企业完成，并且超过半数企业了解顶岗实习标准，能够基本保证学生顶岗实习教学质量达到预期目标。

3. 实习岗位对学生基本技能与专业素养要求。实习企业优先录用专业对口的占66.1%；不限专业，但要依据面试而定的占27.12%；无所谓的占6.78%。数据统计显示，企业对学生的计算机应用能力有要求的占32.2%，对学生的英语等级有要求的仅占11.86%（包括计算机专业和涉英专业），对计算机应用能力和英语等级都有要求的占20.34%。调查结果说明：学生主要在中小企业实习，企业对学生的计算机和英语要求不高，但对学生专业是否与岗位对口还是比较重视的。

4. 实习管理。学生在顶岗实习期间，安排有专职指导教师或辅导员全程跟踪，并由专职指导教师或辅导员管理，每隔一段时间可以见到他们下厂的占40.68%；安排有专职指导教师或辅导员全程跟踪，偶尔可以见到他们下厂的占18.64%；没有安排有专职指导教师或辅导员全程跟踪，主要由实习单位兼职教师代管或学生自主管理的占40.68%。调查数据说明：虽然顶岗实习采用"双导师"制，但仍存在学生自主管理（也称之为"放羊"）的状况。

5. 实习后学生专业技能与职业素养状况。实习企业认为课程设置与岗位衔接状况很好、好，不需改进的占66.11%；认为一般，需改进的占32.2%；认为不好，需改进的占1.69%。实习企业认为，学生在实习后，职业技能与职业素养有很大提高的占37.29%，有提高的占54.24%，有一点提高的占8.47%。调查结果说明：课程设置与岗位衔接仍有进一步改进的空间；通过顶岗实习，大多数同学专业技能与职业素养得到了提高，为就业奠定了坚实的基础。

6. 企业对学生的移情性。企业的移情性用是否愿意继续接收实习生并录用实习生来衡量，数据显示：愿意继续接收学院实习生并录用毕业生的占86.44%；愿意继续接收实习生，但不打算录用毕业生的占6.09%；不愿意继续接收实习生，但打算录用毕业生的占5.78%；打算不再接收实习生及录用毕业生的仅占1.69%。调查结果说明大多数企业愿意继续接收或录用我院学生，对学生比较满意。

7. 企业对学生的满意度。按照里克特5级正向记分的方式让企业对学生下列职业技能与素养进行测量，结果见"顶岗实习单位评教评学调查系统"（2012SR127115）。全院数据显示：企业满意度最高的是"服从管理"；所有指标的重要性在4分以上，说明企业认为调查的所有项目都是评价学生职业素养比较重要的内容。按照行动策略矩阵，重要度与满意度差值在0.5左右的是"创新能力"。理工类专业数据显示：企业满意度最高的仍是"服从管理"，重要度与满意度差值在0.5左右的仍是"创新能力"。设计类专业数据显示：企业满意度最高的是"服从管理"和"诚实守信"，重要度与满意度差值在0.5左右的是"工作业绩"和"专业技能"。经管文类专业数据显示：企业满意度最高的是"诚实守信"，重要度与满意度差值在0.5左右的是"工作业绩""专业技能""沟通能力"。理工类专业数据显示：企业满意度最高的是"服从管理"，重要度与满意度差值在0.5左右的是"创新能力""沟通能力""承压能力"。"专业技能""创新能力""沟通能力"是学校应该优先干预的领域，也就是说学校要尽快进行顶层设计，通过统筹安排，结合学生在校期间的学习经历，如课程学习、社会实践、参加技能大赛等多种措施逐步推进学生在校期间专业技能、创新能力和沟通能力的培养，提高企业的满意度。

四、建议与对策

1. 建议采用以下措施进一步优化课程设置，强化对实习的管理

（1）根据行业、企业需求适时调整专业课程设置。学校应要求专业团队必须深入一线调查企业需求，加大专业调查的广度与深度，在专业调查论证会上，不仅要有论证报告，还要有调查实例，使专业调查的落脚点真正落实到满足企业的实际需求上来。如，学校软件专业的顶岗实习企业希望实习生对数据库SQL语句要熟悉，要懂软件开发程序，建议开设C++职业训导课程；一些食品企业希望开设诸如ISO、HAPPC、GMP方面的课程，多让学生独立进行食品检测实验项目；一些服装企业建议学校要注重引导学生了解成衣市场，增设组织学生到学校周边服装辅料批发市场了解市场价格或面料流行趋势等方面的课程，以提高学生商业意识；还有一些旅游企业希望开设情景模拟的理论与实践相结合的课程，培养学生的沟通表达能力等综合职业素养。

②根据行业、企业契约精神强化顶岗实习的责任管理。学校应要求各专业根据顶岗实习协议，加强实习指导，特别是在实习动员会上，要逐条明确顶岗实习三方协议的法律效力及违约责任。同时，严格管理学生成绩评价，把是否能够按照学校顶岗实习安排时间完成实习任务作为学生成绩评定的重点指标。此外，学校还应加大对顶岗实习专职指导教师在与学生沟通和交流方面的考核力度，保证按三方协议完成顶岗实习任务。许多企业反映，存在少数学生在实习中半路走人的现象，不仅给

企业的正常经营带来干扰，加大企业顶岗实习的管理成本，也影响了企业和学校的后续合作。同时，企业认为，在实习过程中，不能简单依靠远程管理或委托企业兼职教师管理，学校要派专职人员定期与学生面对面沟通，了解学生的需求和心理状况，共同关心他们的工作与生活动态，校企协同做好学生顶岗实习的过程管理。

2. 调查结果说明，学生成为高端技能人才的薄弱点主要是创新能力、沟通能力，建议学校采用以下措施加强对学生的培育。

①根据行业、企业运营特点多渠道开展企业文化教育。中小民营企业运营管理的特点就是管理制度不健全，岗位分工不明确，有的企业往往需要员工一人兼多岗。学校学生面向的顶岗实习单位多为中小企业，工作岗位活多活杂活累，许多实习生不能适应工作环境而消极怠工。学校应与企业合作，针对中小企业运营管理和人才需求特点多渠道开展企业文化教育，如请企业总经理来讲课，让学生了解企业的运营管理状况、企业最关注员工哪些职业素质、学生自身职业素质与企业需求的差距等；或是在顶岗实习前与企业联合对学生进行岗前培训，了解顶岗实习企业的管理文化。

②根据行业、企业员工素质模型多途径开展素质教育。员工素质模型指出，员工的行为、知识、技能仅仅是表象，真正决定员工优劣的是员工的价值观、个人品质、个性及内在驱动力。面对"90后"学生团队合作精神、创新能力方面较弱的特点，学校应组织教务处、团委、学生处等部门，在工学结合课程、专业见习、社团活动等学习过程中，设计相关训练环节，或是鼓励学生业余时间到企业兼职，多方位进行团队合作意识训练，培养学生的人际沟通能力及创新精神职业素质的养成。

五、结语

美国、德国等高等教育的实践证明："重点关注企业和学生需求、不断改进教育经历的质量、利用雇主满意度和学生满意度测评调整未来方向"是成功院校的三个基本因素。定期开展"企业评教评学"专项调查，了解顶岗实习制度及教学安排的实际情况，了解企业对顶岗实习的意见及建议，了解企业对人才职业素养的实际需求，了解企业对学校人才培养质量的满意度，了解学校培养高端技能人才的瓶颈，打通校企"合作办学、合作育人、合作就业、合作发展"的脉络，是实现学校质量监控管理目标的有效工具。

☆月度综合反馈——质量监控月报

教学督导监控月报
××××年第×期（总第××期）

广东轻工职业技术学院教学督导室编　　　　××××年××月××日

××××—××××学年第×学期（××至××周）

一、督导动态

1. 教学督导室从17周开始对实训课开展专项巡查，内容涉及教师教学文件、授课质量及学生出勤率。

图5-7　实训课专项巡查

2. 教学督导室将"广轻学生信息圈"12月份反映的教学设备问题提交给教育技术中心和实训中心，大部分问题已经快速处理解决，个别需要更新设备的已列入2017年计划中。

3. 本学期教师授课质量，学生评价平均分为90.8分，优秀率为63.2%，学生评价80分以下课程占0.2%。

二、发现问题

1. ××月×日广州校区×××教室，上午第一节"大学生就业指导课"，下课时统计，应到××人，迟到××人，旷课×人。主管二级学院已对此事进行调查处理。

2. ××月×日南海校区×××教室，上午第四节课任课教师××：××分下课，提早×分钟，已按规定处理。

报：院领导
送：各相关部门
发：院系督导　　　　　　　　　　　　　　　　　　　　（共印50份）

☆学期综合反馈——质量监控专栏

图5-8 教学质量监控专栏

2017—2018学年第一学期课堂教学质量监控数据发布（节选）

1. 学生评教和三方综合评教平均分。近15个学期全校学生评教和三方综合评教平均分均呈平稳上升趋势，详见图5-9。

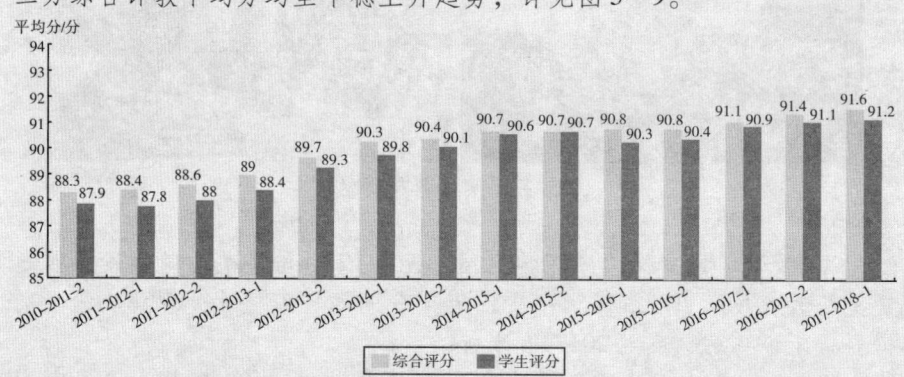

图5-9 全校学生评教与三方综合评教平均分趋势

2. 学生评教分数段比例。近15个学期，合格（60~74分）的课程比率由2010—2011学年第一学期的9.4%下降到0，优秀（90~100分）的课程比率由35.7%上升到69.5%，不合格（65分以下）的课程比率连续10个学期为0，详见图5-10。

学生评教分数	2010-2011-1	2010-2011-2	2011-2012-1	2011-2012-2	2012-2013-1	2012-2013-2	2013-2014-1	2013-2014-2	2014-2015-1	2014-2015-2	2015-2016-1	2015-2016-2	2016-2017-1	2016-2017-2	2017-2018-1
优秀 比例（90~100）	35.7%	45.5%	40.2%	42.4%	42.8%	51.8%	54.7%	55.6%	63%	64.2%	59.3%	61%	66%	70.2%	69.5%
优良 比例（85~89）	25.6%	30.0%	34.1%	34.9%	37.3%	34.0%	33.6%	34.8%	28.6%	28.9%	31.8%	33.5%	31.0%	27.9%	25.9%
良好 比例（80~84）	19.3%	14.8%	16.6%	15.7%	15.1%	11.2%	9.3%	8.3%	7.2%	5.7%	7.9%	4.9%	3.0%	1.7%	4.5%
一般 比例（75~79）	9.7%	5.4%	5.7%	5.1%	3.8%	2.1%	2.1%	1.2%	1.1%	1.1%	0.9%	0.4%	0.0%	0.2%	0.1%
合格 比例（60~74）	9.4%	4.4%	3.3%	1.9%	0.9%	0.9%	0.3%	0.1%	0.1%	0.1%	0.1%	0.2%	0%	0%	0%
不合格 比例（60以下）	0.3%	0.1%	0.1%	0%	0%	0%	0%	0%	0%	0%	0%	0%	0%	0%	0%

图5-10 全校学生评教各分数段课程比例变化趋势

☆校督导重点听课反馈及改进跟踪

表5-16 学生评教≤80分教师改进一览表

序号	系别	教师	授课时间	课程	校督导	学生	同行	听课课程	听课时间
1	×××工程系	×××	2012—2013-1	人体解剖生理学	87	78	95	人体解剖生理学	2013—2014-1
2	×××工程系	×××	2012—2013-2	食品加工技术（一）	89	85↑	96	食品加工技术（一）	2013—2014-1
3	×××工程系	×××	2012—2013-2	食品工业综合利用	84	76	90	食品安全与质量管理	2013—2014-2
4	×××工程系	×××	2012—2013-1	乳制品加工技术	88	84↑	96	食品工业综合利用	2013—2014-2
5	×××工程系	×××	2012—2013-1	基础化学	88	79	93	食品分析基础	2013—2014-1
6	×××工程系	×××	2012—2013-1	基础化学	89	92↑	97	生物分离与纯化技术	2013—2014-1
					84	77	92		
					84	77	92		
					88	87.6↑	92	食品仪器分析技术	2013—2014-1
					87	77.5	92		
					89	90↑	94		

141

☆ 二级督导组工作成效反馈

表5-17 二级督导组工作成效反馈一览表

二级学院	三方评教平均分	综合排名前三	综合排名后三	"温室计划"教师	集体听课/次	企业参与/家		学生/教师满意度
						计划企业/家	回收率/%	
生态环境技术学院								
应用外语与国际交流学院								
管理学院								
信息技术学院								
汽车技术学院								
财贸学院								
艺术设计学院								
轻化工技术学院								
食品与生物技术学院								
机电技术学院								
马克思主义学院								
体育部								

第 6 章　多元协同参与的体系运行制度

神秘的顺丰与"鱼缸"[①]

　　顺丰掌舵人王卫，一向以神秘著称。但顺丰在快递行业的制胜法宝却人人皆知："服务标准统一、服务质量稳定、满足客户多样需求、保障客户利益。"作为一家"具有互联网思维的服务型企业"，标准化的工作流程、赏罚分明的绩效考核、快速的客户反应，这一系列先进的管理制度是这家国内物流业大佬藏匿制胜法宝的"鱼缸"。

——部分摘自罗聚客《简书》

【思考】

　　没有规矩，不成方圆。组织体系的顺畅运行需要通过制度设计、制度规范来引导行动。考核—激励—改进，坚信制度自信与完善制度是有机的统一体，让制度点爆组织中每个人的智慧、让组织中每个人的行动与智慧融入制度。

　　"制度"既是目标的保障，也是目标的价值。制度为保障和改进人才培养质量提供内外协同统一的动力。我们应该也必须让制度即规定不同主体参与质量监控的行为，又符合不同主体参与质量监控的特征，让不同主体协同参与质量监控的行为不是将要存在，也不是曾经存在，而是持续存在。学校在质量监控的实践中，为了达到目标，必须让每个人的行动与智慧融入制度。

---

① 鱼缸效应（the fish tank effect）。玻璃做的鱼缸透明度很高，不论从哪个角度观察，里面的情况都一清二楚。"鱼缸效应"也可以说是"透明效应"。它是一种比喻，代表透明的民主管理模式，包括标准化的工作流程、赏罚分明的绩效考核、快速的客户反应等制度。

结合不同主体对监控目标的影响度及参与质量监控的工作内容，我们在督导、学生、同行、行业企业层面，通过制度建设，规范多元主体协同参与质量监控，保障质量监控体系的顺畅运行。同时，逐步扩大监控评价数据在考核、激励、改进方面的渗透应用，实现学校的质量监控目标。

6.1 体系运行制度的内涵

诺斯认为"制度是个社会的游戏规则，更规范地讲，它们是为人们的相互关系而人为设定的一些制约"。他将制度分为三种类型，即正式规则、非正式规则和这些规则的执行机制。《制度改变中国》一书作者认为，制度是强制执行的人与人之间关系的行为规范。从管理学的角度，制度泛指以规则或运作模式规范个体行动的一种社会结构，是要求大家共同遵守的办事规程或行动准则，目的是使各项工作按计划按要求达到预定目标。本章节的质量监控体系运行制度，是指确保质量监控体系中的监控目标得以实现的办事规程或行动准则，具有指导性和约束性、规范性和程序性、鞭策性和激励性三个特点。

6.2 体系运行制度的组成

我们让体系运行制度既规定不同主体参与质量监控的行为，又符合不同主体参与质量监控的特征，通过顶层设计，制定并颁布一系列制度指导、规范、激励多元主体协同参与质量监控，让制度点爆每个人的智慧，让不同主体的每个人的行动与智慧融入制度。

6.2.1 制度框架与维度

我们按照体系运行制度指导性和约束性、规范性和程序性、鞭策性和激励性的三个特点，从有利于保障"多方参与评教率""教师授课质量""多方满意度与学生学习成果""教学事故"监控目标的实现维度出发，制定体系运行制度框架，确保质量监控体系的监控目标按计划按规定得以实现，见表6-1。

（1）多方参与评教率。下发《关于成立二级教学质量督导队伍的通知》，设立"学校—二级单位"两级教学质量督导机构，要求每个专业配备一名企业督导，强化企业参与评教。通过建立《教学督导工作实施细则》《学生参与质量监控实施细则》《学生信息员工作制度》《行业企业参与质量监控实施细则》《听课评课管理办法》等制度，为多元"协同参与"提供制度保障。制订《基于自我改进的课堂教学质量多元评价实施方案》，确保学校质量目标的实现。

表6-1 多元协同参与的体系运行制度框架

监控目标	督导	教师	学生	企业	激励制度
多方参与评教	教学督导工作实施细则	听课评课管理办法	学生参与质量监控实施细则	• 行业企业参与质量监控实施细则 • "自我诊断+企业参与"专业评价实施方案	• 督导免听课试点 • 优秀学生信息员评选 • 教师课堂教学质量优秀奖 • 二级督导组典型案例评选 • 二级督导组先进个人评选 • 二级督导组先进集体评选
教师授课质量	教学督导工作实施细则 • 随听机课 • 集体听课 • "温室计划" • 关于进一步完善督导、学生和同行评教标准的通知 • 基于自我改进的课堂教学质量多元评价实施方案 • 开展"温室计划",加大优质课堂建设的实施方案	同行评教流程 • 教师授课质量考核评价 • "温室计划"	学生评教流程 • 诚信评教培训、宣传及签署承诺书		
多方满意度	教学督导室各岗位常规工作流程	• 教师满意度调查 • 专业评价工作组织	学生满意度调查流程		
学生学习成果	教学督导室常规工作清单	"自我诊断+企业参与"专业评价	学生参与质量监控实施细则		
教学事故	"日常+专项"巡查	个人、二级督导组年度考核	学生信息圈反馈		
顶层设计、制度保障、多元协同参与,考核、激励、改进三驾马车并行 《多元协同参与的人才培养质量监控体系"实施方案》					

（2）教师授课质量。下发《关于进一步完善督导、学生和同行评教标准的通知》，完善教师授课质量评价标准。制订《基于自我改进的课堂教学质量多元评价实施方案》，通过《教师授课质量考核评价管理实施办法》对教师实施"正常、限制、暂停"三级管理，将三方评教数据作为职称评审、岗位晋级等必备指标，以及将教师整体评教数据纳入二级教学单位年度考核指标等措施，引导教师守住三尺讲台，将课堂教学质量放在首位。评教数据与课堂观察相结合，每年评选"课堂教学质量优秀奖"，树立专业群授课质量的典型标杆；实施《开展"温室计划"，加大优质课堂建设的实施方案》，引导"幼苗""枯枝"教师开展课堂教学自我评价，持续改进教学。通过扩大评教数据的渗透应用，"考核、激励、改进"三驾马

车并行，为实现整个体系督促改进课堂教学短板注入能量，确保学校质量目标的实现。

（3）多方满意度与学生学习成果。制订《"自我诊断＋企业参与"专业评价实施方案》，通过"组织开展学生、雇主满意度调查→专业梳理诊断评价资料并自我诊断→企业专家参与评价→评价意见反馈→校企共订改进措施"五步法，引导专业关注多方满意度与学生的学习成果。下发《关于进一步优化"多元协同参与的质量监控体系"的实施意见》等，为多元"协同反馈"与"督促改进"提供制度保障。通过将顶岗实习单位满意度、学生满意度、教师满意度纳入二级督导组"一页纸"计划总结模板，以及二级教学单位年度考核指标等措施，在督导、学生、同行、行业企业层面，不断扩大多元评价数据的渗透应用。"引导—规范—考核—激励"层次递进，确保学校质量目标的实现。

（4）教学事故。建立"学校—二级学院—班级"三级学生信息员组织架构，引导学生协助"学校—二级单位"两级督导收集、整理及反馈各类教学事故信息。制定《学生信息圈反馈制度》，形成遍布广州、南海两个校区，覆盖所有班级、所有教学环节的教学事故第一现场反馈源。"学校—二级单位"两级督导机构，在听课、巡查等日常工作中按照学校的《教学事故处理办法》反馈教学事故。将教务处认定处理的教学事故结果纳入二级教学执行单位年度考核一票否决指标，确保学校质量目标的实现。

此外，我们通过建立二级督导计划总结"一页纸"管理制度，规范二级督导组的日常工作，引导二级督导组自我管理履职状况。我们通过开展二级督导组工作典型案例展、督导先进集体和个人评选等工作，鞭策和激励二级督导团队高质量地履行本单位的质量监控主体责任，确保学校质量目标的实现。

6.2.2 工作规则与流程

6.2.2.1 督导

工作实施理念。对于教师授课反馈，我们在《教学督导工作实施细则》中提出了"1∶1∶1"的反馈标准方法，即反馈按照"1个优点∶1个缺点∶1个改进建议"的方法，重点指出教师授课存在的1个关键问题，以帮助教师聚焦改进。对于部门保障督管，我们在《"多元协同参与的人才培养质量监控体系"实施方案》中提出了"1＋1"的监控标准方法，即"1个关键现象＋1个主要原因"的方法，重点指出教务处、现代教育技术中心、实验实训中心等教学环境核心保障部门存在的问题现象及原因,帮助他们锁定关键改进领域,实现"1+1≥2"的协同改进目标。对于二级督导员履职,提出了"1×1"的工作指导标准,即"1系列常规工作×1项特色项目"的方法,帮助他们在常规工作中针对自身面向的专业及专业群特色,探索符合自身二级督导工作的特色,以保障监控目标的顺利实现。

工作实施细则。根据学校界定的职责分工,教学督导室作为学校教学质量监控的职能部门,以保障培养高素质人才为目标,以各教学环节的质量标准为依据,以教学质量评估与监控为重点,以教学信息的采集、分析、反馈为主要工作内容,针对各环节的教学质量运行情况实行科学有效的监督、检查、评估和反馈。督导员在质量监控体系中主要行使以下职责。

(1) 制订全院教学质量监控计划并组织实施。

(2) 制订理论、实训(实验)、顶岗实习、课程及毕业设计等教师授课质量评价标准并组织实施。

(3) 定期评估、监控各主要教学环节的质量现状并形成反馈意见。

(4) 定期组织召开学生信息员、二级教学质量督导、顶岗实习企业代表有关教学质量信息反馈意见会。

(5) 定期统计、分析、评估有关教学质量信息,向有关职能部门和相关主管院领导提出改进建议;教学质量信息的采集、分析、反馈与监控的主要内容包括。

①教师教学工作及其教学质量方面的信息。

②学生学习状态和毕业生质量等方面的信息。

③教学运行、教学管理、教学保障质量方面的信息。

④实验、实训和校内外实习基地管理质量等方面的信息等。

(6) 定期出版《教学督导监控月报》。

(7) 定期评选优秀教学质量督导员、优秀学生信息员,开展典型案例展活动,以鼓励先进。

根据工作职责,我们按照"总则""工作原则与工作任务""任职条件与工作职责""工作考核与奖励""附则"五个部分制定《教学督导工作实施细则》,作为两级督导开展日常工作的规范与依据。

工作实施流程。针对授课评价、教学巡查、教学检查、专项调查、信息反馈、督促改进等各项常规工作,制定了以下关键事项工作流程(各岗位工作、各类评奖管理、专项调查、会议管理等),指导、规范"督导—学生—教师—企业"参与质量监控的行为,如图6-1至图6-3所示。

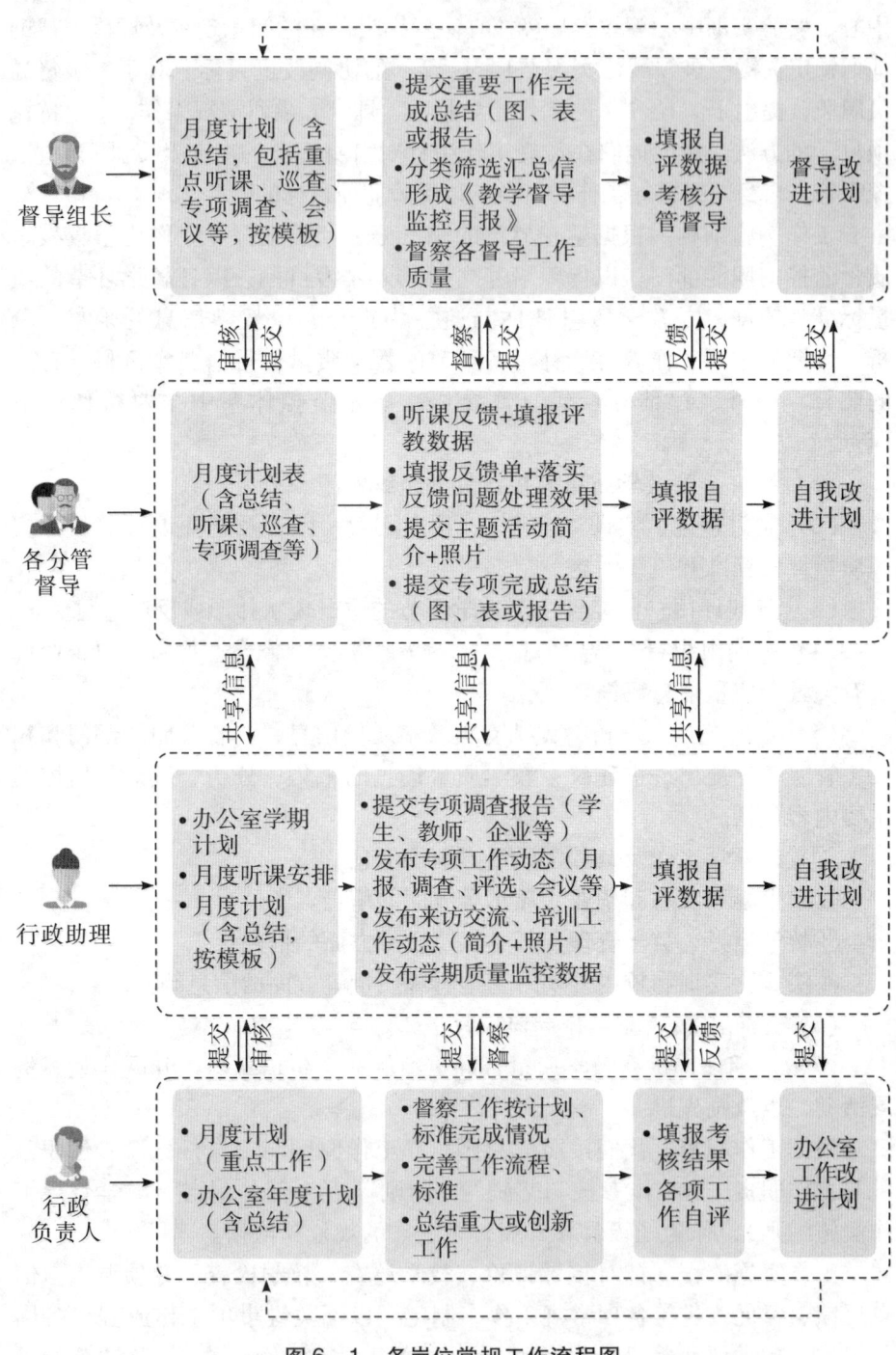

图6-1 各岗位常规工作流程图

第6章 多元协同参与的体系运行制度

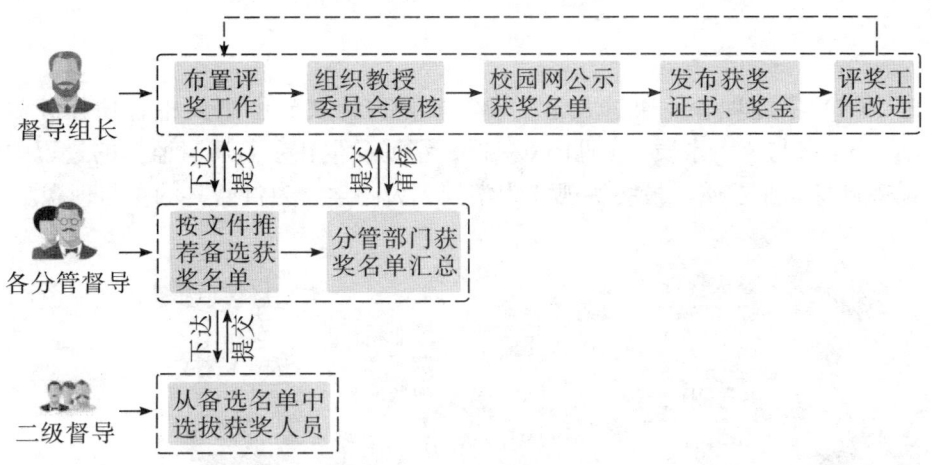

图6-2 评奖工作流程图

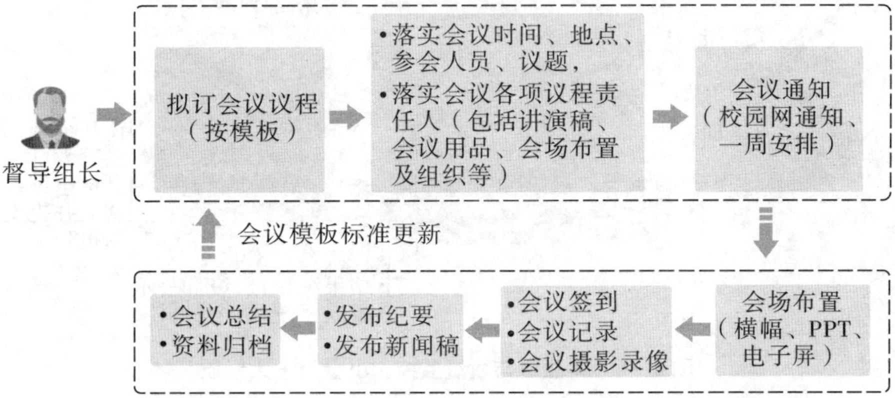

（a）会议管理流程图

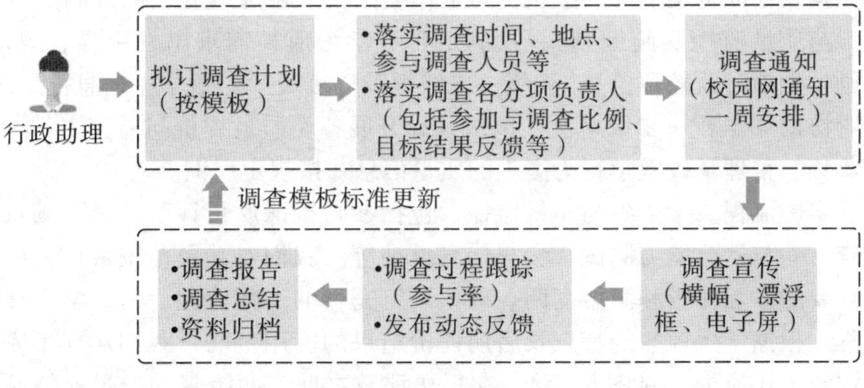

（b）专项调查流程图

图6-3 会议管理、专项调查工作流程图

6.2.2.2 学生

（1）实施理念。通过《学生参与质量监控实施细则》中各项任务驱动，"小参与·大素质"（见图6-4），帮助学生在参与质量监控的过程中锤炼自身职业素质，最终实现"为学校、为同学、为自己"的参与理念。

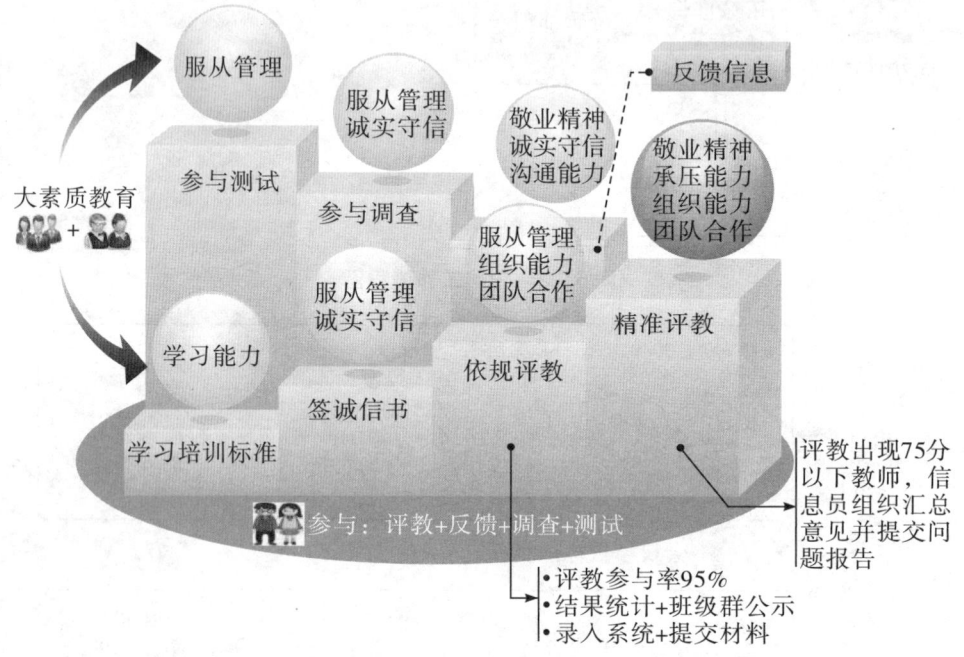

图6-4 学生参与质量监控：小参与·大素质

（2）实施细则。我们按照"总则""参与原则与基本任务""管理组织架构及任职资格""工作职责与工作奖励""附则"五个部分制定《学生参与质量监控实施细则》，从满足自身学习成长需求出发引导、规范、激励学生参与监控评价。"校级—二级学院—班级"三级学生信息员组织，负责协助"学校—二级单位"两级督导开展各类质量评价与监控工作，同时收集、整理学校教学行为产生的质量信息并按规定反馈。

实施流程。学生参与质量监控，包括参与授课质量评价、参与满意度调查、参与社会能力测试、参与信息反馈等。我们对涉及范围最广、应用最重要的参与评教和满意度调查事项制定完善的工作流程。一是学生评教流程。根据学生评教的特点及后期评价结果的应用范畴，我们建立了完善的评教工作流程（见图6-5）。在每次评教之前，两级督导通过签署诚信评教承诺书、组织评教培训、开展主题宣传月活动等方式，多层面、多途径引导学生客观、公正、公平评教。评教结束后，校督导员检查学生评教过程的规范性及评教结果的偏离度，确保学生评教结果能帮助教师改进教学，让学生分享更多更好的优质课堂。二是学生满意度调查流程。在学生满意度调查系统及调查微信公众号，我们预设了学生参与调查的流程（见图6-6），规范学生参与调查的行为，帮助学生顺利参与调查。

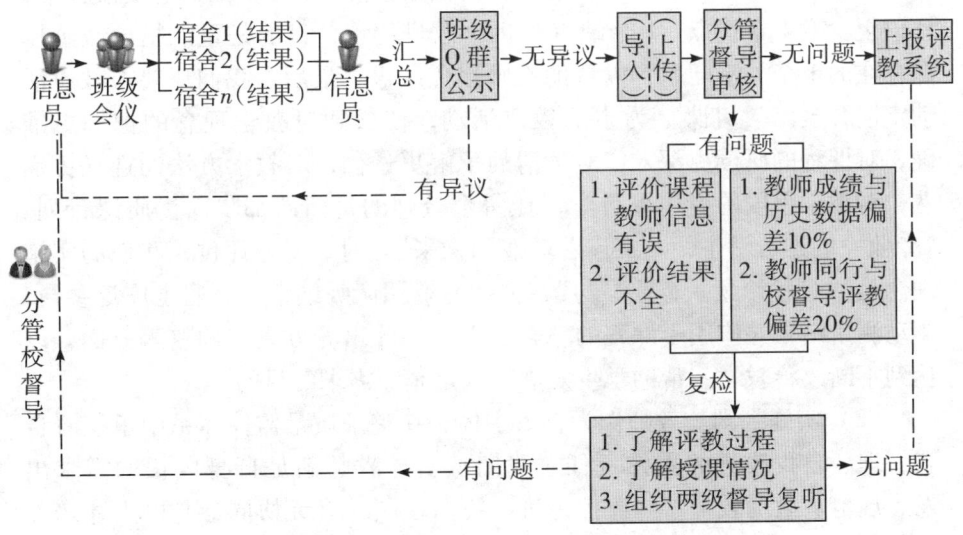

图6-5 学生评教工作流程图

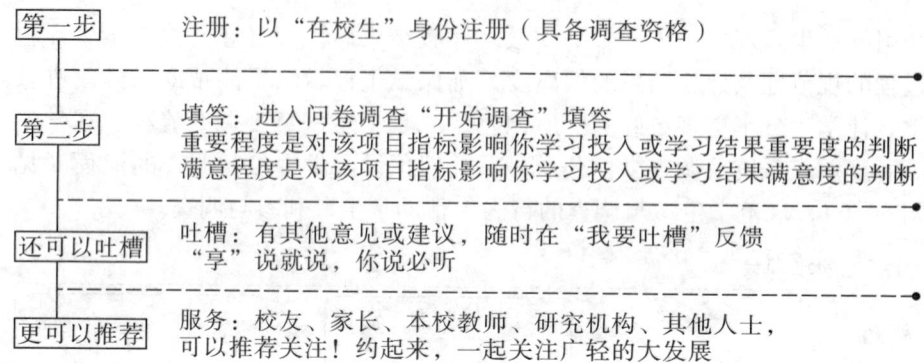

图6-6 学生满意度调查工作流程图

6.2.2.3 教师

（1）实施理念。"课堂一端连着学生，一端连着民族的未来"。对同行听课评课，我们的实施理念是"三课成一课"：听课—评课—钉课—优质课。首先，我们将听课纳入教师教学基本工作量，上课表与听课表"两表合一"并计算课酬。其次，我们要求同行听课后在教研活动中集体讨论教师授课情况并对其进行定量定性评价，评分和评语在期末录入教师授课质量管理系统。对于教师同行评语，我们提出按照"1∶1∶1"的反馈标准，评语至少有1个优点、1个缺点和1个改进建议，目的是重点指出教师授课存在的1个关键问题，以帮助教师聚焦改进。最后，我们还要求教研活动定期开展以"钉课"为主的教研活动，使教师对教学理念的把握更准确，对课程的研读更深入，对学情的了解更透彻，对教学方法的选择更娴熟，对教学手段的应用更科学，让每个教师的每门课都步入优质课行列。"专业一端连着学生，一端连着产业的未来"。对于专业评价，我们的实施理念是"自我诊断+企业参与"，强调专业团队吸纳学生、雇主广泛参与，驱动测量结果并应用于课程的整合、专业人才培养方案的调整等方面，以达到不断改善教学、帮助学生发展、满足企业需求的目的。

（2）实施细则。教师作为育人主体，在整个质量监控体系中承担着自我管理、自我改进的主体责任。我们从引导教师满足自身成长的需求出发，规范、激励教师参与监控评价。我们在《"多元协同参与的人才培养质量监控体系"实施方案》（见附录1）中明确规定教师参与质量监控的内容，包括同行听课评课、参与专业评价、参与满意度调查、参与质量信息反馈。对于同行听课评课、参与专业评价，学校配套出台了《听课评课管理办法》《"自我诊断+企业参与"专业评价试点实施方案》等更为详细的规定，确保教师履行课堂、课程、专业的主体保障责任。

（3）实施流程。根据相关规定，我们制定同行听课评课工作流程（见图6-7）及专业评价组织工作流程（见图6-8），指导、规范教师听课评课的行为，包括听课的时间间隔、同行听课评课结果如何录入系统等，并促进教师听课后反思教学行为，比较教学差距，进行自我改进与提高。听课评课成果应用于教师授课分级管理、职称评审等，激励同行之间通过教研活动研讨，共享教学经验，形成学习型团队。专业评价组织工作流程指导、规范"专业团队—评价委员会—企业专家"参与专业评价的责任和权利。专业团队作为专业质量的保障主体，组织自评并梳理相关资料。企业专家按照评价标准，依据专业提供的事实资料及自身经验对专业进行综合评价并提出改进建议，校企共商、共治，将评价结果作为专业发展策略的制定依据和标尺，形成专业评价促进专业建设的闭环，激励专业契合行业产业的发展需求并不断自我发展。

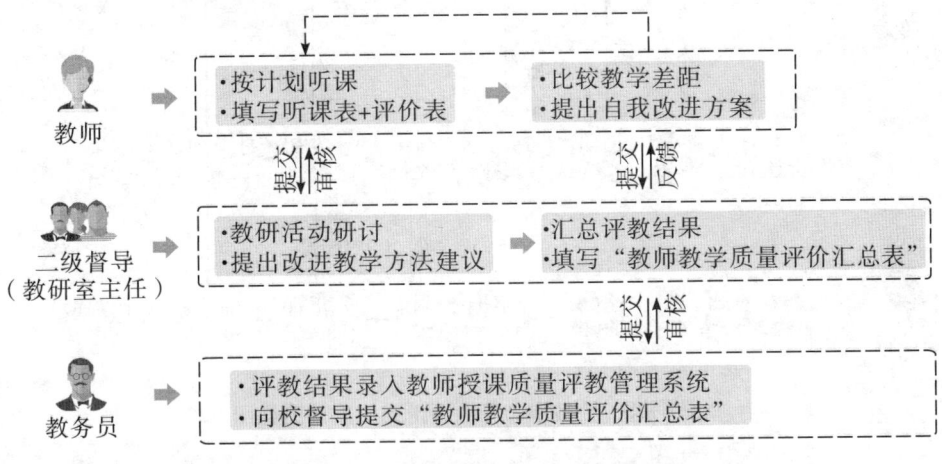

图6-7 同行听课评课工作流程图

6.2.2.4 企业

（1）实施理念。作为企业，参与质量监控，是建立多元参与质量保障机制的必然选择。企业参与的模式和通道因企业自身的原因和利益的考量，目前的参与只能是有限参与。我们洞察企业参与质量监控的必要性与有限性的交集，坚定"有所为，有所不为"的实施理念。

（2）实施细则。我们按照"总则""参与原则与工作职责""工作奖励与附则"三个部分制定了《行业企业参与质量监控实施细则》，规定了企业参与质量监控的工作职责，包括参与人才培养方案论证、参与顶岗实习评价、参与课堂教学评价、参与专业评价、参与满意度调查、参与信息反馈等。从制度上引导、规范各部门协同行业企业规范参与质量监控工作的同时，我们设立了奖励条款，激励企业界人士致力于校企合作下的质量监控的有限参与，深化我们职业教育产教的无限融合。

（3）实施流程。在企业参与人才培养方案论证、顶岗实习评价、课程教学评价、专业评价、满意度调查、信息反馈等的过程中，我们主要制定了企业参与专业评价的组织工作流程，见图6-8。在流程中，我们建立了必要的规则。如回避规则和培训规则，用以保证企业专家参与专业评价的独立性、专业性、开放性；协商规则，以确保行业企业参与专业评价的数据能有效用于发现专业短板，促进专业及时反思人才培养质量与学生发展之间、及与用人单位对岗位需求之间的差距，不断改进教学。

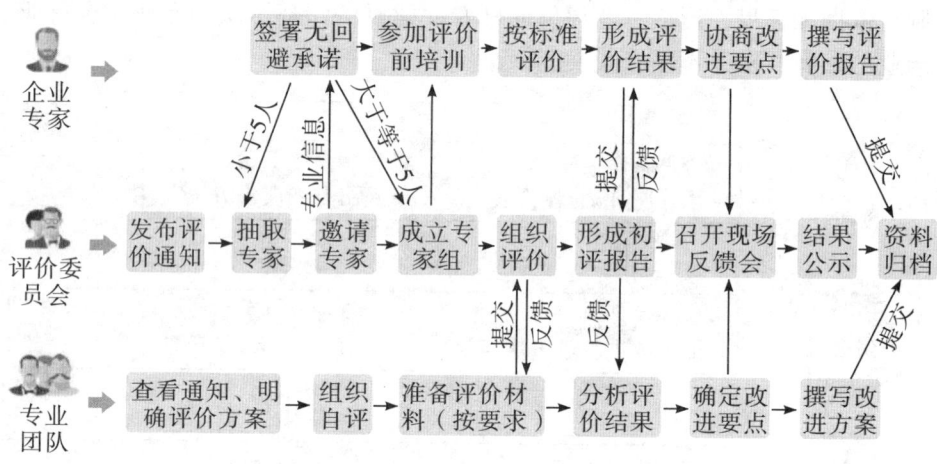

图6-8 企业参与专业评价组织工作流程图

6.2.3 工作计划与总结

6.2.3.1 校级督导

教学督导室是校级督导组的行政管理部门，按照部门岗位职责及学校发展需要制订每年、每学期总体的工作计划（见校级督导工作规范——工作计划与总结）。工作计划的内容包括"评课与常规巡查""制度与信息化工作""考核与激励改进""科研与社会服务""宣传与国际交流""难点与创新工作"六大模块。我们将学校整体的工作任务分解到教学督导室主任、督导室副主任、督导组组长、分管督导、办公室行政人员等不同岗位。个人依据每年、每学期的分解任务，依据不同岗位的工作计划与总结模板（"常规工作""其他工作""监控目标达成度""改进计划"四个部分），按月、学期、年度制订自己的工作计划及总结（见表6-2至表6-6）。

☆校级督导工作规范——常规工作清单

校级督导组常规工作清单

1. 每月5号，校督导提交"工作总结与工作计划表""教学质量信息反馈单"及"教学质量信息反馈单跟踪情况汇总表"。

2. 每月最后一周周五召开办公室例会，总结工作、处理问题、交流经验。

3. 每月出一期《教学督导监控月报》，不定期抽查教务处、实训中心等核心保障部门工作质量状况。

4. 每学期第1周，下发办公室本学期工作计划。

5. 每学期第3周，召开学生信息员工作会议，总结上学期工作，布置本学期工作。

6. 每学期第4周，召开全校督导工作会议，总结上学期工作，布置本学期工作。

7. 每学期第7周，召开全校学生信息员座谈会，初步了解教师上课情况。

8. 每学期第11~14周，布置教师教学质量评价反馈任务。

9. 每学期第15周，收集学生信息员"教师教学质量评价反馈意见表"。

10. 每学期第18周，收集二级督导组"教师教学质量评价反馈意见表"。

11. 每学期第19周，校督导提交本学期"教师教学质量评价反馈意见表"，统计、分析各类教学质量信息。

12. 每学期第20周，校督导组组长统计分析全院教学质量工作情况，提出综合改进措施。

13. 每学年第一学期第2~3周，评选教师授课质量优秀奖。

14. 每学年第一学期第8周，修改并完善各主要环节教学质量评价表。

15. 每学年第一学期第15~20周，开展应届毕业生满意度调查与职业能力测试。

16. 每学年第二学期第2~6周，开展二级督导典型案例评选。

17. 每学年第二学期第8~15周，开展应届毕业生顶岗实习满意度与教师满意度调查。

18. 每学年第二学期第18~20周，评选督导先进集体、个人及优秀学生信息员。

☆校级督导工作规范——工作计划与总结（办公室）

教学督导室××××年度工作计划

一、评课与常规巡查

1. 评教工作。(1)信息化系统。增加教师可以查看教学评价5个维度各期历史趋势功能，帮助教师进行自我反思。(2)学生培训。按计划组织召开全校"学生信息员（包括宿舍长）评教培训会"。(3)承诺书签署。组织××××级新生签署"教师授课质量诚信评价承诺书"，签约率100%。(4)建立"温室计划"教师档案，全面跟踪重点监控教师的授课质量过程与改进状况。(5)协同二级督导组开展以"钉课"为主的教研活动，让每节课聚集同行的智慧和个人的钉钉子态度、"工匠精神"，让目标"亮起来"、教材"活起来"、环节"细起来"、教师"动起来"、学生"学起来"，钉出课堂教学质量改进的"钉子文化"。

2. 日常巡查与专项巡查。按规定日常巡查与专项巡查，继续将实训课及同行听课情况做重点专项检查，每月抽查参加教研室同行听课评课教研活动，覆盖全部二级教学单位。规范"日常教学专项巡查汇总表"。

3. 专项调查。开展"教学质量学生满意度调查""顶岗实习企业评教评学调查""教师评教评学满意度调查"，跟踪分析调查结果及趋势，确保达成监控目标。

4. 信息反馈与改进。继续收集筛选多元主体在监控系统、"广轻学生信息圈"等反馈的信息，采用办公自动化系统反馈单、督导月报、数据发布等多途径反馈并从教师授课提升、部门工作整改、管理制度完善三方面督促改进。

二、制度与信息化工作

5. 严格执行粤轻院督字号各项制度；督促二级督导按照《教学督导工作分项考核实施方案》有计划、高质量完成各项工作，计划总结表填报质量优良。招聘2名专职督导员，进一步调整督导员专业、年龄结构。

6. 下发文件，进一步完善多元协同参与的质量监控体系。

7. 学生参与质量监控。完善学生满意度调查推广视频，继续开展"小参与·大素质"主题月系列活动。进一步完善"广轻学生信息圈"学生参与教学过程评价与监督功能，增加教师上课随意调整教学进度的反馈内容。

三、考核与激励改进

8. 考核、激励。评选"课堂教学质量优秀奖"、督导先进个人与优秀学生信息员，按《教师授课质量考核评价管理实施办法》，公布"正常授课、限制授课、暂缓授课"人员名单。

四、科研与社会服务

9. 科研工作。（1）按计划推进教育部人文社会科学研究一般项目（17YJA880044）。（2）做好中国职业技术学会科研规划项目（201619Y29）结题准备。

10. 社会服务。举办"课堂教学多方评价与促进教师发展实战培训班"。

五、宣传与国际交流

11. 宣传工作。（1）梳理教学成果奖资料，拍摄"借力信息化，多元协同参与质量监控"宣传视频，扩大社会影响。（2）拍摄完成学生满意度调查宣传视频，吸纳学生主动参与质量监控。

12. 对外交流。按计划到德国或澳大利亚学习质量监控，对标国际先进理念，进一步完善学校多元协同参与的质量监控体系建设。

六、难点与创新工作

1. 一流高职。按照项目计划，继续推进相关工作。（1）专业诊断试点。制订《"自我诊断+企业参与"专业评价试点实施方案》；选取1个样板专业完成评价信息化平台建设；与全国轻工职业教育教学指导委员会合作，推进企业参与专业评价试点在1个轻工类专业推广。（2）机制体制。完成日常监控指标计算公式的制定，颁布《教学执行单位及核心保障部门主要监控目标》，初测学校教学保障监控目标的达成度；完成多元参与质量监控流程1套；完成"多元协同人才培养质量监控体系"宣传电子画册和纸质画册。

2. 诊改工作。制订学校诊改工作方案，诊改网正式上线。

3. 委托工作。按职业教育与终身教育要求，开展全省人才培养质量跟踪调查。为我省创强考核、质量年报服务。

4. 推广工作。推广现有质量监控信息化管理平台在其他院校的使用，完成其他工作。

教学督导室××××年度工作总结

一、制度建设

1. 发布《关于进一步完善督导、学生和同行评教标准的通知》，完善多元评价主体对应6大类不同课程的评价标准（包括理论、体育、实验实训、顶岗实习、课程设计、毕业论文与毕业设计）及评教程序。

2. 发布《关于成立二级教学质量督导队伍的通知》，设立"学校—二级教学单位"两级教学质量督导机构，要求每个专业配备一名企业督导员，强化企业参与评教力度。发布《关于印发〈广东轻工职业技术学院教学督导工作实施细则〉的通知》，围绕两级督导机构的工作范畴和如何协同做好教学督导工作建立了两级督导质量监控目标计划管理"一页纸"制度。

3. 发布《关于印发〈广东轻工职业技术学院学生参与质量监控实施细则〉的通知》，扩大学生信息员队伍，进一步完善"学生参与评教组织流程"。围绕"小参与·大素质"，通过"广轻学生信息圈"组织全校大一、大二各班级394名学生学习文件；召开学生参与质量监控工作布置会，宣讲广轻学子如何通过"评教+反馈+调查+测试"参与质量监控工作。并向每个宿舍分发了"小参与、大素质，学生参与教学质量监控八问"宣传手册，组织班委开展"小参与、大素质"主题班会。

4. 发布《关于印发〈广东轻工职业技术学院行业企业参与教学质量监控实施细则〉的通知》文件，吸纳企业参与教学监控评价。学校督导、企业督导、企业专家共同参与了本年度学校各专业人才培养方案论证会。

5. 发布《关于进一步优化"多元协同参与的质量监控体系"的实施意见》文件，从监控目标体系、监控标准体系、监控内容与信息化监控工具、监控反馈改进机制、监控运行保障制度等方面为学校持续改善教学建立了良好的体系运行制度。

6. 发布《开展"温室计划"，加大优质课堂建设的实施方案》文件，重点监控并帮助授课课程学生评价80分以下教师的授课状况，引导教师使用学生学习效果调查量表对课堂教学自我反思。本年度对3位纳入"温室计划"的教师实施重点听课。

7. 发布《关于印发〈基于自我改进的课堂教学质量多元评价实施方案〉的通知》，为贯彻学校提出的"以学生为中心，守住三尺讲台"的教育理念提供制度保障。

二、常规工作

8. 日常及专项巡查。根据学校要求,对实训课及同行听课情况做专项检查。采取全体督导员集体巡查、分管督导员每天检查、督导组组长个别抽查等多种形式。特别是对教师同行听课计划执行情况、是否使用了新版同行听课本、听课评价表填写的规范性及质量、同行评语是否按1∶1∶1的原则(至少反馈1个优点、1个缺点和1个改进建议)录入系统进行了地毯式检查。日常巡查由张督导每日巡查一次,督导集体专项巡查20次,参与并检查教研活动15次,覆盖全部二级教学单位。

9. 专项调查。协同二级学院组织顶岗实习单位开展历时一个月的"顶岗实习企业评教评学"调查,本次调查对象为每个专业选出3个顶岗实习单位,共发出346份问卷调查,全校调查问卷平均回收率为65%,达到要求。其中调查指标"顶岗实习企业打算继续接收学生实习或录用毕业生"的比例平均超过85%;协同二级学院组织2014级学生参加"教学质量学生满意度问卷调查",历时一个月,总计参加调查学生人数6 728名,学生参与率达71.51%。结果显示,近几年学校在校生对教学满意度逐年提升,本次调查教学满意度为4.02分(5分制)。

10. 评教工作。(1)信息化系统。进一步完善了教师授课质量评教管理系统,实现教师通过系统查看督导、同行评语功能,与教师各项教学考核评价工作对接;研发"学生评教评分数字化统计表",简化学生评教过程,降低评价分数汇总过程中人为计算的错误率。(2)学生培训。按计划组织召开全校"学生信息员(包括宿舍长)评教培训会",全年累计对学生信息工作组、学生信息员宿舍长7 350余名学生,共40次,开展教师授课质量评价培训。(3)承诺书签署。组织2017级新生签署"教师授课质量诚信评价承诺书",签约率100%。(4)邀请华南师范大学教授进行专题讲座,为全体专兼职教师正确面对"学生—督导—同行"三方评价结果,更好地贯彻学校提出的"维护三尺讲台尊严,以学生为中心"的教育理念奠定基础。(5)本年度,全体督导员共听课1 870节,参与二级学院公开课、微课比赛7次。按照《教师授课质量考核评价管理实施办法》,"限制授课、暂缓授课"教师为0,全体教师都属于"正常授课"。多方参与评教率(学生评教率≥95%;同行评教率≥99%;社会参与评教率≥70%)达标,教师整体授课质量优良(学生评教91.1分,三方综合评教91.4分,学生评教≤75分的比率为0、≥90分的比率70%)。

11. 信息反馈与改进。每月发布1期《教学督导监控月报》，共10期。通过办公自动化系统向教务处、二级学院督导组反馈13次，通过邮箱向教师及二级学院督导组长反馈37次，督促改进并完成6项，如电教中心4月制定了《多媒体管理员工作手册》，保障多媒体教室满足授课需要。

12. 宣传工作。（1）中国高职高专网教学改革特色栏目以《广东轻工职院"三结合"，"多方"共建课堂教学"质量屋"》为题，对我校教学督导室通过"三结合"，以督导、学生、同行（以下简称"多方"）评价标准为"基"，评教工作内容、管理流程与信息平台化为"柱"，重点跟踪评价80分以下教师的改进，撑起课堂教学质量目标"顶"，共建课堂教学"质量屋"进行了报道。（2）开展"小参与·大素质"主题月系列活动，通过海报宣传、组织学生开展学生参与质量监控主题班会等活动，让学生了解参与质量监控的环节和流程。（3）向宣传部提交学校宣传画册教学督导室活页。

13. 对外交流。接待3所院校同行来访学习，其中，肇庆医学高等专科学校教学质量监控办公室一行12人、广东水利电力职业技术学院教学质量管理办公室主任一行6人、广东交通职业技术学院质量监控管理中心主任一行3人。到首批国家示范校成都航空职业技术学院、四川交通职业技术学院进行交流。

三、重点工作

14. "创强"及一流高职建设。（1）9个高水平建设专业试点专业自我诊断。按照"一流高职"及创强建设要求，召开"自我诊断+企业参与"专业评价试点工作推进会、"一流高职高水平专业评价工作推进会"。组织"3+6"专业按推进计划完成自评数据的采集、学生及雇主满意度调查、自评及企业参与专业诊断性评价的相关工作。全国轻工行指委、广东省轻工业协会同意协同开展此项工作。（2）机制体制。完成《多元协同参与的人才培养质量监控体系研究与实践》的中英文对照宣传册的印刷及电子书的制作工作；制作《学生参与教学质量监控八问》手册、PPT，帮助学生有效、全程、全员参与质量监控工作；制作《学生职业能力测试系统使用说明手册》；完善日常监控指标计算内涵，为量化考核、测量学校监控目标的达成度、持续改善教学保障条件奠定基础。

15. 获奖、科研与社会服务。（1）获奖3项。"高职院校学生学习成果评价研究与实践"在广东省高等职业教育教学改革项目结题验收中鉴定结果获优秀；"广东高职人才培养质量跟踪系统"获2017年广东省计算机教育软件评审活动一等奖；"多元协同参与的人才培养质量监控体系研究与实践"

获 2017 年校级教学成果奖一等奖。(2) 获知识产权 4 项。"教师评教评学满意度调查系统 V1.0""教学质量学生满意度调查系统 V2.0""教师授课质量评教管理系统 V3.0""学生职业能力测试系统"等 4 项国家软件著作权。(3) 省、国家级课题 2 项。开展中国职业技术教育学会科研规划项目（201619Y29）1 项；成功申报教育部人文社会科学研究一般项目（17YJA880044）1 项。(4) 培训 4 项。完成学校继续教育学院"广东省中高职衔接"培训、"江西省赣州市龙南职业中专教师综合素质提升"培训及食品学院"广东省中高职衔接"项目培训；受广东省教育厅委托在"广东高职院校内部质量保障培训班"做主题培训。(5) 省、国家案例 2 项。入选 2017 年国家、广东省高职教育质量年报案例。

四、其他工作

16. 全省人才培养质量跟踪调查。完成全省学生、雇主满意度调查，并为省年报提供数据服务。发送学生调查问卷 129 780 份，回收 8 323 份；雇主问卷 3 108 份，回收 362 份，历时 10 个月。

17. 上级检查及协助工作。(1) 提交"创新强校工程"考核中关于"教学工作诊断与改进"项目的中期检查材料及学校特色项目的申报材料。(2) 参与学校申报广东省依法治校示范校项目，提交了"依法治校——教学督导室文件制订过程规范材料""依法治校——教学督导室特色概述及佐证材料"等。(3) 与职教集团一起，提交我校"开发多元监控系统，开启'企业参与专业评价'新模式"案例代表学校竞争性申报全国 2017 年集团化办学典型案例汇编。(4) 提交广东省教育厅典型案例征集申报材料。(5) 向学校审计部门提交了学生职业能力测试等项目审计材料。(6) 完成数据采集平台相关数据的填报与审核工作。(7) 协助人事处审核《具备一、二级专业技能证书教师课酬审核与考核工作》的教师授课质量综合评价成绩。(8) 提交质量年报教学质量监控及案例部分材料。(9) 向学校提交了《教学督导工作 2017 年分项考核实施方案》，组织制定了涉及教师考核、职称评审等关于教学评价部分的指标。

五、监控成效

18. 多方参与评教率、教师授课质量、学生学习成果、多方满意度、教学事故五大维度监控目标的达成度全部实现；教务处、现代教育技术中心、实验实训中心、后勤产业处 4 个核心保障部门关键监控项目的失误次数减少，目标内涵的统计计算公式正在不断完善，为下一年度测量评价其达成度奠定基础。

☆校级督导工作规范——工作计划与总结（督导员）

表6-2 校督导月度计划与总结表

日期	2016年12月30日	周次	第15~18周	填报人	×××
12月完成工作情况简介	\multicolumn{5}{l	}{1. 评课： ①日常评课：55节，其中：××学院20节，××学院33节，其他部门2节；广州校区23节，南海校区32节；理论课38节，实训（验）课17节。 ②专项听课：学生评分80分以下授课教师0名；中层干部授课3名，分别是×办李××、××处李××、××中心何××；新入职或首次任课老师0名。外聘任课教师3名，××学院李××、周××，××学院魏××。 2. 巡查：常规巡查15次，专项巡查10次，发现的主要问题：××学院××专业14级学生迟到较多。 3. 两级督导协同工作：参与3次，主要内容：××、××学院学生迟到、新教师授课质量问题。 4. 信息反馈：办公自动化系统反馈单0次。 5. 督促改进：2项，其中：教师授课质量改进1名，分别是××学院外聘教师李××；部门工作整改1项，分别是××学院学生座谈会意见反馈问题。 6. 其他工作： ①调查：参与调查0次。 ②评优、会议：通知××、××学院学生信息员进行实训评教，审核理论课评教成绩。 ③学校及部门安排的其他工作：审核理论课评教成绩}
发现问题	\multicolumn{5}{l	}{新教师和外聘教师教学方面的问题，学生迟到问题}
解决措施	\multicolumn{5}{l	}{与二级学院领导沟通}
\multicolumn{6}{c	}{第19~20周工作计划}
1月工作计划	\multicolumn{5}{l	}{1. 整理听课记录，做好本学期督导工作总结。 2. 撰写学期信息反馈并与分管学院领导交流反馈。 3. 参加实训课巡查和期末考试巡查。 4. 按要求进一步落实实训课评教工作。 5. 做好办公室交办的其他工作}

表6-3 校督导学期计划与总结表

日期	2017年1月6日	学期	2016—2017-1	填报人	×××

常规工作	1. 评课： ①日常评课161节，其中：管理学院89节，财贸学院67节，其他部门11节；广州校区150节，南海校区11节；理论课151节，实训（验）课10节。 ②重点评课：本学期学生评分≤80分的课程0人；新教师授课3人，听课3人，学生评教平均分89.5分；中层干部授课8人，听课8人，学生评教平均分90分；外聘教师授课7人，听课7人，学生评教平均分88.9分。 ③召开信息员会：4次，到会率97.5%，学生诚信评教签约率100%。 2. 巡查：常规巡查36次，每周2次，专项巡查3次；发现的主要问题：××学院15级学生和外聘教师迟到现象。 3. 两级督导协同工作：参与14次，主要内容：监督清单填报、二级督导改选、听课交流、学生意见印证回复、同行评分。 4. 信息反馈：办公室自动化系统反馈单3次，主要内容：××学院15级学生和教师迟到情况，以及教师课前准备不充分现象。 5. 督促改进：1项，其中：部门工作整改1项，××学院外聘教师资历把关不严问题
其他工作	1. 调查：参与调查1次，学生参与满意度调查和职业能力测试，参与率100%。 2. 学校及部门安排的其他工作： ①课后交流，录入成绩； ②督促和跟进分管院部学生信息员、二级督导、企业督导的组建和调整工作； ③撰写集体听课反馈意见稿，教学评语撰写及录入； ④教学质量监控表（清单）填报，教师职称申报的评语撰写； ⑤全校学生信息员工作会议的组织、会务和主持工作； ⑥分管院部学生评教评分工作跟进与指导； ⑦督促和跟进分管院部开展同行评教工作； ⑧与院部主管和分管教学领导交流沟通，并反馈期末学生评教情况，及征求督导工作意见
监控目标达成度	1. 多方参与评教率：未达到目标分管院部，无；未完成的目标项，无。 2. 评教结果：未达到目标分管院部，无；未完成的目标项，无。 3. 教学事故：发生教学事故的院部，无
改进计划	1. 以评教标准为指引，在评教中，广泛听取学生意见，参考历史评分。 2. 对有争议性的、低评、新入职和外聘教师，作为重点跟进听课对象，并与他们多交流沟通。 3. 巡查发现的问题，应及时与分管学院领导反馈，对反复出现的问题，应提交办公自动化系统平台反馈

表6-4 校督导组长月度计划与总结表

日期	2016年12月30日	周次	第15~18周	填报人	×××
12月完成工作情况简介	1. 听课10节。 2. 学生评教成绩录入主要问题：①找不到课程，主要发生在公共课的外聘教师、新教师和少部分的调停课；②实训课评分时，学生分不清是理实一体课还是单独实训课。 3. 两次实训课集体巡查，检查教师的教学文件、教学纪律、教学质量。发现问题：①多个实训室同时用网络，出现信息通道堵塞。②机电学院单板机实训，计算机数量不足，学生自带手提电脑。 4. 将"广轻学生信息圈"12月份学生反映的有关教学设备问题，与电教中心处长、实训中心主任交流，并将问题提交，大部分问题已经得到处理解决，个别需要更新的设备，已列入2017年的采购计划中。 5. 12月6日在903室进行教师授课三方评教介绍，参加人员：①应用外语与国际交流学院全体教师；②财贸学院全体教师；③校内行政兼课教师；④前期没有参加介绍的教师。 6. 测试教师授课评价管理系统同行评语功能，将测试后的修改建议反馈给教师：督导员应看到同行评语，问题已得到解决。 7. 撰写《教学督导监控月报》					
发现问题	新教师和外聘教师教学方面的问题、学生迟到问题				
解决措施	与二级学院领导沟通，制订督促改进计划				
第19~21周工作计划					
1月工作计划	1. 二级督导队伍名单汇总、督导细则修订、成立督导队伍的文件。 2. 准备专业诊断与评价在食品学院试点的专家评审会。 3. 2016年督导组工作汇总				

表6-5 校督导组长学期计划与总结表

日期	2017年1月6日	学期（年度）	2016—2017-1	填报人	×××

常规工作	1. 评课：①专项评课27节，其中：上学期学生评分80分以下授课教师17名，学生评教平均分88分；②组织召开学生信息员培训会、全校信息员评教动员大会，评教宣讲3次，汇总全校学生诚信评教签约情况；③组织集体听课4次。 2. 巡查：组织集体巡查8次，其中：专项巡查4次。①广州：与实训中心联合检查实训课程；②南海：与教务处、实训中心：检查教师授课纪律和学风；③南海期末实训巡查2次。 3. 信息反馈：①填写办公自动化系统反馈单2次。教务处：外聘教师迟到、多媒体设备维修、学风问题、排课问题等。②与部门负责人交流5次：教务处2次、实训中心1次、学生处1次、艺术设计学院2次。③发布《教学督导监控月报》4期。 4. 督促改进：电教中心、实训中心的教学设备问题。 5. 审查与考核：①审查督导评课记录规范情况及资料归档完成情况4次；②审查月度计划与总结完成情况4次；③考核学期评优及其他工作完成情况：教师授课优秀奖、督导先进个人、优秀信息员名单汇总、网上发布等；④督导评语的撰写；⑤学生评教异常数据的处理、未评教课程的检查
其他工作	1. 调查测试：参与调查测试1次，学生职业能力测试。 2. 评优工作：组织完成课堂教学优秀教师推荐、二级督导评先、优秀学生信息员评选。 3. 其他工作：①教师授课质量评价标准修订；②学生信息圈建立与学生问题的反馈；③测试教师授课评教平台的同行评语的功能。 4. 协同工作：①全校教师：教师授课三方评教介绍；②二级教学单位的督导队伍名单收集。 5. 学校及其他部门工作：①协助教师发展中心：广轻教师信息系统填报；②协助人事处组织职称教师评语撰写；③协同教务处检查教师同行听课情况
监控目标达成度	1. 多方参与评教率：全校未达到目标院部，无；未完成的目标项为，无。 2. 评教结果：全校未达到目标院部为××学院，学生评教75分以下教师1名；其他未完成的目标项，无。 3. 教学事故：发生教学事故的院部：无
改进计划	1. 学生评教问题改进：①强化评教标准的实施；②宿舍评分表改为有评教标准的模板。 2. 专项听课：扩大集体听课范围至学生评教85分以下教师。

☆校级督导工作创新——精准督导行动计划

表6-6 校督导组月度/学期工作汇总表

内　容	王××	范×	郑××	陈××	杨××	张×	汇总
1. 听课评课节数							
1-1 广州/南海听课							
1-2 理论/实践课							
1-3 集体听课							
1-3-1 评教85分以下							
1-3-2 首次任课教师							
1-3-3 外聘教师							
1-3-4 中层干部							
1-4 专项听课							
1-4-1 现代学徒制							
1-4-2 中高职衔接							
1-4-3 高本衔接							
1-4-4 中外合作专业							
1-4-5 美育课程							
1-5 学生评教管理							
1-5-1 召开信息员会							
1-5-2 诚信评教签约率							
2. 巡查次数							
2-1 日常巡查							
2-2 专项巡查							
3. 协同工作项数							
3-1 听课评课教研活动							
3-2 公开课、金牌讲师评比							

续上表

内　容	王××	范×	郑××	陈××	杨××	张×	汇总
3-3　培养方案、课程标准论证							
3-4　二级督导组培训							
4.　信息反馈次数							
4-1　填写OA反馈单							
4-2　电子邮件反馈							
4-3　面对面交流							
5.　督促改进项数							
5-1　教师授课改进							
5-2　部门工作整改							
5-3　管理制度完善							
6.　其他工作							
6-1　专项调查							
6-2　评优评先							
6-3　其他工作							

督促改进说明：

表 6-7　二级督导组学期计划与工作总结表

学期		督导组名称		分管校督导		填报人	
常规工作	1. 评教结果 ①教师授课质量评价：三方综合评价平均分值为____；专任教师排名前三的教师是：____，____，____；排名后三的教师是：____，____，____；填报"教师教学质量同行评价汇总表"（每学期填一次）和"同行评教情况统计表"（每学年第二学期填一次，上报数据采集平台供"8.7 评教情况"用）。 ②学生评价 80 分以下教师：无□，有□：请依次罗列出教师姓名、课程名称、学生评分、主要问题。 ③二级督导组集体听课：____次，请依次罗列出授课教师，课程名称。 ④第一学期 6～10 周，组织大一学生签署《诚信评教承诺书》，签约率____%（目标：签约率≥95%）。 2. 多方评教 ①同行评教率____%（目标：评教率≥95%）。 ②社会参与评教率____%（目标：评教率≥60%）；填报"社会参与评教统计表"（每学年第二学期填一次，上报数据采集平台供"8.7 评教情况"用）。 ③二级督导参与顶岗实习调查：无□，有□：____次；参与现场巡查：无□，有□：____次。 3. 教学事故发生率 ①重大教学事故发生：无□，有□：____次；②较大教学事故发生：无□，有□：____次；③一般教学事故发生：无□，有□：____次；④各类教学质量事故投诉受理率____%。 ※以下 4～5 项，皆为二级督导协同校分管督导组织学生/教师/企业参与，结果以访客查询。 4. 多方满意度 ①每年 4 月，协同组织紧密型企业参与"顶岗实习单位满意度调查"，对学生综合素质满意度为____（目标：参与率≥50%，满意度≥3.75，5 分制）。 ②每年 1 月，协同组织应届毕业生参与"教学质量学生满意度调查"，学生总体满意度为____（目标：参与率≥85%，总体满意度≥3.75，5 分制）。 ③每年 6 月，协同组织教师参与"教师满意度调查"，对学校的总体满意度为____（目标：参与率≥85%，总体满意度≥3.75，5 分制）。 5. 学生学习成果 每年 1 月，协同组织应届毕业生参与"应届毕业生职业能力测试"，抽测平均分____（目标：参与率≥85%，测试抽测各项能力平均分≥24，30 分满分）							
其他工作	1. 督促学风建设情况：如日常巡查____次、迟到率____、旷课率____、期末考试通过率____等。 2. 教学竞赛及公开课情况：如公开课____次、教学实践观摩____次、教学竞赛____次等。 3. 企业督导参与督导工作情况。 4. 二级督导典型案例完善情况							
改进计划	对于没有达到目标值或自我分析认为属于薄弱环节的，需要制订改进计划							

6.2.3.2 二级督导组

按照《教学督导工作实施细则》中规定的二级督导工作任务,我们结合校级督导组常规工作清单,将工作任务以"学期计划与工作总结'一页纸'模板"(见表6-7)的形式分解到各二级督导组。二级督导组根据"一页纸"模板内容,按计划开展各项工作,自我管理、自我监测各项工作计划目标的达成度,并及时改进。"学期计划与工作总结'一页纸'模板",是我们针对两级督导协同履职的特点,按照我们提出的"1×1"的工作指导标准,即"1系列常规工作×1项特色项目"的方法,辅导和指导二级督导组在常规工作中,针对自身面向的专业及专业群特色,做出成效、有特色的项目,以保障我们工作目标的顺利实现。

6.2.4 绩效管理与考核

绩效首先是一种结果,即做了什么;其次是过程,即用什么样的行为做的;再次才是绩效本身。绩效管理是管理者与员工之间在组织目标与如何实现组织目标达成共识的基础上,通过帮助和激励员工实现组织目标的管理方法。绩效管理是管理者与员工之间持续不断地采用PDCA循环进行业务管理的循环过程,目的仍然是实现组织的工作目标。考核是将集体和个人的努力与组织目标相连接,并通过计划、组织、指挥、协调与控制的手段使之实现的过程。考核可以保证组织目标的实现、促进管理和业务流程优化、促进组织和个人绩效的提升。绩效管理包括绩效考核本身,但不仅仅限于绩效考核。

在绩效管理中,需要通过制定目标影响员工的需要,从而激发人的行动。20世纪30年代以来,国外的管理学家、心理学家和社会学家提出了许多激励理论,包括弗洛姆的期望理论、洛克和休斯的目标设置理论、波特和劳勒的综合激励模式、亚当斯的公平理论、斯金纳的强化理论等。这些理论告诉我们,通过实行目标激励、创建适合组织特点的文化、考虑到个体差异、建立和实施多跑道多层次的激励机制,能够激发人正确的行为动机,提高组织的运行绩效,实现组织的目标。

我们提出了"管理至零"的理念,即"$1-1^1$"。它的内涵是通过帮助员工树立1系列目标,守护员工"愿意变成更好的自己"的1粒"种子",播撒信任他们"愿意变成更好的自己"的1米"阳光",打造我们的绩效管理与考核组织文化。依据监控目标、评价标准、工作内容,我们分别对教师—二级督导组—保障部门—督导员进行绩效评价,扩大评价数据在考核、激励、改进方面的渗透应用,"考核—激励—改进"三驾马车并行。

此外，通过加强对"教师—教学单位—保障部门"质量事故的处理力度，并从"教师授课提升、部门工作整改、管理制度完善"三个方面督促改进，确保学校质量目标的实现。

6.2.4.1 教师授课考核、激励与改进

尽管不少教师对授课评价有或多或少的微词，不可否认的是，授课评价的结果反映了教师授课质量的水平，将授课评价结果纳入职称评审、岗位聘任的重要指标，是大多数高职院校落实以教学为中心的重要抓手。这无疑是一种积极的评价考核措施，但单一或者主要采用这种措施的弊端是强调了评价的甄别功能，"胁迫"教师改进教学。"胁迫"体现的是教师内心对教学改进行为的抵触，体现的是前三代教育评价理论"浓厚的管理主义倾向"。我们认为，教师授课质量的持续改进需要外部的"胁迫型"评价，更需要教师"愿意变成更好的自己"的"种子"和学校信任教师"愿意变成更好的自己"的"阳光"。经过多年实践，我们对评价结果的应用从"胁迫"走向引导，考核、激励、改进"三驾马车"并行。如颁布《教师授课质量考核评价管理实施办法》对教师授课门数实施"正常、限制、暂停"三级管理，设立"课堂教学质量优秀奖"奖励专业群内授课优秀教师，制订《基于自我改进的课堂教学质量多元评价实施方案》引导并帮助教师自我改进等。特别是对"限制、暂停"授课的"幼苗""枯枝"教师，通过《开展"温室计划"，加大优质课堂建设的实施方案》，由专职督导员和教师共同锁定教学短板，制订改进计划，共同跟踪学生学习反馈及改进成效。

> ☆教师授课质量考核——"正常授课""限制授课""暂停授课"
>
> ## 广东轻工职业技术学院教师授课质量考核评价管理实施办法
>
> 粤轻院教质〔××××〕×号
>
> 第一章 总 则
>
> 第一条 为鼓励教师提高课程授课水平，建立有效的教学质量评价体系，保障教学质量稳步提高，制定本办法。
>
> 第二条 本办法坚持有利于提高学校办学效益，有利于促进教师注重教学质量、专注自身专业成长，有利于调动教师完成教学任务积极性的原则。
>
> 第三条 对教学质量的考核以学生评价为主。专职督导、学生、

同行与系二级督导三方评价结果按权重综合评定教师教学质量等级。考核过程实行"三公开"：评价标准公开、评价方法公开、评价结果公开。

第四条 考虑不同专业大类及专业群授课特点，以系（院）部为单位，根据教学质量评价分数及排名，采取不同措施，引导、激励教师上好每一门，每一堂课，以满足学生学习的需求。

第二章 考核评价方法

第五条 教学质量考核评价的对象是所有校内专任和校内兼课教师。

第六条 教学质量考核评价涉及教师授课的不同类型，包括理论课、实验实训、顶岗实习、毕业设计等。

第七条 教学质量考核评价结果以"教师授课质量评教管理系统"学生、同行、督导三方评价结果为依据。考核评价实施动态管理，每学期考核评价一次。考核评价结果分为"正常授课""限制授课""暂停授课"。

第八条 教师担任多门课程授课任务，其中有1门学生评价在75分以下的教师，考核结果为"限制授课"，将限制教师授课门数。

第九条 满足以下条件的，考核结果为"暂停授课"，将暂停教师授课：

1. 担任1门课程授课任务，学生评价在75分以下的教师；
2. 教师所授课程学生评价在系（院）部排名为最后一位，且所授全部课程三方综合评价在80分以下的教师。

第十条 考核评价结果可在"教师授课质量评教管理系统"查询；绩效评价办公室在每学期末公示"正常授课""限制授课""暂停授课"教师名单。

第三章 考核评价工作的组织

第十一条 学生评价。每学期初，由系（院）部组织全体学生集中学习评价标准、评价流程及评价注意事项等文件，并让学生签署"教师授课质量诚信评价承诺书"。督导组在每学期第14周和第18周组织学生信息员实施学生评价，评价结果由学生信息员汇总经班级公示后在第15周和第19周录入教师授课质量评教管理系统。

第十二条 专职督导评价。专职督导评价由绩效评价办公室在每学期第1~19周组织督导随机听课实施，并即时将评价结果录入教师授课质量评教管理系统。

第十三条　同行与系二级督导评价。同行与系二级督导评价由各院系部二级督导在每学期第 18 周之前根据授课任务组织随机听课实施，要求覆盖到评价当期每位教师所授全部课程，并在第 19 周将评价结果录入教师授课质量评教管理系统。

第四章　考核评价结果的管理

第十四条　教师教学质量评价考核为"限制授课"的教师：

1. 专职督导、系（院）部督导组组长要联合与教师本人约谈，指出问题、研究改进措施、制订改进计划，帮助其提高教学水平。学校督导和二级督导对其下学期的教学质量要进行重点跟踪，每月听课≥1 节。

2. 下一学期授课门数不能超过 2 门且授课总学时不能超过 200 学时。

3. 经专职督导、系（院）部督导、教务处、人事处联合组织的试讲方可恢复该门学生评价 75 分以下课程的授课。

第十五条　教学质量考核评价为"暂停授课"的教师，下一学期暂时不再安排授课任务。但必须完成以下工作：

1. 每周听系（院）部指派优秀教师授课课程，节数≥6 节（实训、考试周除外）。

2. 开展相关课程建设工作，重新完善教案（PPT）、试题库或下企业收集教学案例等。

3. 参加校内外组织的各类教学法的业务培训等。"暂停授课"期间没有完成上述工作的，年度考核定为不合格并由人事处扣发校内津贴。

第十六条　教学质量考核评价为"暂停授课"的教师，经专职督导、系（院）部督导、教务处、人事处联合组织的试讲方可恢复授课。恢复授课第一学期门数不能超过 1 门。

第十七条　在聘期内累积有 2 次及以上的教学质量考核评价为"暂停授课"的教师，聘期考核结果为不合格。

第五章　附　则

第十八条　若学校整体授课质量提升，经学校办公会议讨论，可适当调整"限制授课"和"暂停授课"考核评价条件。

第十九条　本办法由绩效评价办公室负责解释。

第二十条　本办法经校长办公会议审议通过，自××××年×月××日起施行。

☆教师授课质量激励——"课堂教学质量优秀奖"

关于设立"课堂教学质量优秀奖"的通知

学校各部门：

为提高教师课堂教学质量，鼓励教师爱岗敬业，经研究决定设立"课堂教学质量优秀奖"表彰课堂教学授课质量突出的教师，进一步提高我校教学质量。该奖项每学年评选1次，每系评选1名，每个获奖者奖励1 000元，现将评选规则颁布如下：

一、评选范围：二级督导组所属全体专任教师〔系（院、部）级领导、省级以上教学名师不参与评选〕。

二、评选办法：

1. 由分管校督导提供教学质量优秀奖候选人名单。候选人必须具备以下条件：

（1）每学年教师授课质量评教管理系统中，必须有一门理论课程督导、学生、同行评价均在90分以上。

（2）分管督导对符合条件（1）的教师每学年所有授课课程的综合评价成绩按照从高到低的原则向各系（院、部）推荐不少于5名候选人（综合评价成绩按所有授课课程督导、学生、同行评价平均值分别占25%、60%、15%的比例计算）。

（3）若系（院、部）没有满足条件（1）的教师，单门课程可适当放宽，由分管督导协同系（院、部）按照综合评价成绩从高到低的原则向各系（院、部）推荐不少于5名候选人。

2. 各二级督导组在候选人名单范围内，经集体讨论或根据自己制定的系（院、部）评选办法以书面材料（负责人签名并加盖公章）向教学质量监控办公室推选1名获奖教师。

3. 教学质量监控办公室汇总系（院、部）上报的名单，经教学科研教授咨询委员会审核、学校公示等环节，确定获奖人员名单，并在相关会议上对获奖教师进行表彰。

特此通知

××××年××月××日

☆教师授课质量改进——"温室计划"

开展"温室计划",加大优质课堂建设的实施方案

粤轻院督〔××××〕×号

在教学督导室以标准为"基",评价流程工作规范为"柱",建设广轻"课堂教学质量屋"的过程中,经过全校教师的共同努力,我校三方综合评价小于85分的比例由2009年的38.7%降低至2016年的3%。为贯彻以学生为本的教育理念,进一步撑起课堂教学评价的目标"顶",根据教育部《关于深化高校教师考核评价制度改革的指导意见》中第八条:"学校应实行教师自评、学生评价、同行评价、督导评价等多种形式相结合的教学质量综合评价"的文件精神,结合我校一流高职建设情况,经研究决定,对于授课课程学生评价80分及以下的教师,启动"温室计划"。主要措施如下:

1. 自评教师范围。上学期授课课程学生评价80分及以下的教师(包括外聘教师),下学期授课全部课程均增加自评环节;80分以上的老师可自愿向学校督导组组长申请参加自评。

2. 教师自评步骤。

(1) 教师在授课课程进度实施1/3~1/2左右时段,可参考教学督导室提供的教师自评参考量表和学生感受及学习效果的调查问卷,或结合课程实际情况自己设计自评量表和学习效果调查问卷进行自我评价。

(2) 教师自评后根据结果撰写对应的教学改进措施,上报学校督导组组长。

(3) 督导组组长或校级分管督导重点跟踪听课,帮助老师改进弱势环节。

3. 自评结果分析。全校评教结束后,教师、学校督导组组长查看学生评价结果,若≥80分,解除自评;若<80分,校督导协同教师所在二级督导组召开学生会议,倾听学生意见,帮助老师分析,以便进一步改进,直至学生评价≥80分。

附件1:教师自我评价参考量表(教师用,略)

附件2:学生感受及学习效果的调查问卷参考模板(学生用,略)

6.2.4.2 核心保障部门考核、激励与改进

按照《教学执行单位及核心保障部门主要监控目标》,我们设立了专职巡查岗,负责每天的教学巡查和专项教学巡查,评价核心保障部门的教学保障服务质量。我们将巡查情况按天记录,按月统计并填入"日常教学

专项巡查监测一览表",反馈主要监控项目的实际情况,跟踪未达标项目改进的落实情况及改进效果。每学期末,我们将主要监控目标达成度的结果在《教学督导监控月报》上公布,并通过在"点赞榜"上公开改进效果等措施,践行我们"管理至零"的组织文化。

6.2.4.3 二级督导组考核、激励与改进

按照《教学执行单位及核心保障部门主要监控目标》,我们从二级督导工作考核标准(见表2-16)的4个考核项目中将KPI指标分年度纳入"二级督导组年度工作目标责任制考核分指标"(见表6-8),并通过"二级督导组典型案例评选活动"(见二级督导组激励——典型案例评选)、"二级教学督导先进评选表彰实施办法"(二级督导组激励——先进评选表彰)、《教学督导月报》设立"点赞榜"等措施,践行我们"管理至零"的组织文化。

☆二级督导组考核——年度工作目标

表6-8 二级督导组年度工作目标考核分指标

二级指标	三级指标	分值	评分标准及方法	考核部门
			2017年度目标	
教学质量监控(4分)	教学质量评价	2分	①本学年在校任课专任教师同行听课评课评语全覆盖,且按时填报,得1分。 ②没有学生评价<80分课程的教师;或二级督导组对学生评价<80分课程的教师开展集体听课,并有集体听课评价意见及建议,得1分。 注:二级学院所聘专兼职教师课程授课质量有学生评价<75分的,本项不得分	教学督导室
	服务对象满意度调查	1.5分	按"创新强校"考核指标要求: ①组织协助"顶岗实习调查",用人单位参与率≥50%,得0.5分。 ②组织协助"教师满意度调查",教师参与率≥50%,得0.5分。 ③组织协助"学生满意度调查""学生职业能力测试",学生参与率≥50%,得0.5分	
	二级督导工作	0.5分	二级督导工作特色鲜明,提供了典型案例,包括200字以内的特色描述和图片说明且在校园网上宣传二级督导开展工作,得0.5分	

☆二级督导组激励——先进评选表彰

广东轻工职业技术学院二级督导先进评选表彰实施办法

为切实加强教学督导工作，进一步规范我院教学督导激励机制，根据《广东轻工职业技术学院教学督导工作细则》等相关规定，特制定本办法。

一、评选工作的组织

二级教学督导工作先进集体和先进工作者的评选，从2010年起，原则上每年开展一次，在分管院领导的领导下，由院教学质量监控办公室具体组织实施。各系（院、部）负责组织本系（院、部）的评选推荐工作。

二、评选范围和对象

1. 二级督导先进集体的评选范围：各系（院、部）督导组。

2. 二级督导先进个人的评选范围：各系（院、部）督导组和院教学督导组的全体专、兼职督导。

三、评选条件

1. 二级督导先进集体

（1）二级督导组的年度工作有计划、有总结。

（2）经常开展以教学质量监控为内容的活动，如教师教学质量等级的评定、召开学生代表座谈会、专题调查等。

（3）经常深入课堂和实践场所听课，根据教学质量评价标准对听课对象教学质量评定等级，二级督导组全体成员全年累计听课数不小于全年规定听课的任务数。同行评教、社会参与评教率较高。

（4）机构健全，人员落实，有专兼结合的督导队伍，重视督导人员的培训，凝聚力强，团结和谐，求真务实。

2. 二级督导先进工作者

（1）熟悉党和国家的教育法律法规、方针政策和教学督导业务，全面贯彻科学发展观，热爱教学督导工作，自觉遵守《广东轻工职业技术学院教学督导工作细则》，模范履行职责，具有奉献精神。在教学督导工作中结合教学改革实践，积极进取，认真钻研，工作具有开创性，成绩突出。

（2）积极参与二级督导组以教学质量监控为内容的活动（如教师教学质量等级评定、学生代表座谈会、专题调查等），完成或超额完成个人的听课任务。

（3）实事求是、客观公正地对被评价对象进行评价。

四、评选表彰办法

1. 各二级督导组负责组织本单位先进集体、先进工作者的推荐上报。

2. 教学质量监控办公室组建"二级督导先进评审小组"对申报推荐材料进行评审后，提出拟表彰名单。每次表彰的名额总数：先进集体5个（按总分由高到低取前五名，出现并列可增加名额）、先进个人每个二级督导组按教学质量督导组成员的30%推荐（不足1个按1个计），报院长办公会议审定，并在学院网页上进行公示，公示结果无异议的，颁发荣誉证书和奖金。

五、相关要求

1. 为保证评审工作的顺利进行，各二级督导组务必在每年的6月底前，将推荐上报意见以文件形式，连同"广东轻工职业技术学院二级督导工作先进集体评审表""广东轻工职业技术学院二级督导先进工作者申报表"及相关材料，各1式1份报院教学质量监控办公室（若推荐数额在2个及以上的，须按先进事迹突出程度排出先后顺序），同时报送电子版，逾期按弃权处理。

2. 要严格按照评选条件和程序及有关要求，自下而上逐级推荐、申报、评审。在评选工作中要公平、公正、公开，择优评选，确保评选质量，并做好宣传工作。

本办法由教学质量监控办公室负责解释。

××××年××月××日

附件：

1. 广东轻工职业技术学院二级督导工作先进集体评审表
2. 广东轻工职业技术学院二级督导先进工作者申报表（略）

附件

1. 广东轻工职业技术学院二级督导先进集体评审表（   年度）

指标	序号	指标内涵	评分标准	项目分值	自评分	评审组评分	备注
计划总结	1	年度工作计划和总结	教学质量督导组年工作有计划有总结得1分；缺计划或总结，扣0.5分	1			
教学质量监控活动	2	教师教学质量等级的评定	教学质量督导组每学期给本系（院、部）教师评定教学质量等级，按时提交"教师教学质量评价反馈意见汇总表"得1分，缺1次不得分	1			
	3	系教学质量督导组成员听课评课	教学质量督导组成员按照教务处听课管理制度完成听课任务得1分	1			
	4	同行听课评课	教学质量督导组组织教师开展听课评课活动，同行评教率达到95%以上，得2分；少1%，扣0.1分；低于80%，不得分	2			
	5	社会参与评教	社会参与评教率达到60%以上得2分；少1%，扣0.1分；低于40%，不得分	2			
	6	专题调查	教学质量督导组围绕教学督导发现的问题，每年开展2次专题调查得1分，缺1次扣0.5分	1			
	7	召开学生代表座谈会	教学质量督导组每年召开2次学生代表座谈会得1分，缺1次扣0.5分	1			
队伍建设	8	机构人员状况	机构健全，人员落实，有专兼结合的督导队伍，重视督导人员的培训，凝聚力强，团结和谐，求真务实	1			
合　　计				10			

注：①本系校内教师参与评教人数÷本系校内教师人数（不含校内兼职、兼课教师）=同行评教率。

②社会参与评教人数÷社会聘用人数（包括校外兼职、兼课教师、专业建设指导委员会等校外人员）=社会参与评教率。

> ☆二级督导组改进——典型案例评选
>
> **关于开展"二级教学督导工作典型案例评选"的通知**
>
> 各系(院)部:
> 　　依据教育部《职业院校管理水平提升行动计划(2015—2018年)》(教职成〔2015〕7号)和广东省教育厅《广东省高等职业院校教学管理要点》(粤教高函〔2013〕170号)文件精神,建立健全全员参与、全程控制、全面管理的质量保证体系,不断提高职业院校管理规范化、精细化、科学化水平的精神,决定举办"二级教学督导工作典型案例评选"活动,全校教师参加评选,每位教师推选出5个最佳案例。评选时间为11月20日至11月30日。
> 　　评选方法
> 　　第一步:打开学校网页,点击右下角"二级教学督导工作案例展示"栏,进入观看阅览。
> 　　第二部:点击《二级教学督导工作典型案例评价标准》,依据评价标准填写推选的5个最佳案例。
> 　　注:各(院)部若需对前期提交的案例PPT材料补充完善的,请在11月10日之前,将新的PPT提交给分管的校督导。
>
> 　　　　　　　　　　　　　　　　　　　　　　　　　　××××年××月××日

6.2.4.4　校督导员考核、激励与改进

　　校级督导员通常聘用政治素质好,业务能力强,具有高级职称的退休教师。校级督导人员构成的有限特殊性,为我们倡导"管理至零"下的自我管理提供了无限可能。我们将督导员及其岗位的常规工作以量化的方式设计在岗位绩效考核标准中(见表2-15、表2-16、表6-9),通过分值在不同考核维度间的分配,突出我们督导工作中需要重点解决的问题。每学期末的考核由月度计划完成内容组成,通过督导工作考核评价系统输出考核结果,帮助团队成员树立1系列工作目标。绩效考核结果不和薪酬绩效挂钩,仅仅为了守护"愿意变成更好的自己"的1粒"种子",以尊重督导员个人的工作方式并充分发挥督导员个人的经验,播撒信任他们"愿意变成更好的自己"的1米"阳光"。

表6-9 督导行政助理学期绩效考核标准

姓名		性别		岗位	行政助理	
工作量考核（内容）					标准（每学期）	分值
工作纪律（10分）	不迟到、不早退、有事请假				发现1次得0分	2
	每月提交工作计划与总结，参加月度例会					2
	办公区不大声喧哗、遵守督导工作细则					3
	不在学校计算机上做与工作无关的事					3
行政工作（50分）	按时完成教学任务数据录入				有1个系（院）部出现错漏得0分	10
	按时制定南海、广州听课安排时间，每月1次				有1个月出现错漏得0分	5
	定期维护并更新部门网页，每月≥1次				未及时更新得0分	5
	按时发布教学质量监控数据，每学期≥1次				未按时发布得0分	5
	按规定完成办公室常规学期计划与总结工作					5
	定期整理办公室各类档案与资料，每月≥1次				未及时整理得0分	10
	按计划完成学生信息员会议、企业评教评学会议、对外接待等物资准备、资料收集工作				未完成工作内容得0分	10
专项调查（40分）	按计划组织学生满意度调查并撰写调查简报				其中，若本学期有未安排的调查，该项按满分计	10
	按计划组织教师满意度调查并撰写调查简报					10
	按计划组织顶岗实习企业评教评学调查并撰写调查简报					10
	按计划组织完成学生职业能力测评					10
其他工作情况（加分项，10分）	参与开展的其他专项调查、信息化管理项目等方面的建设				按实际情况由办公室确定	3
	撰写办公室安排的专项分析报告或其他工作					3
	参与开展的一流院校建设项目、专项调查、信息化管理等方面的工作					4

通过"教师授课—核心保障部门—二级督导组—校督导"实行目标激励，践行我们"管理至零"的组织文化，建立和实施多跑道多层次的激励机制，激发所有的质量监控参与者正确的行为动机，提高我们体系的运行绩效，确保我们质量目标的实现。

第7章 质量监控体系运行特色

红桃皇后的奔跑[①]

爱丽丝说："在我们的国家里，如果你以足够的速度奔跑一段时间的话，你一定会抵达另一个不同的地方。"

红桃皇后反驳道："现在，这里，你好好听着！你必须尽力地不停地跑，才能使你保持在原地。"

——摘自刘易斯·卡罗尔的《爱丽丝漫游奇境记》

【思考】

不进即是倒退，从来就没有完美，没有一成不变的优良，在质量的追求上更是如此。从99.9%到99.99%，质量的改进需要评价，需要永恒的自我聚焦，需要变化的自我认知。与其预测，不如创造。回归初心，走出"巴纳姆效应"[②]，始终如一地坚持规范、标准下的自我管理、自我改进，才能永远在课堂和专业建设的路上奔跑着。

"没有评价就不能管理"，评价作为一种观念性活动，具有判断、预测、选择、导向、激励等多项功能。评价是对一件事或人物进行判断、分

---

① 红后定律（law of red queen），又称"红桃皇后的奔跑"，来源于1871年刘易斯·卡罗尔的文学作品《爱丽丝漫游奇境记》，生物学家Van Valen（1973）借用"红桃皇后"来解释生物物种之间的共生演化过程。"红后定律"适用于与发展有关的过程，要想发展，你必须拼命奔跑，以保持在原地，否则就会掉队。掉队的落后个体会被淘汰，甚至是消亡。

② 巴纳姆效应（barnum effect），以杂技师巴纳姆的名字命名，是心理学家伯特伦·福勒（1948）通过试验证明的一种心理学现象，产生的原因是自我的"主观验证"。每个人都容易相信一个笼统的、一般性的人格描述来适合自己，即使这种描述十分空洞，甚至自己根本不是这种人。

析其价值后得出的结论。质量监控体系由若干个评价单元组成，通过评价，我们有效地控制教学实施的质量"过程"，有效地管理教学实施的质量"结果"。

从《基于自我改进的课堂教学质量多元评价实施方案》到《"自我诊断＋企业参与"专业评价实施方案》，在这里，我们始终如一地强调规范、标准下"课堂和专业"的自我管理、自我改进。"多元精准评教"建设"优质课堂"，"自我诊断＋企业参与"开展专业评价，根植于广东轻工职业技术学院，根植于中国的高职教育。

7.1 多元精准评教，"三结合"建设优质课堂

在多年的课堂教学质量监控实践过程中，我们发现：如果课堂没有学生知识的生成，看不到学生知识的展现，教师就会慢慢丧失职业的获得感、幸福感，产生职业倦怠；如果教师产生职业倦怠，学生就会慢慢丧失知识的获得感、幸福感，课堂就没有知识的生成，教师就看不到学生知识的展现。"课堂"本来就应该是"学堂"，在这里，"师与生"共同成长、"教与学"相得益彰、知识的"释放与生成"此消彼长。现代教育测评理论认为，课堂教学评价，始终连接着"师与生""教与学"，也连接了知识的"生成与释放"。

7.1.1 课堂教学评价的内涵与现状

7.1.1.1 课堂教学评价的内涵

正如《第四代教育评价》中提出的，评价应是参与评价的所有人，特别是评价者与其对象交互作用、共同构建的过程。课堂教学评价是促进所有参评人员共同探讨课堂并共享经验的服务行为，其最终目的是帮助教师主动依据多元主体评价结果及评价反馈意见，剖析自身差距，改进教学质量，实现自我发展的增值。本章节的课堂教学评价，是"教师—学生—同行—督导"不同主体对教师教学目标达成度、教学组织设计行为、课堂管理行为、沟通交流行为以及课堂教学效果等教学事实的诊断及价值判断。

7.1.1.2 课堂教学评价的发展

"过去的课堂教学评价"有"浓厚的管理主义倾向"，在理念上侧重于找出教学质量不合格的或教学效果落后的教师，并简单地与教师职称晋级及任用挂钩。

"发展中的课堂教学评价"（建立在第四代教育评价理论基础上的评价）主张"引导教师实现自身的教学价值"，在理念上侧重于通过评价和

反馈对教师授课进行矫正，而不仅仅简单地与教师职称晋级及任用挂钩。这种评价，既是面向过去的评价也是面向未来的评价，目的是吸纳"教师—学生—同行—督导"等所有参评人员共同探讨课堂教学并共享课堂教学经验，协助并激励教师不断提升教学能力，建立自我改进的课堂质量保障机制。这种评价，不是课堂教学质量的"防火墙"，而是"质量屋"①，目的是让学校"优质课堂"建设"实"起来，"大庇师生俱欢颜"。这种评价，在实施执行层面有三个难点需要解决：一是围绕评价主体，如何定好简便、符合不同评价主体认知及与课程类型相匹配的分类评价标准；二是转变评价方式，如何抓好应用多元评价数据信息平台为教师教学改进提供数据连接服务的过程；三是用好评价结果，如何建立应用评教大数据开展考核、激励、改进"三驾马车"并行的评课运行机制。

7.1.1.3 课堂教学的自我改进

赫尔巴特"教师中心、教材中心、课堂教学中心"的传统教学"三中心"论、凯洛夫"准备、复习旧课、教授新课、巩固练习、布置作业"的"五环节"论、杜威"做中学"的实用主义教学模式等所倡导的教学组织设计过程，都是局限于"课堂"的物理属性的教学方法论。现代经济社会的发展需要教师在课堂上是知识的"求索者"而非"朗读者"，知识在这里是"释放与生成"而非"简单地播放"。教师对课堂教学的改进始于"求索者"的需要而非"朗读者"的主张。本章节我们定义的自我改进，是指教师作为"求索者"，主动依据多元主体评价结果及评价反馈意见，剖析自身差距，制订改进方案，不断提升教学质量，实现自我价值的行为。"求索者"主张的自我改进，常常从反思学生学习行为、教学过程和教学设计等课堂教学的本质出发，探索课堂中"师与生"、"教与学"、知识的"释放与生成"之间的流动属性，"课堂"就是"学堂"。

7.1.1.4 课堂教学的评价工具

本章节采用的课堂教学评价工具，包括但不仅限于以下几种：

（1）教学和课程档案袋（teaching and course portfolios）：对教师的课程标准、教学进度表、教案 PPT 等教学必备材料的综合评价以及对学生学习过程信息的统计汇总。

---

① 质量屋（QFD，Quality Function Deployment），是一种产品开发和质量保证的方法论，实施该方法的目的是为了保证将来自顾客或市场的需求精确无误地转移到产品生产每个阶段的技术和措施中去。

（2）课堂观察（classroom observations）：从课堂观察的信息分析课堂教学情况、课堂中反映的学生学习和班级建设情况、课堂中体现的学校教学基础管理情况。

（3）反馈备忘录（reflective memo）：提供给教师的反馈性文档，包括他们的课程由谁评价、何时被评价、如何被评价，以及特定课堂中存在的问题。

（4）部门教学研讨（departmental teaching seminars）：教师之间在教研活动中交换教与学意见的方式。

（5）辅导和指导（coaching and mentoring）：以小组或个体的方式促进教学发展的互动，如本章节涉及的"集体听课"或"温室计划"。

（6）外部同行评议（external peer review）：将教师的课程标准、教学进度表、教案PPT等教学必备材料送往同领域的专家学者所做的评价。

（7）自评报告（self-evaluation report）：教师提供的自我反思文档，内容包括反思教学的投入，反思讲授的课程内容、教学组织形式、教学方法、教学技术等对达成学习成果的有效性。

7.1.2 多元精准评教与"三结合"①

针对"发展中的课堂教学评价"的执行难点，我们深入剖析"教师—学生—同行—督导"不同主体的诉求，紧紧抓住课堂教学评价这个"牛鼻子"，以督导、学生、同行评价标准为"基"，评教工作内容、管理流程与信息平台为"柱"，支撑起评教监控目标"顶"，搭建课堂教学"质量屋"（见图7-1）。针对"发展中的课堂教学评价"执行难点，我们始终关注多元评教标准的适用性、强调多元评教过程的精细化以及转变实现目标的运行机制，围绕多元评教标准、多元评教数据集合平台、多元评教机制等，"三结合"解决执行中的难点问题。

图7-1 课堂教学"质量屋"

---

① 李青. 优质课堂要抓好教学评价"三结合"[N]. 中国教育报，2018-12-25.

7.1.2.1 评价标准：课程类型与"多元"评教认知需求相结合

2017年，教育部在《关于深化高校教师考核评价制度改革的指导意见》中提出"实行教师自评、学生评价、同行评价、督导评价等多种形式相结合的教学质量综合评价"。教师、学生、同行、督导是参与课堂教学评价的不同主体，他们对参与课堂教学评价的认知面、聚焦处、成熟度存在有限的差异性。

正如我们在第2章所阐述的，不同主体参与质量监控的行为是按照不同的规定相联系的，而标准是联系这些行为的不同规定。教师授课质量评价标准，联系着教师、学生、同行、督导参与课堂教学评价的行为，需要评价标准的制定者从教学评价数据的反馈对教师授课的矫正功能出发来制定教师授课评价标准，协助教师不断改进教学行为。

我们采取以下措施来解决"发展中的课堂教学评价"的第一个难点问题：围绕评价主体，如何定好简便、符合不同评价主体认知及与课程类型相匹配的分类评价标准。首先，针对评价课程类型的差异性，按照理论、体育、实验实训、顶岗实习、课程设计、毕业论文与设计分类设置评价标准。其次，针对评价主体的差异性，按照"他方"和"本方"分层设置评价标准。学生、同行、督导属于"他方"，合起来称为"三方"，他们参与课堂教学评价存在"认知偏差"[①]。考虑三方参与课堂教学评价在认知面、聚焦处、成熟度存在有限的差异性以及评价课堂教学后需要反馈数据的一致性，我们从"教学态度""教学内容""教学方法""教学效果""教学秩序"五个统一的维度来制定"他方"不同类型课程的评价标准（督导及同行评价用表、学生评价用表）。"本方"在自评时具有"自我崇拜"的倾向，我们设置了"学生学习成效调查表""自我评价参考量表"两个部分组成我们的自评标准，建立自评的认知准则、行为准则，防止自评过程的"乌尔冈湖效应"[②] 和自评结果的"自我提高偏见"[③]，科学引导教师反思评教标准、教学投入、评教结果，让自评回归理性。

---

① 认知偏差（cognitive bias），是人们在知觉自身、他人或外部环境时，常因自身或情境的原因使得知觉结果出现失真的现象。典型表现有显著性偏差、生动性偏差等，是个人知觉选择性的特征所导致的，适用于课堂教学的师生交往中。

② 乌尔冈湖效应（lake wobegon effect），也称沃博艮湖效应，意思是高估自己的实际水平。借用这一词，指任何自评时，人的一种总觉得什么都高出平均水平的心理倾向，即给自己的许多评价都倾向于高过实际水平。

③ 自我提高偏见（self-enhancing bias），是乌尔冈湖效应产生结果的通俗说法。

7.1.2.2 精细评教：评教系统与"多元"评教行为规范相结合

（1）评教系统。"发展中的课堂教学评价"认为，评价是参与评价的所有人，特别是评价者与其对象交互作用、共同构建的过程。教学评价数据采集的客观性、准确性和及时性是保证评价结果用于绩效管理、改善课堂教学的"隐形的翅膀"，至关重要。教学评价数据在满足学校绩效管理需求的同时，也要满足服务教师改进教学的需要，这是教学评价数据存在和反馈的价值所在。早期教学评价数据的采集往往是这样的场景：学生评教，结果来源于教务管理系统网上评教；同行和督导评教，结果来源于听课后的纸质教学评价表。学生、督导、同行综合评教结果需要二次统计，数据量大、统计周期长、结果易出错。这种评教方式下，教学评价数据的反馈不能及时、准确地反馈给教师，教师不能及时、准确地分析综合评价数据在不同评价维度的差异性，教学评价数据统计和反馈的价值大打折扣。

我们采取以下措施来解决"发展中的课堂教学评价"的第二个难点问题：转变评价方式，如何抓好应用多元评价数据信息平台为教师教学改进提供数据连接服务的过程。首先，我们按照"发展中的课堂教学评价"的理念，开发了综合评教信息平台——"教师授课质量评教管理系统"（见"4.3.1 教师授课质量评教管理系统"），解决教学评价数据的采集及教学评价数据的元应用问题。其次，以该系统为载体，我们规范课堂教学评价的全过程，定期采集、接收、传输、存储、加工、处理、反馈来源于不同评价主体的授课质量评价结果，为教师改进教学提供"隐形的翅膀"。以该系统为载体，我们追踪课堂教学评价数据的变化趋势，避免全校授课质量的"蝴蝶效应"①，为学校建设优质课堂提供数据决策服务。

（2）学生评教。传统的教育理念认为"课堂"是"教堂"，而现代经济社会对人素质发展的需求需要学校的课堂以学生为中心，变"教堂"为"学堂"。在这里，教学评价的数据需要回归教师以学生为中心改进教学，教学评价的数据应该也必须体现以学生评价为主。在三方综合评教的规则中，我们把学生评价的权重设定在60%的比例，同时系统设计学生评课数据的采集过程，规范学生评教行为，确保评课数据的客观性、准确性和及时性。

---

① 蝴蝶效应（the butterfly effect），是混沌学理论中的一个概念。它是指对初始条件敏感性的一种依赖现象：输入端微小的差别会迅速放大到输出端，蝴蝶效应在经济生活中比比皆是。

在这一过程中，需要解决以下问题：由谁组织评教（who）、评教的内容或标准是什么（what）、怎样组织评教（how）。我们采取了以下措施：一是成立"校级—二级学院—班级"三级学生信息员组织，协助两级督导组织全体学生参与评教。二是以学生感知为核心，吸纳学生参与制定评教标准。除了选择用学生能够理解的语言制定评价量表之外，我们还编制了评教宝典，制作了培训宣传册、培训视频及课件等培训材料，通过学生培训会、主题班会组织学生学习评教标准及注意事项，规范学生参与评课共同的认知准则、行为准则，降低"认知偏差"，消除个体评教行为的偏差性。三是制定评教流程（见图6-5），学生按照参与评教的关键步骤（见图7-2）将评教结果录入"教师授课质量评教管理系统"。由于教师的课堂教学评价和学生学业考核存在必然的利益关系，我们规范、引导学生诚信、客观参与评教。通过签署"诚信评教承诺书"，应用系统对学生评教结果进行大数据分析，对最终结果偏离历史平均值±10%的班级启动系列审核及其纠偏措施等，保证学生评教数据输出的客观性、准确性和及时性。四是在评课结果反馈的时间上，通过组建"广轻学生信息圈"每节课后的及时反馈，通过"学生学习成效调查表"的阶段性反馈，以及集中组织评教的终结性反馈。正如7.1引言所说，如果课堂没有学生知识的生成，看不到学生知识的展现，教师就会慢慢丧失职业的获得感、幸福感，产生职业倦怠；如果教师产生职业倦怠，学生就会慢慢丧失知识的获得感、幸福感，课堂就没有知识的生成，教师就看不到学生知识的展现。

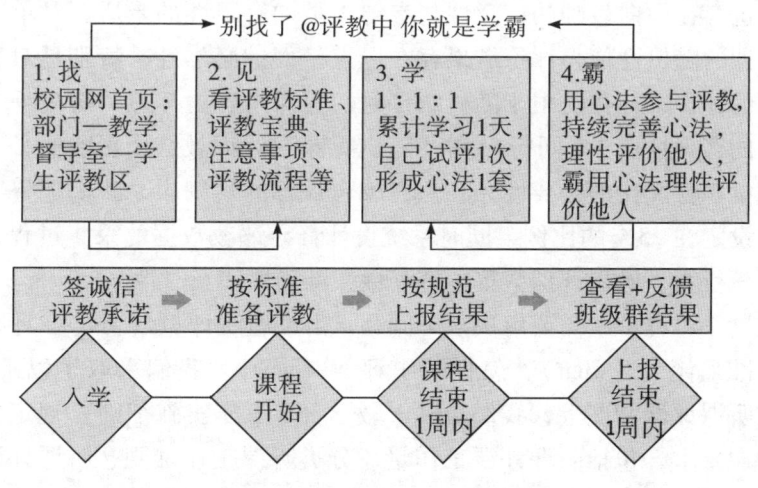

图7-2 学生参与评教关键步骤

(3) 督导评教。我们的督导由"学校—二级单位"两级督导组成。学校的专职督导由校外聘请来专门进行教师授课评价的退休"教学方法专家"组成，二级教学单位的兼职督导由二级学院聘请来专门参与质量监控的"专业建设专家"组成。两级督导实际上属于广义的"同行"，是同课程、同专业、同岗位群、同学科或同领域教师的泛称。他们或能够对课程讲授内容的准确性、前沿性、拓展性和启发性等进行评议，或能够对教学形式、教学方法、教学技术等进行评价而不涉及教学内容本身，或既能够对教学形式、教学方法、教学技术等进行评价，又能够对教学内容本身进行评议。我们在本小节所说的督导，特指学校的专职督导（也可以称之为"大同行"）。专职督导参与教师授课质量评价的运行逻辑基于教育教学规律，"大同行"可以打破或降低专业间壁垒的客观存在，确保评价结果的客观性和准确性。

督导评教是"让改变发生的工具"，最终提供的是一种以帮助改进为目标进行的教学业绩评价方法。常用的督导听课评课工具主要有：教学和课程档案袋、课堂观察、反馈备忘录、部门教学研讨辅导和指导等。督导参与教师授课质量评价既有理论上的专业优势，也有实际中的操作优势。优势在于因为是"大同行"，能从专业性的角度，鉴别教师教学理念的先进性、教学内容的科学性、教学方法的有效性，发现教学中的创新与不足。优势在于因为是外聘"大同行"，不存在"人情因素"，能以批判性文化为基础反馈评价数据，带来高质量的教学改进。督导参与教师授课质量评价，也存在面向教师的广泛性与参与人员的有限性的矛盾，对单个教师听课评课的随机性使得评价结果存在以点带面的必然性，特别是对教学方法方面的评价，往往受限于随机听课时的授课内容。考虑"随机听课"普遍存在的客观性、"大同行"和"随机听课"对评教结果影响的必然性以及构建批判性文化的必要性，在三方综合评价的规则中，我们把督导评价的权重设定在25%的比例，同时系统设计督导评教数据的采集过程，规范督导评教行为，确保评课数据的客观性、准确性和及时性。

在这一过程中，需要解决以下问题：由谁组织评教（who）、评教的内容或标准是什么（what）、怎样组织评教（how）。我们采取了以下措施：一是在听课评课制度上，我们通过《教学督导工作实施细则》规定了督导听课评课要求，包括听课评课工作量、分类听课工作准则、听课评课反馈要点等。二是在听课评课标准上，我们吸纳校外督导同行和教育评价专家参与制订不同类型课程的评教标准，编制培训课件等系列材料，通过月度例会、集体听课评课、组织督导讨论、学习评教标准建立督导评教的共同认知准则、行为准则，消除督导个体对标准理解和个体评教行为的差异性。三是在评教组织上，我们制定教学督导室各岗位常规工作流程，将评价过程程序化、公开化、透明化。作为职业听课评课人员，我们要求督导在听课前善用"教学和课程档案袋"，检查教师课程标准、教学进度表、教案 PPT 等。还要求督导在听课评课过程中善用"课堂观察"，从课堂观察的信息分析学校的管理状况和师生发展状况（如教师授课质量评价——督导课堂观察，P196），包括：①课堂教学情况，重点是教师活动与学生活动；②课堂中体现的学校教学基础管理情况；③课堂中反映的班级建设情况；④所观察系列课的总体印象（共性和个性特点）；等等。更要求督导在听课后善用"反馈备忘录"，按照 1∶1∶1 的原则写出定性评语，并将评课结果录入教师授课质量评教管理系统。除全员覆盖随机听课外，依托系统大数据，我们要求督导善用"辅导和指导"，对新开课教师、80 分以下的教师进行集体听课。四是在评教结果反馈的时间上，要求每节课后就及时反馈和多个督导讨论后的集体反馈。特别是集体听课后，校督导共同讨论剖析教师授课存在的关键问题，以信息反馈单的形式反馈给任课教师及二级教学单位督导，帮助教师反思、改进课堂教学。

（4）同行评教。在本小节所说的同行评教，是指除了学校专职督导之外的"同行"，他们或能够对课程讲授内容的准确性、前沿性、拓展性和启发性等进行评议，或能够对教学形式、教学方法、教学技术等进行评价而不涉及教学内容本身，或既能够对教学形式、教学方法、教学技术等进行评价，又能够对教学内容本身进行评议。同行评课，在学术上也称为"协作同行评议"，是"教师们在一起工作，评价彼此教学，并协助彼此努力改善教学的过程"。

"同行评教"是为了提高教育质量、改变教学实践，同行之间以协作方式开展的教学实践改善性活动，并不仅仅是一种测量教学业绩质量的方法。常用的同行评课工具主要有：教学和课程档案袋、课堂观察、反馈备忘录、部门教学研讨、外部同行评议等。这一过程包含教师彼此学习如何更加有效地开展教学，学习新的教学技术和模式，获得关于他们课堂教学表现的有效回馈，以及收到来自同事们的教学改进建议。从"协作同行评议"各种学术论述中可以看出，同行听课评课的本质是倡导教师构建合作文化、实现学术民主决策、促进教师自我发展。作为"四位"之一，同行教师参与教师授课质量评价既有理论上的专业优势，也有评价中的先天劣势。优势在于因为是同行，更能从专业性的角度，鉴别教师教学理念的先进性、教学内容的科学性、教学方法的有效性，发现教学中的创新与不足。劣势在于因为是同行，"人情因素"易使同行评教不能以批判性文化为基础反馈评价数据，带来高质量的教学改进，有时甚至是形同虚设。同行教师参与教师授课质量评价也有对单个教师听课评课的随机性，使得评价结果存在以点带面的必然性，特别是对同行教学方法方面的评价，和专职督导员听课评课一样，往往受限于听课时同行的授课内容。同行评课数据需要回归教师改进教学。阿雷奥拉（Arreola）等学术界专家认为，构建"协作同行评议"的合作文化，面向的同行应该是那些希望变好的教师而不是需要矫治的不合格教师。考虑到同行评教"人情因素""随机听课"普遍存在的客观性、对评教结果影响的必然性以及构建合作文化的充分条件，在"三方"综合评教的结果中，我们把同行评教的权重设定在15%的比例，同时系统设计同行评教数据的采集过程，规范同行评教行为，确保评教数据的客观性、准确性和及时性。

在这一过程中，需要解决以下问题：由谁组织评教（who）、评教的内容或标准是什么（what）、怎样组织评教（how）。我们采取了以下措施：一是在听课评课制度上，教务处修订了《听课评课管理办法》，将同行评教工作计入教师基本教学工作量，规定每学期的教研活动必须组织同行教师研讨听课情况。二是在听课评课标准上，除以教师感知为核心结合不同类型课程制定同行评教标准之外，我们吸纳教师参与标准的制定，编制培训课件等系列材料，通过宣讲会、教研活动组织教师讨论、学习等途径，建立同行评教的共同认知准则、行为准则，消除个体评教行为的偏差性。三是在评课组织上，我们修订了同行评教的工作流程，将评价过程程序化、公开化、透明化。作为兼职听课评课人员，我们引导同行在听课前善用"教学和课程档案袋"，了解被听课教师的课程标准、教学进度表、教案PPT等。作为兼职听课评课人员，我们引导同行在听课评课过程中善用"课堂观察"，从课堂观察的信息分析学生学习行为、教学过程和教学设计等。作为兼职听课评课人员，我们引导同行在听课后善用"反馈备忘录"，按照学校的听课评课量表来记录。作为兼职听课评课人员，引导同行在听课后善用"部门教学研讨"，有效避免个体评价的主观臆断，构建同行评议合作文化、实现学术民主决策、促进教师自我发展（如教师授课质量评价——同行评教评语，P197）。我们把同行集体评教、反馈讨论使教师对教学理念把握更准确，对学情的了解更透彻，对课程的研读更深入，对教学方法的选择更娴熟，对教学手段的应用更科学的部门教学研讨过程称之为"钉课"。在一次次"钉课"的过程中，每节课聚集同行的智慧和个人的钉钉子态度，让目标"亮起来"、教材"活起来"、环节"细起来"、教师"动起来"、学生"学起来"。"钉课"后，由教研室的二级督导成员负责上报结果并由专人录入教师授课质量评教管理系统。除全员覆盖随机听课外，依托系统大数据，我们要求同行善用"辅导和指导"，对新开课教师、80分以下的教师进行集体听课；或采用"外部同行评议"，帮助这些教师尽快找到改进的方向及改进的方法。四是在评教结果反馈的时间上，是每节课后的单个评价人的即时反馈、某一段时间多个评价人的集体反馈与学期末的终结性反馈组成的时序性反馈。

（5）教师自评。本小节所说的教师自评，是指教师通过"三方"评教数据，对课程的教学投入，讲授内容的准确性、前沿性、拓展性和启发性，教学形式、教学方法、教学技术等进行的自我评价。

教师自评的本质是以自我批判性文化为基础，教师反思教学的行为，目的是带来高质量的教学改进，促进教师自我发展。常用的教师自评工具有：课堂观察、部门教学研讨、辅导和指导、教学信息采集、自评报告等。这一过程包含教师获得来自"三方"的关于他们课堂教学表现的有效回馈，反思如何更加有效地开展教学。作为"四位"之一，教师自评既有理论上的内驱优势也有先天的参与劣势。优势在于因为是自评，更能从自我价值实现的角度，反思教学理念的先进性、教学内容的科学性、教学方法的有效性，发现教学中的创新与不足。劣势在于因为是自评，"自我崇拜"易使自评不能以批判性文化为基础来帮助反思教学行为，不能带来高质量的教学改进，有时甚至是形同虚设。考虑到涉及范围广泛的自评实施的经济性，"自我崇拜"普遍存在的客观性、对评教结果影响的必然性等因素，我们在综合评价教师的授课质量时，不考虑教师自评结果，仅仅把它作为构建教学自我批判性文化的必要过程，同时注重规范教师的自评行为与自评过程。

在这一过程中，需要解决以下问题：由谁组织评教（who）、评教的内容或标准是什么（what）、怎样组织评教（how）。我们采取了以下措施：一是在自评制度上，我们设计了教师可以根据学校标准框架自主设计观测点、在督导室审核备案后按照自主设计的标准开展自评的制度安排，以调动教师研究自评、参与自评、应用自评的积极性，建立课堂质量自我保障机制。二是在自评标准上，我们吸纳"那些希望变好的教师"参与制订"自我评价参考量表"（如教师授课质量评价——教师自评，P198），吸纳"三级学生信息员"参与制订"学生学习成效调查表"，引导教师反思对教学的投入、反思讲授的课程内容,反思教学形式、教学方法、教学技术等对达成预期的学生学习效果的有效性。我们通过宣讲会、"温室计划"等组织教师讨论、学习标准,引导教师建立自评共同的认知准则、行为准则,消除自评的"自我崇拜",防止自评过程的"乌尔冈湖效应"和自评结果的"自我提高偏见"。三是在自评组织上,我们制订了工作流程,将自评过程程序化、公开化、透明化。我们引导教师结合"课堂观察",学习同行教学形式、教学方法、教学技术的使用等;我们引导教师结合"部门教学研讨",了解同行对自己教学的反馈建议;我们引导教师使用"教学信息采集",通过录播授课过程进行"回放式"反思;我们引导教师善用"自评报告",及时拟订改进措施,构建教学批判性文化。此外,我们要求新开课教师、80分以下的教师善用"辅导和指导",在督导辅导自评的过程中形成自我改进的框架。四是在自评结果反馈的对象上,自评的结果仅在两级督导和教师间流动,目的是借助"同行"的专业建议,协助教师自己努力改善教学。

7.1.2.3 实现目标:评教结果与"多元"考核激励机制相结合

课堂教学评价是一种"让改变发生的工具",是为了提高教育质量而提供的一种以帮助改进为目标进行教学业绩评估的方法。课堂教学评价的内涵需要评价具备恰当性、全面性的特征。恰当性、全面性按照学术界的理解,一般包含三个要素:第一,评教被专门设计用来提高教学表现和供个人选择,而不是简单用来考核教师教学业绩或决定是否有资格获得晋升。第二,评教参与者至少包括同行、督导、学生及教师自己。第三,评教信息至少来自于"教学和课程档案袋""课堂观察"。

尽管不少教师对授课评价有或多或少的微词,但不可否认的是,授课评价的结果反映了教师授课质量的水平,将授课评价结果纳入职称评审、岗位聘任的重要指标,是大多数高职院校落实以教学为中心的重要抓手。这无疑是一种积极的评价考核措施,但单一或者主要采用这种措施的弊端是强调了评价的甄别功能,"胁迫"教师改进教学。"胁迫"体现的是前三代教育评价理论"浓厚的管理主义倾向",反映的是教师内心对教学改进行为的消极响应。在诊断出不达标教师的同时,也削弱了"罗森塔尔效应"[①]对教师自我改进的促进,结果是全校教师授课质量的分布呈现"橄榄形",而不是"倒三角形"。"如果你想造一艘船,不要抓一批人来搜集

---

① 罗森塔尔效应(rosenthal effect),亦称"皮格马利翁效应""人际期望效应",是一种社会心理效应,原指教师对学生的殷切希望能戏剧性地收到预期效果的现象。

材料，不要指挥他们做这个做那个，你只要教他们如何渴望大海就够了。"（摘自圣爱克苏贝里《小王子》）实际上，教师授课质量的持续改进需要外部的"胁迫型"评价，更需要教师"愿意变成更好的自己"的"种子"和学校信任教师"愿意变成更好的自己"的"阳光"。

我们采取以下措施来解决"发展中的课堂教学评价"的第三个难点问题：用好评价结果，如何建立应用评教大数据考核、激励、改进"三驾马车"并行的评教运行机制促改进。第一，遵循课堂教学评价内涵的三要素，开展"四位一体"精细评教，"用来提高教学表现和供个人选择，而不是简单用来考核教师教学业绩或决定是否有资格获得晋升"。我们始终如一地推行"管理至零"的理念，即 $1-1^1$（通过帮助教师，树立1系列目标，守护教师"愿意变成更好的自己"的1粒"种子"，播撒信任他们"愿意变成更好的自己"的1米"阳光"，打造管理至零的组织文化）。第二，在目标上，我们将"多方参与评教率""教师授课质量"作为"学校—教学执行单位"共同的质量监控目标。第三，在机制上，我们通过对"三方"评教结果的渗透应用，对教师教学改进行为从"胁迫"走向引导，考核、激励、改进"三驾马车"并行。如颁布《教师授课质量考核评价管理实施办法》（见教师授课质量考核——"正常授课""限制授课""暂停授课"，P170～172）对教师授课门数实施"正常、限制、暂停"三级管理，设立"课堂教学质量优秀奖"奖励专业群内授课标杆教师（见教师授课质量激励——"课堂教学质量优秀奖"，P173），下发《基于自我改进的课堂教学质量多元评价实施方案》（见《教师授课质量改进——多元评价实施方案》，P199～204）建立"教师自评、学生评价、同行评价、督导评价"四位一体的教学质量综合评价机制并引导教师自我改进，将专业团队教师授课质量状况纳入"自我诊断＋企业参与"专业评价指标体系等。特别是对"限制、暂停"的"幼苗""枯枝"教师，通过《开展"温室计划"，加大优质课堂建设的实施方案》（见教师授课质量改进——"温室计划"，P174），由校专职督导一对一帮助他们开展自评、督促他们以"三方"评价结果为镜，对教学目标达成度、教学组织设计行为、课堂管理行为、沟通交流行为以及课堂教学效果等教学事实进行自我诊断并改善，共同跟踪学生学习反馈及改进成效，建立有利于教师专业发展的生态治理环境。我们的课堂教学评价理念回归教学实践初心，课堂教学评价结果的应用回归改变教学实践初心，让学生知识获取、教师专业发展、学校质量监控等环节回归到提升学校服务社会的教学生态链上来，让"教与学"向更好的方向发生改变。

7.1.3 优质课堂建设与实施成效

7.1.3.1 优质课堂与多元评教

学校优质课堂的建设过程，是每位教师课堂教学授课质量保证的结果。"发展中的课堂教学评价"主张"引导教师实现自身的教学价值"，这与我们倡导的"管理至零"的组织文化不谋而合。

每学期"学生—同行—督导"三方综合评教完成后，教师随时可以登录教师授课质量评教管理系统查看评价结果、质量轨迹及评价建议，作为教师自评与改进教学的重要参考。应用系统"三方"评教大数据，我们每学期在校园网向全校公布课堂教学质量目标达成度，分析全校教师评教结果及变化趋势，打造合作改进的质量文化，建设学校的优质课堂。

在实施学生评价、督导评价、同行评价、教师自评相结合的"四位一体"教师授课质量评教过程中，我们遵循"发展中的课堂教学评价"的理念，深入剖析不同主体参与评教的过程、工具、特征等并进行对比分析（见表7-1）。将课程类型与多元评教认知需求相结合，制定评价标准，联系学生、督导、同行、教师参与课堂教学评价的行为；将评教系统与多元评教行为规范相结合，开展精细评教，反馈学生、督导、同行、教师参与课堂教学评价的结果；将评教结果与多元考核激励机制相结合，保证实现目标，为学生、督导、同行、教师参与协助教师改进教学行为提供"隐形的翅膀，建设优质课堂"。

表7-1 多元参与评教的特征分析

项目	他方			本方
	学生评课	督导评课	同行评课	教师自评
评价标准	学生评价用表（理论、体育、实验实训、顶岗实习、课程设计等）	督导及同行评价用表（理论、体育、实验实训、顶岗实习、课程设计等）		学生学习成效调查表、自我评价参考量表
培训工具	● 评教宝典 ● 评教视频 ● 评教PPT ● 评教宣传单	评教PPT	评教PPT	评教PPT
评价依据	某时段的若干节或全部授课节数	随机1~2节	随机1~2节	某时段的若干节或全部授课节数

续上表

项目	他方			本方
	学生评课	督导评课	同行评课	教师自评
评价工具	课堂观察	•教学和课程档案袋 •课堂观察 •反馈备忘录 •部门教学研讨 •辅导和指导	•教学和课程档案袋 •课堂观察 •反馈备忘录 •部门教学研讨 •辅导和指导 •外部同行评议	•课堂观察 •部门教学研讨 •辅导和指导 •教学信息采集 •自评报告
评价优势	近似全程，相对中立	"大同行"，中立	专业范式：针对内容	内驱动力
评价劣势	认知偏差	随机性	人情因素、随机性	自我崇拜
评价反馈	及时+阶段性+终结性	及时	及时+阶段性+终结性	及时+阶段性
结果采集	教师授课质量评教管理系统：客观、准确、及时			自评报告
综合评价比例/%	60	25	15	0
评价文化	诚信文化	批判性文化	合作文化	反思文化
协助改进特征	反馈型	辅导型	协作型	反思型

在实施学生评价、督导评价、同行评价、教师自评相结合的"四位一体"教师授课质量评教过程中，我们曾经遇到过很多困难。如外聘专职督导员评教的专业化、规范化、随机性问题，学生评教的全员参与、认知偏差、非完全中立问题，同行评价的人情化、随机性问题，教师自评的自律性、经济性、自我崇拜问题……从来就没有完美，没有一成不变的优良。我们始终如一地强调规范、标准下的自我改进、自我管理。评价是一种"让改变发生的工具"，我们现在的《基于自我改进的课堂教学质量多元评价实施方案》（见教师授课质量改进——多元评价实施方案，P199～204）是我们基于学校现实所做的现在的选择，但不止于此。正如诊断与改进工作中倡导的，所有工作质量的保障主体都是自己，也只能是自己。

7.1.3.2 实施成效与社会影响

数据显示，2010年至2018年期间，广东轻工职业技术学院90分以上课程比例由35.7%上升到91.2%，80分以下课程比例由19.4%下降到0，教师授课质量的分布已呈现基本达成学校优质课堂建设目标的"倒三角形"，1800多门课程授课质量步入"优质"行列，受益学生6万多人。

我们的案例"广东轻工职院'三结合'，'多方'共建课堂教学'质量屋'"被中国高职高专教育网作为教学改革创新案例进行报道；经验"优质课堂建设应抓好课堂教学评价的'三结合'"被《中国教育报》刊载；论文"'三结合'开展课堂教学评价，建设优质课堂"在《中国职业技术教育》杂志发表。"多元协同精准评教，搭建课堂教学'质量屋'"在广东省中高职衔接培训、广东省内部质量保证体系培训等各类培训班做专题培训，并受邀在广州科技贸易职业学院、常州工程职业技术学院等做专题报告。

☆教师授课质量评价——督导课堂观察

"云课"下的高效课堂

3月29日周四上午第一节课，南海校区38栋第一教室，轻化学院高分子教研室新入职的青年教师××老师上"塑料挤出成型"课。上课时间一到，随着一声"签到"，多媒体投影屏上一个个学生的姓名从右向左、先显后隐跃然其中，显示33名学生人数刻度的指针在移动字幕屏的右边有如时钟一样紧随转动，当时针指向12点钟方向时，全班学生用手机签到完毕，用时不到15秒。

签到完毕，××老师在手机上一点，投影屏上出现了昨天上课内容的问题回顾，老师分别邀请2名同学作答。回答完毕，投影屏上显示1名同学平时成绩加1分，1名同学平时成绩加2分。紧接着，××老师对问题回答情况进行了点评。

复习提问后，××老师开始上新课，内容是管材挤出成型机头的结构和应用。××老师再点手机播放"管材挤出成型机头的结构和工作原理视频"，用时3分钟，然后通过动画原理、师生互动等手段，简明、直观、清晰地对单管机头、双管机头的作用、结构组成、分区作用等进行了详细讲授。教师在课堂教学过程中时而作为组织者，不"放羊"；时而作为启发者，不"填鸭"；时而作为点拨者，不"代庖"；时而作为传授者，不"缄默"。教学内容通俗易懂；教学氛围轻松活跃；教学效果深受学生喜爱和好评。整节"云课"教学,"师与生"、"教与学"、知识的"释放与生成"之间相互轻松流动,"课堂"就是"学堂",充分发挥了学生的学习主体作用。

　　课后我与学生交流对"云课"的看法。学生认为:"云课"教学资源丰富,教学信息量大,教学方法新颖,能够把教师教学课件的内容与辅导资料提供给大家预习复习,教师课堂考勤、布置作业、随堂考核等全部放入其中,方便学生不受"课室"等时空限制进行学习,也便于任课教师随时根据学生学习情况改变教学,对于指导和督促学生学习有很好的作用。

　　与××老师课后交流时,她说,"云课堂"拓展了传统"课堂"的物理属性,这种信息化教学手段可以激发学生的学习兴趣,教学效率高、教学效果好。但需要任课教师花大量时间进行备课准备,投入到教学资源建设的时间是相当大的。除上课外,她的其他时间全部都用在"云课堂"的教学资源库建设上了,虽然课酬还是原来的课酬。

校督导　××

☆教师授课质量评价——同行评教评语

关于二级教学督导组组织填写"同行评语"的通知

全校各二级教学督导组:

　　为贯彻落实《教育部关于深化高校教师考核评价制度改革的指导意见》,逐步实行教师自评、学生评价、同行评价、督导评价等多种形式相结合的教学质量综合评价,帮助教师专业成长,为教师职称评审、任期考核等提供服务,本学期"教师授课质量评教管理系统"中新增督导评语和同行评语功能。督导评语由校督导组结合近三年听课评课情况组织填写,同行评语由二级督导组组织填写。请二级督导组组织本组成员,广泛听取同行听课意见,对本部门教师所授课程做出综合评价并提出改进方向,于本学期末,率先录入每位专任教师"同行评语",并逐步完善其他任课教师评语录入工作。

　　特此通知

　　附件:"同行评语"录入和评语查询方法

教学督导室
××××年×月×日

☆教师授课质量评价——教师自评

表7-2 教师自我评价量表

一级指标	编号	二级指标	分值（符合度由强至弱 5→1）				
对评价标准及评价结果的反思	1	掌握学校"教学质量评价表"中各项"评价指标"（包括督导、同行及学生）	5	4	3	2	1
	2	知道自己在学校"理论课教学质量评价表"（包括督导、同行及学生）中哪项"评价指标"失分最多。（该项可在表内"改进举措"中提及）	5	4	3	2	1
	3	熟悉学校"教师授课质量评教管理系统"中自己所授课程的各项评分	5	4	3	2	1
	4	用"教学质量评价表（督导及同行）"给自己打分，所得分值与"教师授课质量评教管理系统"中校督导评分接近	5	4	3	2	1
对教学投入的自我评价	5	接受教学任务后，首先关注该课程的课程标准	5	4	3	2	1
	6	关注该课程与前置及后续课程间的关系	5	4	3	2	1
	7	关注学生的学习背景、认知水平、兴趣爱好	5	4	3	2	1
	8	备课时注重结合现代社会和学生实际需要，引入实时素材	5	4	3	2	1
	9	无论新课旧课，课前24小时内都会再次重温教案	5	4	3	2	1
	10	当课中发现多数学生玩手机或睡觉时，能够插入一些与教学内容相关的"小片段"，以达到引起学生注意力的作用	5	4	3	2	1
	11	课后反思授课过程，并根据学生反应在教案中标注重点	5	4	3	2	1
	12	反思学生作业中出现的普遍问题并安排时间通讲	5	4	3	2	1
	13	查询并分析该课程往届学生的考试成绩，了解学生易出错的地方，以便在后续授课中作为重点并优化教学方法	5	4	3	2	1
	14	参与同行听课，向其他教师学习	5	4	3	2	1
改进举措	说明：根据自评结果和学生问卷情况撰写改进举措						

☆教师授课质量改进——多元评价实施方案

基于自我改进的课堂教学质量多元评价实施方案

粤轻院督〔××××〕×号

第一章 总 则

第一条 为全面实现学校课堂教学质量的有效评价，提高教师作为多元评价主体的一元积极参与并且能够充分利用课堂教学评价结果进行自我改进的自主性，依据《教育部关于深化高校教师考核评价制度改革的指导意见》（教师〔2016〕7号）及学校《关于进一步优化"多元协同参与的质量监控体系"之实施意见》（粤轻院督〔2017〕5号）等文件精神，制定本实施方案。

第二条 教师课堂教学授课质量评价结果作为学校"多元协同质量监控目标"之一，已成为学校衡量课堂教学质量是否处于"优良状态"和预警的标准。本实施方案主要内容包括：多元评价主体及职能定位、多元评价标准及需求分类、多元评价过程及信息化平台、多元评价结果及自我改进。

第二章 多元评价主体及职能定位

第三条 课堂教学质量多元评价主体包括教师、学生、同行、督导，各个评价主体在评价过程中承担着不同的职能定位。教师自评作为尊重教师自主性并促进教师教学能力持续改进的内生动力，学生评教作为改进和完善教师课堂教学质量的主要依据，同行评价作为相互交流、学习、研讨教学的一种方式，督导评价作为检查课堂教学秩序和质量的一种手段。

第四条 教师。教师（含全体教师）在课堂教学质量评价中的职能定位为：依据学校制定的"教师自我评价参考量表（教师用）"（参见粤轻院督〔2017〕6号）中各项指标，或结合课程实际自行设计的自评量表对自身课堂教学进行自我评价，并通过自我反思制订自我改进计划。基于管理效率及操作层面的考虑，学校只对部分老师规定必须参加教师自评，其他老师可自愿参加。

第五条 学生。学生（含"学校—二级学院—班级"三级学生信息员、全体学生）作为课堂教学效果的直接载体，在课堂教学质量评价中的职能定位为：依据学校学生评价用表（参见粤轻院督〔2017〕1号文中表2-1至表2-3）中各项指标对教师进行接近一个学期的以教学效果、学生认可度为主要指标的综合评价。

第六条 同行。同行（含二级教学单位督导、全体教师）作为学校课堂教学实施的专职教师，在课堂教学质量评价中的职能定位为：依据学校督导及同行评价用表（参见粤轻院督〔2017〕1号文中表3-1至表3-6）中各项指标，在教师教学内容是否贴近行业企业最新技术，专业技能是否与时俱进等方面给出专业（或学科）层面的基本评价和改进建议。

第七条 督导。督导（含全体校级督导）作为学校课堂教学监控的专职人员，在课堂教学质量评价中的职能定位为：依据学校督导及同行评价表（参见粤轻院督〔2017〕1号文中表1-1至表1-6）中各项指标，在教师授课规范性、课堂设计性、授课方法性、教学效果性等方面给出教学技术层面的基本评价和改进建议。

第三章 多元评价标准及需求分类

第八条 结合上述多元评价主体在课堂教学质量评价中的不同职能定位，按照《第四代教育评价》提出的构建"契合多元价值的评价标准"，即依据多元评价主体不同评价需求对不同种类课程进行分类设置课堂教学质量多元评价标准。

第九条 教师自我评价标准。自评标准中的评价指标主要含有"对学校'教学质量评价标准'关注程度的自我评价"、"对课程教学投入大小的自我评价"等一级指标和"接受教学任务后，首先关注该课程的课程标准"、"关注学生的学习背景、认知水平、兴趣爱好"等18项二级指标。同时把教师是否根据自评结果和"学生感受及学习效果的调查问卷"（学生用）反馈情况进行自我反思而撰写的"自我改进举措"纳入自我评价标准框架之中。另外，为了调动教师参与自评的积极性（参见粤轻院督〔2017〕6号），对教师自我评价的标准中，还增设了教师根据学校自评标准框架自主设计观测点，报督导室审核备案的制度安排。

第十条 学生评价标准。对课堂教学质量的评价标准包括理论课教学质量评价表（学生）、体育课教学质量评价表（学生）和实验实训课教学质量评价表（学生）（参见粤轻院督〔2017〕1号）。其评价标准中的评价指标权值分配向"教学效果"倾斜。如在学生评价标准中设置一级指标"教学效果"中"较好地掌握了本门课程的主要内容知识"项的权值最高。

第十一条 同行评价标准。对课堂教学质量的评价标准包括理论课教学质量评价表（二级督导及同行）、体育课教学质量评价表（二级督导及同行）、实验实训课教学质量评价表（二级督导及同行）、课程设教学质量评价表（二级督导及同行）和毕业设计（论文）教学质量评价表（二级督导及同行）（参见粤轻院督〔2017〕1号）。其评价标准中的评价指标特别增加了有别于督导评价指标的"课程设置是否合理、是否因人设课"等与专业性相关的评价指标。

第十二条 督导评价标准。对课堂教学质量的评价标准包括理论课教学质量评价表（校督导）、体育课教学质量评价表（校督导）、实验实训课教学质量评价表（校督导）、课程设计教学质量评价表（校督导）和毕业设计（论文）教学质量评价表（校督导）（参见粤轻院督〔2017〕1号）。其评价标准中的评价指标权值分配向"教学方法"倾斜。如在督导评价标准中设置一级指标"教学方法"中"根据课程特点，设计教学组织流程，设计教、学、做一体的情境教学法，教学手段灵活"项的权值最高。

第四章 多元评价过程及信息化平台

第十三条 多元评价主体按照多元评价标准及评价流程参与课堂教学评价，选择不同路径将评价结果录入学校自主研发的"教师授课质量评价管理系统"信息化平台。"教师授课质量评价管理系统"汇集、统计、分析三方（含学生、同行、督导）评价结果，为教师开展自评、改进教学及其他教学管理部门提供数据服务。

第十四条 教师自我评价过程及评价结果提交。按照学校《开展"温室计划"，加大优质课堂建设的实施方案》（粤轻院督〔2017〕6号）文件规定，由督导室全程跟踪需参加自我评价的教师，在授课课程进度实施1/3~1/2左右时段，可参考"教师自评参考量表"和《学生感受及学习效果的调查问卷》，或结合课程实际情况自己设计自评量表和学习效果调查问卷报督导室审核备案后开展自我评价。自评后根据自评结果撰写自我改进措施并提交给学校督导组组长。教师自评不纳入平台综合评价分数，仅作为教师自我反思制订改进方案的参考。

第十五条 学生评价过程及评价结果的系统录入。学校将学生参与教师授课质量评价作为大素质教育的重要举措，将评教行为与诚信教育挂钩。全体新生入校时即签署《教师授课质量诚信评价承诺书》；每学期期初召开"学生信息员（包括宿舍长）评教培训会"，组织"学校学生信息员委员会、二级分院学生信息员工作组、班级学生信息员三级管理组织架构"（参见粤轻院督〔2017〕3号）下运作的"三级学生信息员"学习包含"组织流程""关键步骤"和"应注意事项等"主要信息的评教培训资料；期中召开"学生评教动员大会"，要求每位学生认真研读《"小参与大素质，学生参与教学质量监控八问"宣传手册》（每宿舍一册），按照标准对任课教师进行理性评价；期末学生评价结果经过小组（宿舍）长核实（对评教结果偏离历史平均值±10%的，要求参评学生对照标准对教师写出较为具体的定性评语）汇总—信息员核实汇总—班级Q群公示等环节，在教学督导室规定的时间内由信息员通过平台"学生"入口将全班评教结果录入"教师授课质量评教管理系统"。

第十六条　同行（含二级督导）评价过程及评价结果的系统录入。学校非常重视"同行听课"这一环节，将其纳入教师日常教学工作量并按讲课标准给予课酬。同行评价由各二级学院（部）根据学校制度，制订同行听课计划并组织教师实施。在同行听课实施过程中，除教务处负责定期检查同行听课情况外，教学督导室负责随机抽查听课整体运行状况；二级学院（部）教研室定期开展提升教学能力的教研活动，营造参评教师共同探讨课堂教学及分享课堂教学经验的氛围，并形成"同行评语"；二级学院督导组组织教研室对任课教师给出"同行评分"及"同行评语"。通过平台"同行"入口在每学期末将教师同行评分和同行评语录入"教师授课质量评教管理系统"[录入平台的具体用户名及密码由教学督导室统一向各二级学院（部）负责人发布]。

第十七条　督导（校级督导）评价过程及评价结果的系统录入。督导评价由教学督导室组织专职督导实施随机听课，并根据新教师、开新课教师、授课评价分值居后等特点，通过全面听课、集体听课、专项听课等措施进行精细评价（参见《教师授课质量考核评价管理实施办法》）。通过平台"督导"入口即时将督导评价结果录入"教师授课质量评教管理系统"。

第五章　多元评价结果应用及自我改进

第十八条　课堂教学质量多元评价实行评价标准、方法、结果三公开，教师可以随时登录"教师授课质量评教管理系统"查看评价结果、质量轨迹及评价建议（查询方法参见学校校园网—教学督导室网页—公告通知栏目下的《关于教师查询授课三方评教方法分数的通知》，发布时间2015年11月26日）。评价结果包括个人历年来授课课程三方评教结果、督导及同行评语、全校各教学单位评教结果排序及分类趋势分析等数据，作为教师自评与改进教学、教学管理部门考核二级学院（部）和教师的重要参考。

第十九条　制度。鉴于教学评价结果与"教师授课质量"的映射关系，在制度建设方面对评价结果采取激励、考核、改进"三驾马车"并行的路径。先后设立"课堂教学质量优秀奖"、颁布《教师授课质量考核评价管理实施办法》、下发《开展"温室计划"，加大优质课堂建设的实施方案》等文件，从制度层面保障评价结果的有效应用。

第二十条　激励。依据《关于设立"课堂教学质量优秀奖"的通知》（参见粤轻院教质〔2014〕1号）文件规定，学校对课堂教学授课质量突出的教师进行表彰，从而激励专业群内授课质量优秀的标杆教师。

第二十一条　考核。分对教师个人、二级学院（部）考核。对教师个人考核。依据《关于印发"教师授课质量考核评价管理实施办法的通知"》（参见学校校园网—教学督导室网页—规章制度栏目下的"教师授课质量考核评价管理实施办法"，发布时间2016年4月18日）文件规定，对教师授课实施"正常、限制、暂停"三级管理，由督导根据评价结果实施分类听课。如对于教师授课质量评价为"限制授课"的教师，学校督导与二级学院（部）督导组组长联合约谈教师本人，制定改进计划并进行重点跟踪。另外，人事处将教师个人三方评价结果作为教师职称评审、岗位聘任、骨干教师培养计划、推先评优等考核的重要指标。如"高职教育教师资格认定"中，近两年三方评价90分及以上者可免高职教育教学能力测评；专任教师转A类岗时，近两年三方评价要90分及以上；岗位聘任中，讲师二级岗位以上教师课程教学三方评价平均分要在80分以上。具备一二级专业技能证书教师按高一级课酬计酬的条件是：近一年所授课程教学三方评价平均分为90分及以上（副高），其他的为88分及以上；三方综合评价低于80分是"双师型"骨干教师评选的一票否决条件。

对二级学院（部）考核。教师整体评价结果作为学校质量监控的关键目标，由教学督导室统筹，纳入二级学院（部）年度督导工作考核指标之中。

第二十二条　改进。为了保住教学质量底线，学校重点关注教师自我改进效果。依据《开展"温室计划"，加大优质课堂建设的实施方案》（参见粤轻院督〔2017〕6号）文件规定，由专职督导一对一协助学生评价80分以下的教师实施自评。自评教师以多方评价结果为镜，对教学目标达成度、教学组织设计行为、课堂管理行为、沟通交流行为以及课堂教学效果等教学事实进行自我诊断，锁定教学短板、制订改进计划。督导组组长负责跟踪教师自我改进效果，以促其改进和提升课堂教学质量，从而达到教师授课质量处于优良状态的全校质量监控目标。

第六章　附　则

第二十三条　为践行"课堂教学评价既要面向过去又要面向未来的原则"，若教师对评教结果有异议，可向学校教学督导室进行咨询。

第二十四条　若因学校整体工作发展之需要或在实施过程中完善之需要，经学校办公会议讨论，可适当调整实施方案。

第二十五条　本方案由教学督导室负责解释，自××年×月×日起施行。

7.2　多元系统赋能，"自我诊断+企业参与"评价专业[①]

专业评价是专业建设的有机组成部分，需要连接办学相关方需求、需要深耕。现代专业评价理论与实践强调专业的自我评价与他方参与相结合，既是面向过去实施的评价，也是面向未来发展的评价。企业作为重要的他方，从学生学习成果对岗位适应性的角度参与专业评价，是建立多方参与的专业质量保障机制的必然选择。"你必须尽力地不停地跑，才能使你保持在原地。"在国家对专业的审批和评估已有成熟完整的保障制度下，唯有"自我诊断""企业参与"双驱动，专业建设目标才会对我们形成。

7.2.1　专业评价的内涵与企业参与

美国著名学者巴纳特（Barnett R.）的"三角保证理论"提出，高等教育的质量应由国家权力、学术权力和市场权力三者共同保障。国外的高等教育专业评价体系通常由政府的高等教育委员会对专业的审批和评估、高校内部专业评估和专业认证机构对高校专业的评估组成，三方自成体系又相互结合，保证教育的质量。专业作为专业建设的主体，为了获得专业建设目标，在专业建设标准的基础上开展的专业评价，既是对结果性绩效指标的评价，更是对过程性实施指标的评价。

[①] 教育部人文社会科学研究一般项目"'自我诊断+企业参与'的专业评价模式实证研究（17YJA880044）"。

7.2.1.1 专业评价内涵

现代专业评价在理论方面注重学生的学习产出，在实践方面强调专业的自我评价与他方参与相结合。在整个评价过程中，通常采用"回应—协商—共识"的建构型方法，专业和各利益相关群体一同回顾评价结果，共同商议专业设置、资源分配和学生学习体验该怎样进一步改进。本章节的专业评价，是指通过一套评价指标体系，由专业团队提供支持评价的数据、资料等实证材料，评价人分析数据、资料等量化数据和事实信息，采用"回应—协商—共识"的建构型方法，对专业的培养目标、办学资源、学生学习成果、服务对象满意度、社会声誉等方面综合评价并共同明确改进目标、改进方案的过程。

7.2.1.2 自我诊断评价

范富格特（Van Vaught）指出"在高等教育质量保证中，只有当高校教师认为质量保证活动是其分内之事，整个活动才可能成功"。专业自我诊断的本质是以批判性文化为基础带来高质量的教学改进，目的是构建专业反思文化，促进专业自我发展。专业评价是为了提高专业办学质量而提供的以教学改进为目标进行专业办学业绩评价的方法，和授课评价一样，也是一种"让改变发生的工具"。李楠在"码农的深耕理论"中提出，产品的生命力来自于自己的热爱，生产需要迭代，需要收集用户使用反馈，总结反思缺陷并持续改进。作为人才培养质量责任主体的专业，在专业建设过程中也需要深耕，需要连接办学相关方的需求。

专业自我诊断评价既有理论上的内驱优势，也有实际中的操作劣势。优势在于因为是自我诊断，更能从自我价值实现的角度，反思专业办学理念的先进性、教学内容的科学性、教学方法的有效性，发现教学中的创新与不足。劣势在于因为是自我诊断，"自我崇拜"的倾向易使自我诊断不能以批判性文化为基础带来高质量的教学改进。考虑到"自我崇拜"普遍存在的客观性，对自我诊断结果影响的必然性，我们把它作为构建专业自我批判性文化的必要过程。

7.2.1.3 企业参与评价

（1）企业参与专业评价的现状。吸纳企业参与职业教育、参与职业教育的专业建设，是高等职业教育职业性与经济性的必然选择。作为专业建设质量保障事后控制的教学活动，专业评价是专业建设的重要组成部分。

从文献搜索结果来看，"企业参与职业教育"的研究多集中在产教融合、校企合作、现代学徒制、"双元制"、职教集团等政策、机制、制度方面，如潘海生等系统研究了企业参与职业教育策略变迁机理，并对企业参与职业教育的政策制度体系提出了建议；李俊提出德国企业参与职业教育并不只是出于社会责任，在一定程度上也符合企业成本利益的考虑，并对企业参与职业教育的制度困境进行了梳理；多淑杰认为德国现代学徒制的治理是多方参与的过程，"三层双元"的多方参与治理结构既能确保企业的短期需求得到实现，也确保了教育目标和经济目标的实现。从院校的实践效果来看，冠名班、订单班、校中厂、厂中校、集团化办学、现代学徒制等都是企业参与职业教育的模式，在这一过程中主要是吸纳企业参与专业的建设、课程的设置、教材的开发、"双师"队伍的培养、实训基地的共享以及"双主体"办学。2017—2018 年，《关于深化产教融合的若干意见》《职业学校校企合作促进办法》等系列文件的颁布，剑指深化"引企入教"改革，引导企业多种方式参与学校的专业规划、教材开发、教学设计、课程设置、实习实训等，促进企业需求融入人才培养。宏观政策引领、理论研究与实践行动连接，企业参与职业教育的中国模式正在中国职教领域逐步形成。

时代呼唤巴纳特"三角保证理论"的市场权力，保障高职教育专业人才的培养服务行业、企业的"适应度""符合度""有效度"。然而，市场权力不是直接的办学主体，需要国家权力规定他们参与保障，更需要学术权力吸纳他们参与保障。

（2）企业参与专业评价的意义。现代专业评价在实践方面强调专业的自我评价与他方参与相结合。作为重要的他方，吸纳企业参与专业评价，目的是依托行业、联合企业，将技术标准和用人需求引入职业教育，促进学校服务产业能力的提升。作为重要的他方，企业参与专业评价的模式和通道，需要从其自身的认知角度出发，从学生学习成果对岗位适应性的角度适度参与。作为重要的他方，企业参与专业评价的落脚点，是引企入教，建立多方参与的专业质量保障机制。

（3）企业参与专业评价的本质。企业参与专业评价的本质是以他方批判性文化为基础带来高质量的教学改进，目的是帮助专业走出"巴纳姆效应"，面对自我、认识自我。作为专业人才培养输出的接收方，吸纳企业参与，本质是协助专业反思专业教育教学活动与社会需求的"适应度""符合度""有效度"，避免盲人摸象。作为专业人才培养输出的接收方，吸纳企业参与，本质是引导专业关注企业需求，从学生岗位适应性的角度评价学生在学习过程中的专业设置、教学管理等现状，帮助专业厘清办学质量各要素之间的依存关系。作为专业人才培养输出的接收方，吸纳企业参与，本质是深化专业建设的"引企入教"，从学生职业发展性的角度评价课程、专业、师资等不同层面存在的问题，建立多方参与的质量自我保证机制。

7.2.1.4　专业评价工具

本章节采用的专业评价工具，包括但不仅仅限于以下几种：

（1）教学和专业档案袋（teaching and professional portfolios）。对专业的建设规划、专业教学标准、专业师资队伍等教学必备资源的综合评价以及对专业教学过程信息的统计汇总。

（2）专业观察（professional observations）。从专业提供的信息分析专业教学情况、专业教学过程中反映的学生学习和师资队伍建设情况、专业办学过程中体现的专业教学基础管理情况。

（3）反馈备忘录（reflective memo）。提供给专业的反馈性文档，包括专业由谁评价、何时被评价、如何被评价、评价结果以及存在的问题，如"专家评价意见表"。

（4）部门专业研讨（departmental professional seminars）。专业团队中的教师与专业带头人一起在教研活动中交换专业建设意见的方式。

（5）外部同行评议（external peer review）。将专业的建设规划、专业教学标准、专业师资队伍等教学必备材料送往同专业的专家学者进行的评价。

（6）自评报告（self-evaluation report）。专业提供的自我反思文档，形式包括表、图、文字等。包括专业团队对专业的投入、专业的发展目标、专业的教学标准、专业的基础管理、拟采取的改进措施等方面的反思，如"专业自我诊断表"。

7.2.2　面临的问题与评价模式构建[①]

我们国家教育行政管理部门对高职教育专业的审批和评估已有成熟完整的保障制度，薄弱之处在于内部的专业评估和外部的专业认证。专业认证是一种以培养目标和毕业出口要求为导向的合格性评价，要求专业课程体系设置、师资队伍配备、办学条件配置等都围绕学生毕业能力达成这一核心任务展开，并强调建立专业自我改进机制和文化以保证专业教育质量和专业教育

[①] 李青，袁宜英，张成玉，等. 企业参与专业诊断的探索与实践［J］. 中国职业技术教育，2018（11）：88-91.

活力。参与认证的人员由同行业的专家组成，他们一部分来自教育界的专业教授，一部分来自职业界的专家，保证认证的专业性和权威性。在缺乏权威专业认证机构的当下，我们探索以专业的内部自我诊断评价为基础，与外部"市场权力"评价相结合的专业评价模式，连接行业企业对毕业生素质的需求，"自我诊断""企业参与"双驱动，深化双精准育人。

7.2.2.1　面临的问题及解决措施

作为人才培养质量的利益相关方，企业既是受益者，也是保障者，但不是教育者本身。吸纳企业参与专业评价面临以下的问题：一是评价什么，即评价维度或内容，是企业参与专业评价的逻辑基础。二是如何客观评价，即评价的工具，是企业参与专业评价的客观性、科学性的核心要素。三是怎样实施评价，即评价的实施框架，是企业参与专业评价有效性的客观保证。

我们通过实践探索与课题研究相结合的方式，从以下三个方面来解决企业参与专业评价面临的上述问题：一是从企业的角度，分析影响企业感知专业人才培养质量的评价要素，建立了以多方满意度为核心的企业参与专业评价的指标体系，解决评价什么的问题。二是从学校的角度，整合现有教师授课质量评价和在线质量跟踪调查系统，对专业人才培养质量的过程与结果进行定量与定性相结合的综合评价，为专业评价过去、诊断现在、展望未来提供数据支撑，解决如何参与评价的问题。三是坚持企业参与的"有所为、有所不为"，从专业评价的组织机构、专家结构、评价指标、信息化工具、试点应用等要点探索实施的专业评价模式[①]。

7.2.2.2　遵循的基本原则

我们遵循以下四原则，探索"自我诊断＋企业参与"的专业评价：

一是客观评价与主观评价相结合，以客观评价为主。从参与专业评价的企业界专家与教育界专家对专业办学认知广度和深度存在差异的客观性出发，确定 KPI 指标，定量与定性相结合，引导评价以客观性评价为主，消除个体参与评价行为的差异性。

二是学生学习评价与教师教学评价相结合，以学生学习评价为主。以学生、雇主等在学习或用人过程中体验为重点评价专业，同时将教师授课

---

① 教育部人文社会科学研究一般项目"'自我诊断＋企业参与'的专业评价模式实证研究（17YJA880044）"。中国职业技术教育学会科研规划项目"企业参与专业评价的实证研究（201619Y29）"。

质量纳入师资队伍评价指标。

三是数据分析与专家经验相结合，以数据分析为主。评价主体基于对专业现有办学状态数据的分析，辅之以学生、雇主等实际调查及评价主体对调查数据重要性的经验判断。专业评价中无论是"自我诊断"还是"企业参与"，进行数据分析的所有材料都是专业建设过程中的原始真实数据或素材（纸质版或电子版）。

四是服务决策与注重实效相结合，以服务决策为主。通过评价，反思办学存在的问题，并与企业专家一起，确定改进领域，制订改进方案，让评价最终为提升专业人才培养质量服务。

7.2.2.3 构建的模式特征

专业建设目标及标准的多样性，需要我们尊重专业自治的同时约束专业自治的行为。我们通过制定一套连接办学相关方需求的专业评价实施方案，引导作为专业建设主体的专业，从专业的"适应度""符合度""有效度"对专业的培养目标、办学资源、学生学习成果、服务对象满意度、社会声誉等方面开展自我诊断。我们通过"回应—协商—共识"的建构型方法，引导作为专业建设主体的专业团队，反思专业建设的各个实施过程，如二级学院教学副院长对专业建设规划执行的自我反思，专业带头人对人才培养方案、课程体系是否契合行业产业及学生发展需求的自我反思，教师对课堂教学计划实施情况的自我反思等。

我们与中国轻工联合会等行业协会合作，"自我诊断+企业参与"相结合，探索专业评价的有效实施方案。在这一过程中，我们以系统论、高等教育测量理论等为主要理论依据，综合运用了经济学、教育学、统计学等跨学科知识，以及文献资料分析法、比较法、问卷调查法、访谈法等研究方法。我们通过共同制订以多方满意度为核心的专业评价方案，"评价指标—评价工具—评价模式"三步走（见图7-3），顶层设计企业参与专业评价的方法和流程。我们从企业参与专业评价的组织机构、专家的构成、评价的指标体系、评价的信息化、评价的实施步骤、试点专业应用等关键环节，防止专业"自我诊断"过程的"乌尔冈湖效应"、诊断结果的"自我提高偏见"，以及企业一次性参与专业评价的"居中趋势"[①]。

---

① 居中趋势（central tendency），也叫中心化趋势误差、集中趋势、中间倾向、平均倾向和调和倾向等，是指评估者对所有被评者的评价都差不多，被评者的评价结果拉不开距离。

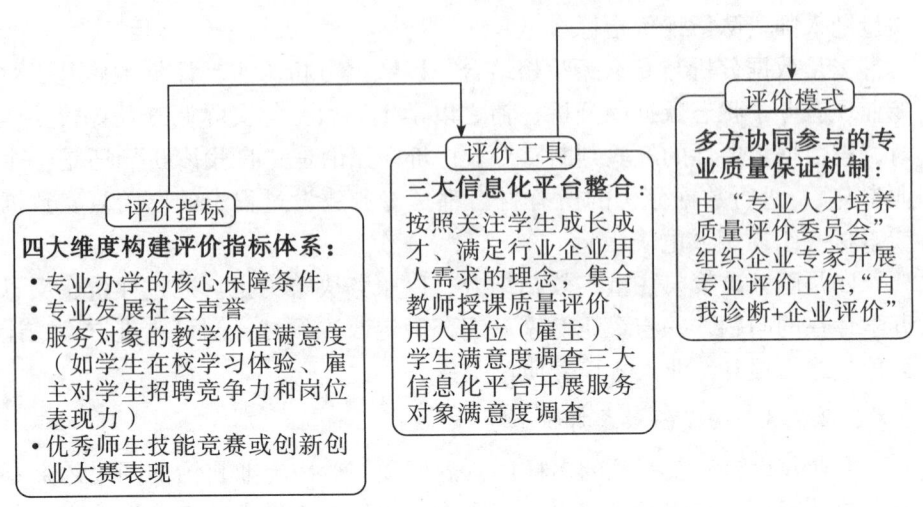

图 7-3 三步走，探索"自我诊断+企业评价"

7.2.3 评价主体与指标信息化评价

在"自我诊断+企业参与"的整个过程中，参与评价的不仅仅包括评价的"组织者"和"实施者"，还包括与被评专业相关的"所有人"，教师、学生、企事业用人单位以及企业专家等的共同参与。我们本土化《第四代教育评价》中提出的"契合多元价值的评价标准"的理念，通过考察评价教师授课质量"三方"综合评教数据，学生、雇主满意度调查数据，师生大赛获奖数据，招生、报到、就业数据等，构建了"所有参与评价人全面参与的评价氛围"。专业团队与企业专家采用"回应—协商—共识"的建构型方法，共商核心改进要素、共订专业改进方案，将评价结果作为专业后期发展策略的制定依据和标尺，形成评价促进专业建设、促进专业发展的闭环循环。

7.2.3.1 专业评价的组织机构

我们在广东轻工职教集团设立专业评价的组织机构"专业人才培养质量评价委员会"（以下简称"评价委员会"），把专业评价工作纳入职教集团的日常工作。评价委员会主任委员由广东轻工联合会会长、广东轻工职教集团理事长担任，委员由各专委会主任担任（专委会主任由职教集团下属成员企业推荐代表担任）。评价委员会的主要职责是制订企业参与专业评价的指标体系及实施方案，面向职教集团下属 13 个专业委员会开展专业评价工作。

7.2.3.2 专业评价的专家构成

参与"自我诊断+企业参与"专业评价的专家由同行专家与企业专家两部分组成。"自我诊断"阶段的专家，主要是同行专家，主要由专业团队负责人、骨干教师以及校外同专业的同行专家组成，一般5~7人。"企业参与"阶段的专家，主要是企业专家库中的专家，由评价委员会根据评价专业领域在企业专家库中随机抽取，一般5~7人。

协同全国轻工行业教学指导委员会、广东省轻工业联合会等社会团体，我们制订了专家的遴选标准，正如《华盛顿协议》对参与专业认证的专家要求必须具备工程专业认证、教育和实践的相关知识和能力一样。由评价委员会委员推荐符合条件的企业代表作为企业专家库入库成员，评价委员会根据遴选标准对推荐人选进行审查后进入专家库。参与评价的企业专家按照既要有代表企业的代表性、又能覆盖专业面向岗位群的原则，随机抽取产生。

同行专家与企业专家参与专业评价，保持中立性和服务性。参与评价前，组织对专家的培训，让企业专家了解评价的标准、评价的程序、评价的方法以及评价过程中的注意事项。

7.2.3.3 专业评价的指标体系

评价指标以学生、雇主等在学习或用人过程中体验为重点来评价专业的"适应度""保障度""符合度""满意度""有效度"。

(1) 建立评价指标体系。考虑参与专业评价的企业界专家与教育界专家对专业办学认知差异性的客观存在，我们按照多层次分析法，通过访谈、专家咨询等方法从"师资队伍"（25%）、"招生学习与就业"（15%）、"服务对象满意度"（60%）、"技能竞赛或创新创业大赛"（加分项）4个维度筛选出符合企业认知的KPI指标，并以学生、雇主等在学习或用人过程中体验为重点来诊断专业人才培养质量。可定量计算的指标，采取"结果—目标对比法"，按照计算公式直接计算或按照标准结合专家经验进行先赋分后计算的原则进行评价。

(2) 构建专业评价方案。对专业的评价，除了评价指标体系之外，还涵盖专业的诸多方面，如：①办学历史、特色和质量保证体系概况；②人才培养质量目标、面向的岗位群和对应的产业；③招生、就业和服务的质量；④教学资源、校企合作和社会竞争力；⑤发展潜力、面临的困难和未来期望等。为方便企业专家深入了解专业的状况，专业评价实施方案除要求专业提供评价指标体系中的材料外,还需填写"专业基本状态表"等其他信息,以方便专家通过"专业观察"开展专业评价(专业建设改进——"自我诊断+企业参与"专业评价实施方案)。

7.2.3.4 专业评价的信息化

专业评价关注专业办学目标、主体、过程、活动和结果中的证据。评价指标中,教师授课质量、学生在校学习体验、学生招聘竞争力、学生岗位表现竞争力等多方评价大数据的采集需要信息化手段提高采集数据的原始性、客观性、准确性和及时性。

(1) 确定采集工具。整合学校自主开发的"教师授课质量评教管理系统""雇主满意度调查""教学质量学生满意度调查"三大信息化平台,让多方参与专业评价的大数据从过程积累走向趋势分析,"校、企、学"融合,协助专业团队和企业专家采用"专业观察",理性分析办学目标的达成度、办学过程的规范性。一是结合广东轻工"教师授课质量评教管理系统"对专业教师授课质量的历史评价结果,对师资队伍的授课质量整体水平进行评价。二是结合学校现有质量监控跟踪平台,对被评价专业进行"雇主满意度调查""教学质量学生满意度调查"。三是结合"人才培养数据采集平台",对专业教师的生师比、招生报到就业率等指标进行即时性采集。

(2) 开发评价"听诊器"。考虑评价部分指标涉及统计计算,为辅助专业团队和企业专家按照评价指标体系评分,我们用 Excel 开发了在线"听诊器",将采取"结果—目标对比法"的评价指标按照计算公式预设在打分表中,自动输出评价结果,帮助专家结合被诊断专业提供的结果性数据和其他资料等,应用"教学和专业档案袋""专业观察"轻松评分。

7.2.4 模式实施与建构型企业参与

7.2.4.1 专业评价模式的实施

"自我诊断+企业参与"是一个强调不断收集数据、分析数据、应用数据、改善教学的持续性过程,目的是驱动测量结果并应用于课程的整合、专业人才培养方案的调整等方面,在下一轮评价中再次测量其变化,以达到不断改善教学、帮助学生实现个体价值发展、满足企业用人需求的目标。

专业作为专业建设的主体,为了获得专业建设目标,"自我诊断"应该也必须是核心,"企业参与"应该也必须是主体。我们从学校9个一流高职高水平建设专业中遴选出 3 个专业，分两批试点实施方案，持续迭代我们的专业评价模式。通过试点，我们逐步完善了实施步骤：组织开展学生、雇主满意度调查→专业梳理诊断评价资料→专业自我诊断→企业专家评价（按照评价体系）→评价意见反馈→专业制订改进措施，形成了"自我诊断＋企业参与"的专业诊断实施模式（见图 7-4）。

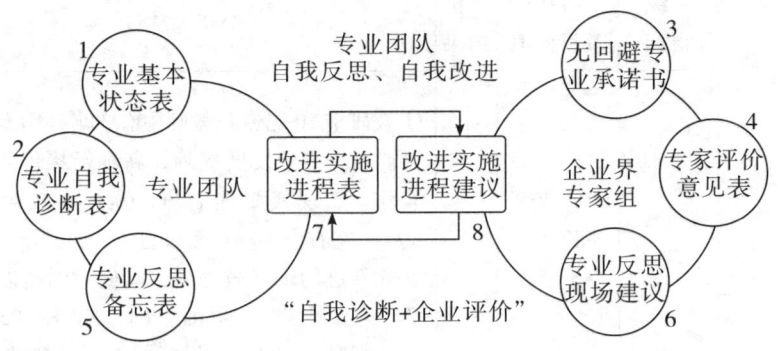

图 7-4　企业参与专业评价实施模式

（1）专业自我诊断。专业团队依据评价方案，开展自我诊断。一是组织开展学生、雇主满意度调查。如应用学校"教学质量学生满意度调查系统"对应届毕业生开展调查，内容涉及课程学习环境、课程学习体验、技能训练过程、学习成果与发展等 6 个分指标。应用"用人单位满意度调查系统"对学生就业单位开展调查，内容涉及"学生招聘竞争力"（包括薪酬、职业资格证书、应聘表现等 4 个分指标）和"学生岗位表现竞争力"（包括服从管理、敬业勤奋、专业知识与技能、解决问题等 10 个分指标）。二是组织专业梳理诊断评价资料。通过"专业观察"反思专业教学情况、专业教学过程中反映的学生学习和师资队伍建设情况、专业办学过程中体现的专业教学基础管理情况。通过"教学和专业档案袋"分析专业教师近三年授课质量状况，反思课堂教学质量。三是专业组建"自我诊断"同行专家组。专业通过外部同行评议，将专业的建设规划、专业教学标准、专业师资队伍等教学必备材料送往同专业的专家学者进行评价，让自我诊断有对比。专业通过"部门专业研讨"，按照评价方案自我诊断，通过"自评报告"（见表 7-3），让自我诊断有诊断。

表7-3 专业自我诊断评价表

专业名称	食品营养与检测		专业代码	590107
专业负责人	×××		职称/电话	教授/×××××××××××
	评价结果：□亟待提高　　□规范运行　　□主动适应　　☑开拓创新			

一级指标		二级指标及目标值	评价结果	分析与建议
自我诊断结果与分析	1. 师资队伍（25分）	1.1 "双师"比例（5分）	5	①教研室10名专任教师中有3名外聘专任教师。依据专业发展规划，高本衔接班、国际合作班、现代学徒制班，预计在校生规模500人左右，生师比需改善。 ②除新进的1名教师外，其他为副高以上职称。年龄大于40岁的教师占60%，35~40岁的教师占40%，职称和年龄结构需改善。 ③教师在行业组织中承担职务占40%，推动专业服务社会能力需改善。 ④近3年承担省市级科技项目4项，横向技术服务2项，专利5项，科研与技术服务数量和比例需改善
		1.2 职称结构（5分）	4	
		1.3 教师授课质量（15分）	12	①2013—2014学年第二学期至2016—2017学年第一学期，专任教师学生质量评价平均数93.4，其中12门教师授课评分90分以下。 ②纯理论课授课评分相对较低。 ③授课评分，承担课程教学5年以上比5年以下分数高。 ④课程教学内容在企业有对应岗位实践过的"双师"教师，授课评分明显高。教师授课质量需改善

续上表

专业名称	食品营养与检测	专业代码	590107
专业负责人	×××	职称/电话	教授/×××××××××××
	评价结果：□亟待提高　□规范运行　□主动适应　☑开拓创新			

一级指标	二级指标及目标值	评价结果	分析与建议
自我诊断结果与分析	2. 招生、学习与就业（15分）		
	2.1 招生指标完成率、报到率（5分）	4	①招生报到。招生指标完成率100%，报到率一般在82%左右（比省内高职院校同类专业都低）：学校整体录取分数线相对较高，未报到的学生选择复读；食品营养与检测专业在广东省开设14所高职，未来面临更严峻的竞争。专业在社会宣传力度不够。
	2.2 考试通过率（5分）	5	②学生就业。95%以上学生在省内就业，80%以上学生在食品企事业单位就业，专业对口率在86%以上。2013、2014、2015届毕业生半年内的离职率（跳槽）超过36%。原因分析：学生就业集中在珠江三角洲，主要是在广州就业。学生对工作期望值很高，主动离职、跳槽频率大，其中大型企业离职率明显比中小型企业要低。学生就业单位主体在中小企业，51～300人占52%、50人以下占19%，中小企业工作环境与学生规划的职场文化有距离，学生认为个人发展空间不够，同时兼做多种岗位，工资增幅又较小，主动离职率较高
	2.3 初次及年底就业率（5分）	5	

续上表

专业名称	食品营养与检测		专业代码	590107
专业负责人	×××		职称/电话	教授/×××××××××××
	评价结果：□亟待提高　　□规范运行　　□主动适应　　☑开拓创新			

	一级指标	二级指标及目标值	评价结果	分析与建议
自我诊断结果与分析	3. 服务对象满意度（60分）	3.1 学生在校学习体验（18分）	12	调查数据统计：除"课程学习体验"外，其他分项分数都在4分以下。总体平均分3.98。 原因分析： ①目前开设实训室2间，学生课后不能自主训练。 ②仿真实训平台未建立。 ③学生参与专业性科研项目人数比例不到15%；参与技能大赛人数比例不到5%。 ④目前专业5门核心课程以及食品加工技术等主干课程都建立网络资源，但资源的素材（视频、微课、仿真等）缺乏，在线开放课程亟待丰富，师生互动途径不够，造成学生课后主动学习的积极性不足
		3.2 学生招聘竞争力（12分）	10	雇主调查结果数据分析： 学生招聘竞争力：实际各分项都在4分左右，学生岗位表现竞争力中"解决问题"项分数低。 ①主要原因：学生课后专业实践活动缺乏、在校学生和企业面对面沟通途径狭窄、培养学生提升职业素养项目不够。 ②企业调研：90%以上的企业认为学生自主学习不够，造成在企业工作过程中分析问题和解决问题能力不足
		3.3 学生岗位表现竞争力（30分）	26	
	小计		83	

续上表

专业名称	食品营养与检测	专业代码	590107
专业负责人	×××	职称/电话	教授/××××××××××

评价结果：□亟待提高　□规范运行　□主动适应　☑开拓创新

一级指标	二级指标及目标值	评价结果	分析与建议
4. 技能竞赛或创新创业大赛（加分项）	4.1 国家级及以上奖项	10	
	4.2 省级奖项	10	
	4.3 市级及以下奖项		
	小计	20	

自我诊断结果与分析

存在核心问题与改进设想：（※以近三年数据结果为依据进行分析）

结合企业专家意见，根据自我诊断结果，进一步贯彻学校"提升教师教学效能、促进学生职业发展、满足企业岗位需求"的多元质量监控方针，我们总结出目前存在的核心问题：学生专业职业素养（敬业勤奋、沟通与合作、主动学习能力等）能力亟待提高。

结合学校"自我诊断+企业参与"专业评价指导方针，我们以问题为导向，未来的主要改进措施如下：

（1）多途径搭建学生参与专业活动平台。提供不同形式的专业活动，如挑战杯、科研项目、社会技术服务、参与实训室组织与管理等，提高学生课外专业实践人数比例；

（2）广措施提高教师信息化教学能力。专业核心课程和平台课程全部建成精品在线开放课程，主干课程全部开发微课程；重点开发特色教材，通过数字化链接专业教学资源库，实现校内便利共享；构建仿真实训平台。推行翻转课堂，提高学生学习的主动性

专业负责人签字：×××　　　　　　　日期：××××年××月××日

（2）企业参与评价。评价委员会从企业专家库中抽取企业专家，开展专业评价。企业专家的专业评价由三部分组成。一是依据学校职能部门提供的双师比例、职称结构、招生学习与就业、师生竞赛获奖等数据，依据

广轻"教师授课质量评教管理系统"导出的专业教师团队授课质量数据，按照计算公式或评价标准进行赋分。二是依托"教学质量学生满意度调查系统""雇主满意度调查系统"的调查结果，专家结合自身经验对办学过程中学生学习体验各项指标的重要性及专业面向的岗位及岗位群所需的各项职业素质重要程度进行赋分，按照加权平均的方法计算评分。三是根据被评价专业提供的其他资料，结合数据与自身经验，应用"专业观察""反馈备忘录"等评价工具，从4个维度对专业进行评价，撰写专家评价意见表并反馈给评价委员会（见表7-4），让企业评价有评价。

表7-4 企业专家评价意见表

专业名称		食品营养与检测		专家姓名	×××
工作单位		广东省食品质量监督检验站		职称/职务	高级工程师/常务副站长
诊断结果与分析	评价结果：□亟待提高　□规范运行　□主动适应　☑开拓创新				
	一级指标	二级指标及目标值	评价结果	分析与建议	
	1. 师资队伍（25分）	1.1 "双师"比例（5分）	5	师资力量雄厚，职称结构合理，教师授课质量高，建议加强高层次人才特别是具备教学科研能力的高层次人才的引进，使专业教学更贴近产业发展的需求和市场的需要	
		1.2 职称结构（5分）	5		
		1.3 教师授课质量（15分）	15		
	2. 招生学习与就业（15分）	2.1 招生指标完成率、报到率（5分）	4.12	目前专业的招生报到率还有待提高，要分析其产生的原因，找出对策加以提高；专业的初次就业率还是很好的，但要分析初次就业专业对口率不高的原因；建议研究与产业或行业定向培养学生的招生方向，引企入教	
		2.2 考试通过率（5分）	5		
		2.3 初次及年底就业率（5分）	5		

续上表

专业名称	食品营养与检测	专家姓名	×××
工作单位	广东省食品质量监督检验站	职称/职务	高级工程师/常务副站长

评价结果：□亟待提高　□规范运行　□主动适应　☑开拓创新

一级指标	二级指标及目标值	评价结果	分析与建议
3. 服务对象满意度（60分）	3.1 学生在校学习体验（18分）	14.27	学生在校学习体验还有待提高，建议在特色课程的设计、学习环境与沟通渠道的建设方面加强力量
	3.2 学生招聘竞争力(12分)	9.75	学生有较强的招聘竞争力和岗位竞争力，满足产业和行业的实际需要，建议加强学生到产业和行业进行专业实习的经历，提高学生解决专业问题的能力
	3.3 学生岗位表现竞争力（30分）	25.94	
	小计	89.08	
4. 技能竞赛或创新创业大赛（加分项）	4.1 国家级及以上奖项	20	建议继续保持和加强参与各项技能竞赛或创新创业大赛的力度，特别是国家级层面的技术竞赛，提升专业的声誉和学生的荣誉感
	4.2 省级奖项	5	
	4.3 市级及以下奖项		
	小计	25	

（诊断结果与分析）

存在核心问题与建议：
（1）建议重视师资后备力量的培养，加强高层次人才特别是具备教学科研"双能力"的高层次人才的引进，深入分析招生报到率不高的原因，进一步加强特色课程的设计，以及学习环境与沟通渠道的建设；
（2）建议研究与产业或行业定向培养学生的招生方向，加强学生到产业和行业进行专业实习的经历，提高学生解决专业问题的能力

专家签字：×××　　　　　　　　　　　日期：××××年××月××日

（3）共同制订改进方案。我们采用"回应—协商—共识"的建构型方法，按照两段法实施"会诊"：一是评价委员会收齐企业专家组个人诊断意见后，反馈给专业团队，专业团队成员采用"部门专业研讨"这一评价工具，一起在教研活动中共同研究企业专家的建议，交换专业的改进方式。二是评价委员会组织召开现场会，专业团队与企业专家一起共商核心改进要素、共同制订专业改进方案，见表7-5，让改进方案有改进。

表7-5 专业改进实施进程表

专业名称		食品营养与检测		专业代码	590107
专业负责人		×××		职称/电话	教授/××××××××
		本次诊断评价：□亟待提高 □规范运行 □主动适应 ☑开拓创新			
		下次诊断评价：□亟待提高 □规范运行 □主动适应 ☑开拓创新			
诊断结果与分析	一级指标	二级指标及目标值	本次评价	改进目标值	分析与建议
	1. 师资队伍（25分）	1.1 "双师"比例（5分）	5	5	定期深入企事业单位中交流学习，进一步了解企业实际需要。到2018年12月31日聘请企业骨干人员来校座谈及讲座20人次以上；教师企业调研5次以上/人。形成专业人才新时期需求报告
		1.2 职称结构（5分）	5	5	
		1.3 教师授课质量（15分）	15	15	通过培训提高年轻教师专业实践能力，承担课程建设，提高教学能力。2018年12月31日，专任教师授课质量由平均90分以上变为每位教师90分以上
	2. 招生学习与就业（15分）	2.1 招生指标完成率、报到率（5分）	4.12	4.8↑	（1）2017年4月30日制作专业网络宣传资料；（2）2017年9月1日开展"3+2"高本衔接班和现代学徒制试点班，吸引想继续读书和入学即就业的学生；（3）2018年12月31日打通大型企业和第三方机构合作模式，提高学生就业对口率
		2.2 考试通过率（5分）	5	5	
		2.3 初次及年底就业率（5分）	5	5	

续上表

专业名称	食品营养与检测			专业代码	590107
专业负责人	×××			职称/电话	教授/××××××××
本次诊断评价：□亟待提高　□规范运行　□主动适应　☑开拓创新					
下次诊断评价：□亟待提高　□规范运行　□主动适应　☑开拓创新					

一级指标	二级指标及目标值	本次评价	改进目标值	分析与建议
3. 服务对象满意度（60分）	3.1 学生在校学习体验（18分）	14.27	16↑	（1）2018年9月30日建立仿真实训和加大课程资源建设，推动翻转课堂教学，提高学生自主学习机会。 （2）通过引入项目和参与企业活动，2018年9月30日前，在校生课外参与专业实践活动人数比例大于等于80%
	3.2 学生招聘竞争力（12分）	9.75	11↑	（1）定期邀请优秀校友回校和在校生见面；2019年9月30日之前，见面会1次/年。 （2）2018年12月31日大型用人企业来校讲座3次/年
	3.3 学生岗位表现竞争力（30分）	25.94	28↑	
	小计	89.08	94.8↑	
4. 技能竞赛或创新创业大赛（加分项）	4.1 国家级及以上奖项	10	20↑	将国赛和省赛大纲纳入相应课程标准。建立导师负责制，2019年12月31日之前学生参与大赛和获奖人数有所提高
	4.2 省级奖项	10	15↑	
	4.3 市级及以下奖项			
	小计	20	35↑	

（诊断结果与分析）

续上表

专业名称	食品营养与检测	专业代码	590107
专业负责人	×××	职称/电话	教授/××××××××
诊断结果与分析	改进方案实施分析（※根据目标值与评价现状偏差，结合实际情况，分析实施改进措施进程的难点1~3个） 1. 招生指标完成率、报到率较低 （1）改进措施：开展"3+2"高本衔接班和现代学徒制试点班，吸引想继续读书和入学即就业的学生报考；通过教师在行业组织中担任职务、开展招生宣传等措施，提高专业的社会声誉。 （2）难点：现存问题，一是学校整体录取分数线较高，未报道的学生选择复读的比例较大；二是和目前食品行业发展的状况有较大关系；三是广东省开设本专业的共14所院校，各校对生源的争夺未来面临更严峻的竞争。虽然建立校企校际直通在一定程度上会提高报考的吸引率，但合作开展的"3+2"高本衔接班应用型本科院校地理位置、办学实力以及将来就业面向也直接决定了报考学生的兴趣。合作企业的岗位性质以及工作环境等决定了现代学徒制办学质量。 2. 学生在校学习体验分值较低 （1）改进措施：依托专业工作室建设，通过引入项目和参与企业实践活动，实现在校生课外参与专业实践活动人数比例大于等于80%。将专业核心课程和平台课程全部建成精品在线开放课程，主干课程全部开发微课程；重点开发特色教材，通过数字化链接专业教学资源库，实现校内共享互通；构建仿真实训平台，推行翻转课堂，应用信息化建设泛在课堂，提高学生的专业兴趣和学习的主动性。 （2）难点：实训条件（如工作室等）和课程资源（视频资源等）需得到学校资源支持。推动翻转课堂教学，还在摸索阶段。 专业负责人签字：×××　　　　　　　　日期：××××年××月××日		

参与评价的专业，由专业负责人组织专业团队填报"专业基本状态表"，比对"专业发展规划"中相应的关键目标，依据其达成度自我诊断，填写"达成"或"未达成"。除按照"专业诊断评价标准"准备专业评价佐证材料外，还可提供能体现专业建设成效的支撑材料，如具有特色的人才培养方案、面向岗位群核心能力培养的课程标准、工学结合的讲义、典型教案或PPT、优秀的学生毕业设计或论文等。

7.2.4.2 专业评价的模式分析

我们围绕企业参与专业评价的组织机构、专家构成、评价体系、数据采集信息化工具、模式实施试点等开展实证研究工作，形成了以下特色。

一是倡导自我诊断。以专业自评为始，通过填写专业基本状态表、专业自我诊断表、专业改进实施进程表、梳理专业系列资料等环节，唤醒专业作为专业建设主体的自我保障责任意识。引导专业实现自身的教学价值，这与我们倡导的"管理至零"的组织文化不谋而合。二是吸纳企业参与。企业专家通过阅读专业提供的资料，结合岗位及岗位群对人才培养的需求，按照评价指标的规定参与专业评价。三是注重学习成果。构建了以服务对象体验为核心的企业参与专业评价的指标体系，多角度关注学生成果的"产出"性结果，如教师授课质量学生参与评价、雇主满意度调查、学生满意度调查等。四是整合数据系统。我们整合了学校原有的多元质量监控系统的若干模块及人才培养数据采集平台，为企业参与评价提供大数据服务，如教师历年授课质量"三方"评价数据，雇主和学生满意度调查数据，招生、报到、就业数据等。五是持续深耕迭代。通过两阶段的试点建立了完善的"自我诊断+企业参与"的专业评价步骤，将评价结果作为专业制定后期发展策略的依据和评价发展的标尺。通过试点形成了务实的实施模式，采用"回应—协商—共识"的建构型方法，专业与企业合作共订改进方案，避免企业参与评价的"专业偏见"①，形成促进专业建设的闭环循环，促进专业的未来发展。

未来，评价委员会以三年为周期，组织"自我诊断+企业参与"的专业评价工作。专业在每一个评价周期，可以采取以下三种形式开展专业评价：每年阶段性自评与企业参与相结合，每年阶段性自评与企业参与终结性评价相结合，终结性的自评与企业参与相结合。无论是阶段性吸纳企业参与还是终结性吸纳企业参与，评价的结果仅仅作为专业改进教学的重要参考、教师改进教学行为的"隐形的翅膀"，引导专业团队所有人实现自身的教学价值，这就是我们倡导的"管理至零"的组织文化。在实施过程中，我们分析了专业评价模式的两个阶段即"自我诊断"与"企业参与"评价的特征，具体对比见表7-6。

---

① 专业偏见（professional bias），指人们倾向于根据以前擅长的领域或者经验对不擅长的领域做出判断，从而出现判断失误或判断本身与判断对象的真实情况不相符合。

表7-6 "自我诊断"与"企业参与"专业评价的特征分析

	自我诊断	企业参与
评价标准	专业基本状态表、专业诊断评价标准	
培训工具	评价PPT：评价的标准、评价的程序、评价的方法以及评价过程中的注意事项	
评价依据	每年阶段性评价 或一个评价周期的终结性评价	每年阶段性评价 或一个评价周期的终结性评价
评价工具	●专业观察、教学和专业档案袋 ●自评报告 ●外部同行评议、部门专业研讨	●专业观察、教学和专业档案袋 ●反馈备忘录 ●辅导和指导
评价优势	几乎全程、内驱动力、专业范式	中立、岗位需求
评价劣势	自我崇拜（乌尔冈湖效应/自我提高偏见）	专业偏见、随机性居中趋势
评价反馈	及时+阶段性+终结性	阶段性+终结性
结果采集	及时、客观、准确：教师授课质量评教管理系统、学生满意度调查系统、用人单位满意度调查系统、人才培养数据采集平台、专业基本状态表、自我诊断表	
评价步骤	组织开展学生、雇主满意度调查→专业梳理诊断评价资料→专业自我诊断→企业专家评价（按照评价体系）→评价意见反馈→专业制订改进措施	
评价文化	反思文化、合作文化	诚信文化、批判性文化
协助改进特征	反思型、协作型	反馈型、辅导型

从来就没有完美，没有一成不变的优良。我们始终如一地强调规范、标准下的专业自我管理、自我改进。我们现在的《"自我诊断+企业参与"专业评价实施方案》是我们基于学校专业建设现实所做的现在的选择，但不止于此。正如在诊断与改进工作中倡导的，所有工作质量的保障主体都是自己，也只能是自己。

7.2.4.3 实施成效与社会影响

《国家中长期教育改革和发展规划纲要（2010—2020年）》中提出"改革教育质量评价和人才评价制度，开展由政府、学校、家长及社会各方面参与的教育质量评价活动"。我们探索的专业评价模式，让自我诊断有诊断、让企业评价有评价、让改进方案有改进。引导专业在一流高职高水平专业建设过程中、在专业的发展过程中,关注专业团队的授课质量,关注学生的发展,关注企业的需求。引导专业"引企入教",在课程、教师、学生、雇主等不同层面对自身教育教学活动进行反思,建立多方参与的专业自我质量保证机制(见图7-5)。

我们的"自我诊断+企业参与"专业评价是"让改变发生的工具",只有改进,专业才能发展。我们的"自我诊断+企业参与"专业评价实践成功入选2017年国家、广东省高职教育质量年报案例,为广东省创新强校工程提出的"探索开展行业企业充分参与的专业认证和专业评估"先行先试、推动新一轮的广东省高职院校的专业诊断与改进工作提供了新的解决方案。(专业评价样板:http://cms.gdqy.edu.cn/viscms/index_213934.html)

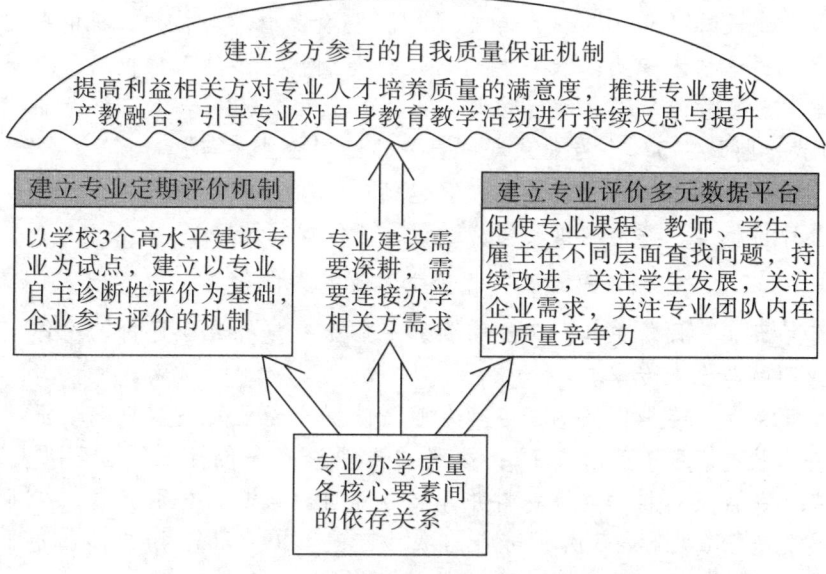

图7-5 多方参与的专业自我保证机制

☆专业建设改进——专业评价实施方案

"自我诊断+企业参与"专业评价实施方案[①]

第一章 总 则

第一条 在高职适应国家经济发展和产业转型升级需要,着力服务

---

① 此实施方案是教育部人文社会科学研究一般项目(17YJA880044)的阶段性成果。

国家创新驱动发展战略和中国制造2025的大背景下，依据《国务院关于加快发展现代职业教育的决定》《广东省高等职业教育"创新强校工程"（2016—2020年）实施方案》（粤教高〔2016〕8号）精神，为进一步深化我校产教深度融合，从"教育+企业"的视角促进专业的自我诊断与持续改进，不断提升专业人才培养质量，特制定本实施方案。

第二条 "自我诊断+企业参与"专业评价，是我校按照"需求导向、自我保证、多元诊断、重在改进"的诊改方针对专业教育教学活动进行反思与提升质量的重要抓手，是我校推进工学结合、校企合作办学向纵深发展的重要举措。专业最终的评价结果，作为专业团队自我反思与持续改进专业人才培养质量的指导性意见。

第三条 试点专业范围仅限于学校"一流高职"建设中的9个高水平专业，又称"3+6"试点专业（"3"指食品营养与检测、机电一体化技术、通信技术专业；"6"指广告设计与制作、园林工程技术、汽车营销与服务、物流管理、酒店管理、会计专业）。其中，"6"个专业试点"自我诊断"，"3"个专业试点"自我诊断+企业参与"。

第四条 本实施方案主要内容包括：评价主体及基本任务、评价原则及评价标准、评价组织及实施过程、评价规范及监督。

第二章 评价主体及基本任务

第五条 评价主体。"自我诊断+企业参与"专业评价的主体包括专业团队与企业专家。

第六条 专业团队的任务。专业团队提交专业发展规划；填报"专业基本状态表"（见附表1）；按照"专业诊断评价标准"（见附表2）准备相关佐证材料和支撑材料并开展专业自我诊断，分别完成"专业自我意见表"（见附表3）、"专业自我诊断表"（见附表4）；参加专业改进反馈会，完成"专业改进实施进程表"（见附表5）。

第七条 企业专家的任务。企业专家根据"专业基本状态表"（见附表1）和佐证材料及支撑材料，完成"专家评价意见表"（见附表4）；参加学校组织召开的专业改进反馈会，帮助专业确定存在的核心问题及改进建议。

第三章 评价原则及评价标准

第八条 指导思想。以满足学生、教师、雇主对学习成果的价值需求为逻辑起点，诊断学生学习行为表现、知识技能、职业能力、就业信心与招聘竞争力；引导专业团队反思专业是否面向岗位及岗位群培养高素质技术技能型人才，助力学生职业适应性发展，探索建立学校"产教学深度融合的专业诊断性评价新机制。

第九条 评价原则。评价坚持"四结合"原则，即客观评价与主观评价相结合、学生学习评价与教师教学评价相结合、数据分析与专家经验相结合、服务决策与注重实效相结合。

（1）客观评价与主观评价相结合，以客观评价为主。专业团队以对专业发展高度负责的态度，依据专业基本状态和评价标准，认真排查短板。结合企业专家评价反馈意见，制定针对性改进措施，明确未来专业发展路径。参与评价的企业专家聚焦评价指标，结合专业面向的岗位需求提出专业建设的短板，为专业制定改进措施提供参考建议。

（2）学生学习评价与教师教学评价相结合，以学生学习评价为主。将学生在校学习体验和雇主用人过程体验（学生招聘竞争力、岗位表现竞争力）作为评价重点，诊断专业人才培养质量成效，提出改进建议。

（3）数据分析与专家经验相结合，以数据分析为主。专业评价中无论是"自我诊断"还是"企业参与"，专业团队填报的状态数据以及提供的佐证材料和支撑材料都应是专业建设过程中的原始真实数据或素材（纸质版或电子版）。评价主体基于对专业现有办学状态数据的分析，辅之以学生、雇主等满意度调查及对调查数据重要性的经验判断，进行综合评价。

（4）服务决策与注重实效相结合，以服务决策为主。通过评价形成的"自我诊断""企业参与"结果，主要用于专业团队反思专业办学中的短板以及问题，并与专家一起，确定改进核心领域，制订持续改进方案，让评价结果最终为提升专业人才培养质量服务。

第十条 评价标准。充分考虑专业团队与企业专家对专业办学认知广度和深度的差异性，通过调研访谈、比较筛选、专家咨询等方法确定核心评价指标，使其既符合企业对专业评价的认知习惯，又可测量出专业对学生面向岗位及岗位群关键核心能力的培养水平。

（1）标准制定主体。由学校协同中国轻工行指委、广东轻工职业教育集团第三方评价专业人才培养质量委员会共同研究制定。

（2）评价标准体系。从专业办学的核心保障条件、专业发展声誉、服务对象的教学价值满意度、标杆学生培养质量等4个维度来诊断专业的办学水平和可持续发展能力。具体包括4个一级指标和12个二级指标（见附表2），并以学生、雇主等在学习或用人过程中的体验为KPI指标来诊断专业人才培养质量。

（3）专业评价方法。评价标准中可定量计算的指标，采取"结果—目标对比法"，按照计算公式直接计算打分或按照评价标准结合评价主体经验进行先赋分后计算的方法对专业进行诊断性评价。

（4）专业评价工具。按照评价指标体系的内涵、计算公式或者赋分原则，用 Excel 开发评价"听诊器"，帮助专家轻松评分。

第四章 评价组织及实施过程

第十一条 组织实施。由学校教学督导室具体负责试点专业评价的组织实施。通过整合学校自主研发的"教师授课质量评教管理系统""用人单位（雇主）满意度调查系统""教学质量学生满意度调查系统"三大信息化平台，从服务对象学习体验的角度并结合企业专家对专业办学核心指标及岗位职业素质重要性的经验判断，采用加权平均的方法，定性与定量结合，开展专业诊断与评价，让多方参与专业诊断性评价的大数据从概念关联走向"校、企、学"融合。具体按照"六步法"组织实施。

第1步：填写基本状况。参与试点评价的专业，由专业负责人组织专业团队填报"专业基本状态表"（见附表1），比对"专业发展规划"中相应的关键目标，依据其达成度自我诊断，填写"达成"或"未达成"。除按照"专业诊断评价标准"（见附表2）准备专业评价佐证材料外，还可提供能体现专业建设成效的支撑材料，如具有特色的人才培养方案、面向岗位群核心能力培养的课程标准、工学结合的讲义、典型教案或 PPT、优秀的学生毕业设计或论文等。

第2步：组建专家组

（1）组建专业专家组。专业团队自行组建"自我诊断"专业专家组，要求选聘本专业具有丰富教学经验的"双师"或骨干教师，人数不少于3人。

（2）组建企业专家组。教学督导室根据专家遴选标准（具有高级职称并从事相关专业岗位10年以上工作经历的企业、行政、技术管理人员）组建专家库，在专家库中随机抽取或邀请参与过学校专业建设的企业专家成立企业专家组，人数不少于5人。

第3步：开展满意度调查。教学督导室每年组织开展"学生满意度"调查，指导专业团队依托"雇主满意度调查系统"组织开展"雇主满意度"调查。调查结果作为服务对象满意度评价的依据。

第4步：完成专业自我诊断表。专业团队结合"专业基本状态表"中"未达成"的目标状况和汇总专业专家评分情况并形成评价结果，填报"专业自我诊断表"（见附表3）。

第5步：专家开展评价。专业专家组和企业专家组在被评专业团队提供的相关资料基础上，借助"听诊器"工具对评价指标赋分。其中对一级指标"服务对象满意度"评分时，需结合自身经验对指标的"重要程度（专家赋分）"给出判断值（1～5，5为最重要），专业、企业专家把系统自动形成的评价分值填入"专家评价意见表"(见附表4)。

第6步：召开专业改进反馈会。试点专业将所有评价资料按规定整理后提交给教学督导室，教学督导室组织召开专业改进反馈会。所有被评专业团队、专业专家和企业专家参加反馈会。各专业团队结合反馈意见，认真组织学习并消化吸收，在教师、课程、学生等层面深入研究，制定针对性改进措施，完成"专业改进实施进程表"(见附表5)。

第五章 评价规范及监督

第十二条 自律规范。被确定为企业专家组成员后，专家不得接受邀请参加待评专业任何涉及经济利益的活动。如有违反，将采取更换、专家库除名等措施。

第六章 附 则

第十三条 若因学校整体工作发展需要，经学校办公会议研究，可适当调整实施方案。

第十四条 本方案由教学督导室负责解释，自××××年×月×日起施行。

附表1：专业基本状态表（略）
附表2：专业诊断评价标准
附表3：专业自我诊断表（略）
附表4：专家评价意见表（略）
附表5：专业改进实施进程表（略）

附表2 专业诊断评价标准

一级指标	二级指标及目标值	评分方法	数据来源
1. 师资队伍（25分）	1.1 "双师"比例（5分）：70%	①达到目标值满分；②未达到目标值：5×（实际比例/70%）	数据采集平台
	1.2 职称结构（5分）：高级职称比例35%	①达到目标值满分；②未达到目标值：5×（实际比例/35%）	数据采集平台
	1.3 教师授课质量（15分）：①比率：学生评教≤75分比率为0，学生评教≥90分比率≥50%；②平均分：学生评教≥85分，三方综合评教≥85分	①达到目标值满分；②学生评教≤75分的比率>0，不得分；③其他未达到目标值的项，每项减3分	教师授课质量评教管理系统

续上表

一级指标	二级指标及目标值	评分方法	数据来源
2. 招生就业（15分）	2.1 招生指标完成率及报到率（5分）：100%	5×（实际完成比例/100%）	数据采集平台
	2.2 课程考试及毕业通过率（5分）：95%	①达到目标值满分。 ②未达到目标值：5×（实际通过率/95%）	教学管理系统
	2.3 初次及年底就业率（5分）： 初次就业率90%以上； 年底就业率95%以上	①达到目标值满分。 ②未达到目标值：5×{（实际初次就业率/90%）+（实际年底就业率/95%）}/2	数据采集平台
3. 服务对象满意度（60分）	3.1 学生在校学习体验（18分）	目标分值×[（∑K_iA_i/∑A_i）/5] ①K_i——各项指标实际满意度（依托调查系统开展各项专业调查的实际数据，专家进入调查系统核实）。 A_i——专家依据经验对该项调查指标给出的重要程度判断（1~5分）。 ②学生在校学习体验包括：课程学习环境、课程学习体验、技能训练过程、学习成果与发展等6个分指标。	学生满意度调查系统
	3.2 学生招聘竞争力（12分）	③学生招聘竞争力包括：薪酬、职业资格证书、应聘表现等4个分指标。 ④学生岗位表现竞争力包括：服从管理、敬业勤奋、专业知识与技能、解决问题、主动学习、工作业绩等10个分指标	雇主满意度调查系统
	3.3 学生岗位表现竞争力（30分）		
4. 技能或创新创业竞赛等社会影响力（加分项）	4.1 国家级及以上奖项	10分/项	数据采集平台
	4.2 省级奖项	5分/项	
	4.3 市级及以下奖项	3分/项	

附录

1. "多元协同参与的人才培养质量监控体系"实施方案[①]

第一章 总 则

第一条 为全面实现学校教学质量有效监控与引导,保障学生学习成果稳步获取,并提升其招聘及岗位表现竞争力和可持续发展能力,依据《职业院校管理水平提升行动计划(2015—2018年)》(教职成〔2015〕7号)、《关于深化高校教师考核评价制度改革的指导意见》(教师〔2016〕7号)及《广东省高等职业教育"创新强校工程"(2016—2020年)实施方案》等文件精神,制订本实施方案。

第二条 本实施方案从制度层面以多元协同参与质量监控为逻辑起点,按照多元协同质量监控目标子体系、多元互补质量评价标准子体系、多元互动质量监控主体及工作内容子体系的逻辑框架,采用自顶向下模式来构建,并配以多元契合质量监控运行机制保障"体系"实现"督教—督学—督管—督改进"等功能。

第三条 本实施方案主要内容包括:多元协同质量监控目标、多元互补质量评价标准、多元互动质量监控工作主体及工作内容、多元契合质量监控运行机制。

第二章 多元协同的质量监控目标

第四条 本章概要。结合"三级目标"与"五大维度",构建多元协同质量监控目标子体系。紧扣与人才培养质量相关之"过程—结果—保障"关键环节所对应的实施主体"学校—执行单位—核心保障部门"设置"三级目标",按照多方参与评教率、教师授课质量、学生学习成果、多方满意度、教学事故发生率等"五大维度"建立监控目标,以保障其覆盖面宽、聚合度高。

第五条 学校层级质量监控目标

(一)多方参与评教率。包括学生参与评教率、同行参与评教率、社会参与评教率等具体目标。

(二)教师授课质量。包括学生评教分值的比率分布、学生评教与三方综合评教的分值分布,以及教师整体授课质量优良等具体目标。

(三)学生学习成果。包括应届毕业生就业率和职业能力测试抽测平均分等具体目标。

(四)多方满意度。包括应届毕业生总体满意度,对课程学习体验的满意度;顶岗实习单位对学生综合素质满意度,对学校课程设置与职业岗位对接满意达成度;教师对学校总体满意度,对学生学习成果满意度等具体目标。

(五)教学事故发生率。包括全校重大教学事故发生次数,一般教学事故发生次数;各类教学质量事故投诉受理率等具体目标。

[①] 此实施方案是广东轻工职业技术学院在广东省一流高职建设项目中"机制体制建设"子项目的标志性成果。

第六条　执行单位质量监控目标

（一）多方参与评教率。包括学生诚信评教承诺书签署率、学生评教率，同行参与评教率，社会参与评教率等具体目标。

（二）教师授课质量。包括学生评教分值的优秀、优良、良好、合格、不合格的比率分布、教师整体授课质量三方综合评教均值等具体目标。

（三）学生学习成果。包括应届毕业生就业率和职业能力测试抽测平均分等具体目标。

（四）多方满意度。包括应届毕业生总体满意度，对课程学习体验及成果满意度；顶岗实习单位对学生综合素质满意度，对学校课程设置与职业岗位对接满意达成度；教师对学校总体满意度，对学生学习成果满意度等具体目标。

（五）教学事故发生率。包括教学事故发生次数等具体目标。

（六）督促学风建设。包括日常巡查周次，学生迟到率、旷课率，期末考试成绩通过率等具体目标。

第七条　核心保障部门质量监控目标

（一）教务处。包括保障教学任务落实准确率；教材发放及时率；排课失误率；调、停课失误率等主要定量指标。

（二）现代教育技术中心。包括多媒体设备故障率等主要定量指标。

（三）实验实训中心。包括设备故障维修及时率；开门及时率等主要定量指标。

（四）后勤部门。包括保障桌椅、电灯、电扇、窗户、窗帘完好率等主要定量目标。

第三章　多元互补的质量评价标准

第八条　本章概要。 结合"三环节"与"四层面"，按照质量监控目标要求，在人才培养质量之过程—结果—保障"三环节"，从教师授课质量、学生职业能力、学生—教师—顶岗实习单位—雇主满意度、督导工作规范化"四层面"建立多元协同参与的质量监控评价标准子体系。

第九条　教师授课质量评价标准。 按照"一流高职""一流课堂"目标，制订教师授课质量三方评价标准，重点监控教师授课质量，[见《关于进一步完善督导、学生和同行评教标准的通知》（粤轻院督〔2017〕1号）]。评价标准包括理论课、体育课、实验实训课、顶岗实习、课程设计、毕业设计（论文）等课程类型。

第十条　学生职业能力评价标准。 参照世界经合组织 AHELO（Assessment of Higher Education Learning Outcomes，高等教育学习成果测评）框架，评价标准涉及学生十大职业能力评价维度，包括诚实守信、沟通能力、应变能力、团队协作能力、服从管理、敬业勤奋、组织能力、学习能力、解决问题能力、创新创业能力。针对匹配测试题目，按分值区间对学生具备的相应能力做定性判断。

第十一条　多方满意度评价标准。 包括参与满意度评价的"学生—教师—顶岗实习单位—雇主"四大评价主体对应的评价指标体系和调查问卷。

（一）学生满意度评价标准。包含课程学习环境（教室多媒体设备、计算机室计算机性能、语音室座位与设备性能、图书馆等)、课程学习体验(教师教学能力、教材、课堂管理、布置与批改作业、课后辅导、教学效果、课程考核评价方式、课程设置合理性等)、技能训练过程(校内实验实训、校外顶岗实习等)、学校管理与沟通(教学管理、学生管理等)、受关注程度(社团活动、体育设备及设施与场地、获取学习资料的途径与难易度、校园网络、反映教学问题的渠道与处理效果等)、学习成果(专业兴趣、学习行为、职业岗位能力、职业能力、就业信心等)6个一级评价指标及一套评价调查问卷。

(二)教师满意度评价标准。包含学校制度与文化(健全规章制度、制度执行有效性、良好校风和学风、和谐人际关系、尊重教师等)、工作环境与机会(教学工作环境、课程设置、教学工作强度、教改工作环境与机会、工作与生活平衡等)、质量评价(重视程度、对教学提升效果等)、培训与职业发展(重视程度、培训进修对自身提升效果等)、学生学习(学生学习投入、学生学习成果等)5个一级评价指标及一套评价调查问卷。

(三)顶岗实习单位满意度评价标准。包含实习教学保障、实习现场管理、学生职业道德、职业技能、职业能力、岗位竞争力等6个评价指标及一套调查问卷。

(四)雇主满意度评价标准。包含职业道德、职业技能、职业素质、岗位竞争力(与本科或中职生对比)等4个评价指标及一套评价调查问卷。

第十二条 督导工作规范化评价标准。面向教学督导室各岗位,对督导组组长、督导、行政助理设置工作规范化绩效考核标准。以教学督导绩效考核标准为例,包括工作纪律、听课情况、信息反馈、学生信息员会议与评教、其他工作情况等考核指标,并赋有标准,如考核指标"其他工作情况"的标准是"发现并改善教学管理问题,整理出典型案例≥8条/学期"。

第四章 多元互动的质量监控工作主体及工作内容

第十三条 本章概要。以"多元""层级"相互补的工作主体和以"四督""四反"相匹配的工作内容构成多元互动的质量监控主体和工作内容子体系。

(一)"多元"与"层级"相互补的工作主体。涵盖"督导—学生—教师—顶岗实习单位—雇主—企业专家"等多元主体。

(二)"四督"与"四反"相匹配的工作内容。涵盖"督教—督学—督管—督改进"等"四督",和向相关职能部门或教师反馈"教学运行管理—实践教学条件—学生学习及成长—教师专业成长"方面问题等"四反"相匹配的工作内容。

(三)该子体系的"督改进",是指通过加强对"教师—教学单位—保障部门"质量事故的处理力度并从教师授课提升、部门工作整改、管理制度完善等三个方面来推进督促改进。

第十四条 督导(含学校、二级教学单位两级督导)。工作内容包括"常规+集体+专项"听课、"日常+专项"巡查、参与公开课与教学竞赛、顶岗实习检查、召开研讨会、组织典型案例展、收集反馈信息、信息反馈(含OA信息反馈单、反馈清单、专项报告、监控月报等多途径及多形式)、督促改进等[见《广东轻工职业技术学院教学督导工作细则》（粤轻院督〔2017〕2 号）文件]。

第十五条　学生（含"学校—二级学院—班级"三级学生信息员、全体学生）。工作内容包括参与教师教学质量评价、参与教学质量学生满意度调查、参与学生职业能力测试、反馈信息（广轻学生信息圈+信息员会+我要吐槽+课后）等 [见《广东轻工职业技术学院学生参与质量监控实施细则》（粤轻院督〔2017〕3 号）文件]。

第十六条　教师（含全体教师）。工作内容包括听课评课、参与调查、专业评价、反馈信息等。

第十七条　企业（含企业督导、实习单位、雇主、企业专家）。工作内容包括参与毕业设计答辩、参与研讨会、参与顶岗实习、参与用人单位满意度调查、参与专业评价、反馈信息等 [见《广东轻工职业技术学院行业企业参与质量监控实施细则》（粤轻院督〔2017〕4 号）文件]。

第五章　多元契合的质量监控运行机制

第十八条　本章概要。以过程与结果相结合的监测分析机制、契合型信息反馈改进机制、多维激励机制和督导工作精细化制度形成制度保障多元协同参与，重点监控教师授课质量，创新专业评价，考核与激励并行的质量监控运行机制。

第十九条　过程与结果相结合的监测分析机制。是指对"日常+重点+集体听课""日常+专项+重点巡查"、专项跟踪调查等获得监测点数据进行分析的机制。如对"教师授课质量专项调查"数据进行关联性、差异性分析；对"教学质量学生满意度调查"数据进行趋势分析；对"教师工作满意度调查"数据进行各维度满意度指标排序分析；对"学生职业能力测试"数据进行定性分析等。

第二十条　契合型信息反馈改进机制。是指结合全方位反馈与重点督促改进而形成的多元互动契合型质量信息反馈改进机制。其中反馈改进形式包括：教学督导月报、OA 信息反馈单、数据发布、专项调查专栏、广轻信息圈、我要吐槽、学生信息员会议、企业研讨会等。

第二十一条　多维激励机制。包括设置个人课堂教学质量优秀奖、优秀督导先进个人、优秀学生信息员、二级督导典型案例评比等措施，激励多元主体积极参与该"体系"之具体实施中。

第二十二条　督导工作精细化制度。包括设立工作规范、工作流程、工作制度和"一页纸管理"要求等。

（一）工作规范。包括校督导工作规范、校督导工作计划与总结模板、"教学督导、督导组长、行政助理岗位绩效管理与考核表"、质量监控台账。

1. 工作规范。包括行为准则、计划与总结、岗位责任、培训、例会、听课巡查、信息反馈、协同工作、考勤、印章管理、资料管理、奖励、其他等 13 个方面之工作规范。

2. 计划与总结模板。是指为了使提交的各类计划与总结形式规范，内容简洁、有针对性和可操作性而特制的标准模板。面向督导组组长、督导、行政助理三类人员，分学期、月度，对应不同岗位工作内容，设置六种计划与总结模板。

3. 质量监控台账。是指为了使二级督导从"二级督导—学生信息员工作组"队伍建设、教师授课质量状况、多方参与评教状况、教学观摩或竞赛、教风学风等方面建立自纠自查制度而设置的质量监控与工作引导清单。

（二）工作流程。包括校督导工作流程（含专项调查、各岗位工作、会议管理、各类评奖工作等）、学生参与评教流程、同行听课评课工作流程、企业参与专业评价组织流程等。

（三）工作制度。包括《教学督导工作实施细则》《学生参与质量监控实施细则》《行业企业参与质量监控实施细则》《关于进一步完善督导、同行、学生评教标准的通知》《教师授课质量考核评价管理实施办法》等。

（四）"一页纸管理"要求。即在设置"岗位工作标准""计划总结模板""督导各项工作流程和规范"基础上，形成教学督导室开展全校质量监控工作的"一页纸"管理模式。

第六章　附　则

第二十三条　若因学校整体质量监控工作发展之需要或在实施过程中完善之需要，经学校办公会议讨论，可适当调整实施方案。

第二十四条　本方案由教学督导室负责解释，自××××年×月×日起施行。

2. "自我诊断+企业参与"高等职业院校专业评价实施方案①②

(适用于工科类专业)

第一部分 "自我诊断+企业参与"专业评价委员会章程

第一章 总 则

第一条 为适应国家经济发展和产业转型升级、服务国家创新驱动发展战略和"中国制造2025"的需求，参照《高等职业学校专业教学标准》（教职成司函〔2012〕217号），依据《关于全面推进职业院校教学工作诊断与改进制度建设的通知》（教职成司函〔2017〕56号）、教育部《职业学校校企合作促进办法》（教职成〔2018〕1号）精神，进一步深化高职专业产教深度融合，从"教育+企业"的视角促进专业的自我诊断与持续改进，不断提升专业人才培养质量，特制定本章程。

第二条 "自我诊断+企业参与"专业评价委员会（简称"专业评价委员会"）是由专业专家和企业专家组成的推进专业评价试点工作的机构，统筹负责专业评价事务的决策、审议、指导和咨询等事项，逐步实现专业定期常态化的自我诊断与企业参与的评价机制，推进专业建设产教融合。

第二章 职 责

第三条 专业评价委员会由全国相应行业职业教育教学指导委员会成立，致力于促进职业院校人才培养与企业参与专业评价体系与模式的研究与探索，推动专业人才培养质量的提高。专业评价委员会具有以下职责：

第四条 关注专业发展规划和专业人才培养方案，并对其提供咨询意见。

第五条 指导专业诊断与改进工作，建立专业诊断评价标准与改进制度，搭建数据平台，依托信息化技术手段实现数据的监控预警。包括以下工作：

（1）推出评价原则：坚持"四结合"原则，即客观评价与主观评价相结合、学生学习评价与教师教学评价相结合、数据分析与专家经验相结合、服务决策与注重实效相结合，让评价结果最终为提升专业人才培养质量服务。

（2）建立评价标准体系：依据《高等职业学校专业教学标准》（教职成司函〔2012〕217号），通过调研访谈、比较筛选、专家咨询等方法确定核心评价指标，建立评价标准体系诊断专业的办学水平和可持续发展能力。

（3）提供信息化调查平台：调查平台以满足学生、教师、雇主对学习成果的价值需求为逻辑起点，诊断学生学习行为表现、知识技能、职业能力、就业信心与招聘竞

---

① 此实施方案在第七章☆专业建设改进——"自我诊断+企业参与"专业评价实施方案的基础上经过再试点，总结经验后于2018年12月完成，被全国轻工职业教育教学指导委员会采纳（轻工行指委〔2018〕8号）。

② 此实施方案是教育部人文社会科学研究一般项目（17YJA880044）的最终标志性成果之一。

争力；引导专业团队反思专业是否面向岗位及岗位群培养高素质技术技能型人才，助力学生职业适应性发展，探索建立学校"产教学"深度融合的专业诊断性评价新机制。（调查平台网址：http://211.66.184.88:8070/Default.aspx）

（4）组织评价及实施过程：对符合专业评价条件的申请学校，指导其完成并提交专业基本状况表、课程合理（符合）性反思确认表、专业调查、专业自我诊断表，以及专业评价佐证材料；组织企业专家网上评价及实地考察，完成专家评价意见表；组织召开专业改进反馈会；对专业评价结论为"通过"的专业由相应行业职业教育教学指导委员会颁发证书。

第三章 委 员

第六条 专业评价委员会委员需有高级专业技术职务或同等职务，并符合以下条件：

（1）遵守法律和专业评价章程，学风端正、治学严谨、公道正派；

（2）在专业领域已取得公认的专业成果，有良好的业绩声誉；

（3）关心专业建设和发展，有参与专业议事的意愿和能力，能够正常履行职责。

第七条 委员由学校专业专家和企业专家组成，由学校和关联企业推荐产生。

第八条 专业评价委员会设主任委员1名，副主任委员若干名，由全体委员选举产生。

第九条 专业评价委员会委员在任期内有下列情形，可免除或同意其辞去委员职务：

（1）主动申请辞去或因身体、年龄及职务变动等原因不能履行职责的；

（2）怠于履行职责或有评价不端行为的；

（3）因其他原因不能或不宜担任委员职务的。

第十条 专业评价委员会委员实行任期制，每届任期3年，委员可连选连任。

第十一条 专业评价委员会委员享有以下权利：

（1）可查询提取与专业评价事务相关的学校信息；

（2）就专业评价事务向学校相关职能部门提出咨询和质询；

（3）在专业评价委员会会议中自由、独立地发表意见，讨论、审议和表决各项决议；

（4）对专业评价委员会的工作提出建议，实施监督。

第十二条 专业评价委员会委员履行以下义务：

（1）遵守专业评价规范，恪守专业评价道德；

（2）勤勉尽职，积极参加专业评价委员会会议及有关活动；

（3）不得接受邀请参加待评学校任何涉及经济利益的活动。

第四章 运 行

第十三条 专业评价委员会实行例会制，每年度召开1次全体委员会议。经主任委员或三分之一以上委员联名提议，可临时召开专业评价委员会全体会议，商讨、决定相关事项。

第十四条 专业评价委员会设立秘书处，作为常设办事机构在秘书长领导下工作，具体负责申请专业评价学校的资格审核和基本材料的形式审核，以及专业评价委员会交办的其他工作。

第十五条　专业评价委员会主任会议由主任委员根据需要召集，商讨、决定专业评价委员会日常工作。主任会议成员由主任委员、副主任委员以及秘书长组成。

第五章　附　则

第十六条　本章程由专业评价委员会负责解释。

第十七条　本章程自发布之日起施行。

第二部分　"自我诊断+企业参与"专业评价标准及指标内涵

1　专业评价标准及方法

1.1　专业诊断评价标准

"自我诊断+企业参与"高等职业院校专业评价标准（以下简称"专业诊断评价标准"）由广东轻工职业技术学院协同全国轻工职业教育教学指导委员会共同研究制定。考虑专业团队与企业专家对专业办学认知广度和深度的差异性，通过调研访谈、比较筛选、专家咨询等方法确定的核心评价指标，既符合企业对专业评价的认知习惯，又可以测量出专业对学生面向岗位及岗位群关键核心能力的培养水平。

专业诊断评价标准从专业办学的目标与过程、核心保障条件、专业发展声誉、服务对象的教学价值满意度、标杆学生培养质量等5个维度来诊断专业的质量水平和可持续发展能力。具体包括5个一级指标、15个二级指标和27个观测点（见附表3），并以学生、雇主等在学习或用人过程中的体验为KPI指标来诊断专业人才培养质量。

1.2　专业诊断评价方法

专业诊断评价标准中可定量计算的指标，采取"结果—目标对比法"，按照计算公式直接计算打分或按照评价标准结合评价主体经验进行先赋分后计算的方法对专业进行评价。也可利用或借鉴下列评价工具进行评价。

教学和专业档案袋（teaching and professional portfolios）。对专业的建设规划、专业教学标准、专业师资队伍等教学必备资源的综合评价以及对专业教学过程信息的统计汇总。

专业观察（professional observations）。从专业提供的信息分析专业教学情况、专业教学过程中反映的学生学习和师资队伍建设情况、专业办学过程中体现的专业教学基础管理情况。

部门专业研讨（departmental professional seminars）。专业团队中的教师与专业带头人一起在教研活动中交换专业建设意见的方式。

外部同行评议（external peer review）。将专业的建设规划、专业教学标准、专业师资队伍等教学必备材料送往同专业的专家学者进行的评价。

自评报告（self-evaluation report）。专业提供的自我反思文档，形式包括表、图、文字等。包括专业团队对专业的投入、专业的发展目标、专业的教学标准、专业的基础管理、拟采取的改进措施等方面的反思，如"专业自我诊断表"。

反馈备忘录（reflective memo）。提供给专业的反馈性文档，包括专业由谁评价、何时被评价、如何被评价，评价结果以及存在的问题，如"专家评价意见表"。

1.3 专业诊断评价工具

按照专业诊断评价指标体系的内涵、计算公式或者赋分原则,用 Excel 开发评价打分表或选用专业评价委员会推荐的"小程序"。

2 专业评价指标及内涵

2.1 专业目标与教学过程

2.1.1 培养目标及专业核心能力

2.1.1.1 培养目标一致性(consistency in training objectives)

专业人才培养方案中确定的培养目标与行业企业或社会需求的人才目标相一致。

2.1.1.2 职业素质吻合性(conformity to occupational competencies)

专业人才培养方案中对学生职业素质的要求与学生未来主要从事的行业企业工作中所需员工实际职业素质相吻合。

2.1.1.3 专业核心能力符合性(conformity of specialty core competencies)

专业人才培养方案中所要求的诸如在专业领域应具备熟悉材料配方设计、材料加工、性能分析、加工设备的装配维修等专业核心能力符合行业企业工作中对专业核心能力的要求。

2.1.2 教学计划及课程实施

2.1.2.1 教学计划的有效性(effectiveness of teaching program)

课程安排具有逻辑性、系统性,体现现代工科教育特点,能有效支撑专业培养目标。

2.1.2.2 教材选用的时效性(timeliness of teaching materials selection)

选用能与行业、企业实际需要对接的实用性教材。

2.1.2.3 专业核心课程设置对核心能力培养的支持度(support degree of specialty core courses setting to the training of core competencies)

专业核心课程设置符合行业、企业对人才规格的要求,对核心能力培养有支撑。做到了五个对接:专业与产业对接、课程内容与职业标准对接、教学过程与生产过程对接、学历证书与职业资格证书对接、职业教育与终身教育对接。

2.1.2.4 考核方式对岗位核心能力培养的支持度(support degree of evaluation methods to the training of core occupational competencies)

考核方式能体现出对核心能力培养的支撑,且符合课程特点、形式多样。

2.1.3 实践环节及创新能力培养

2.1.3.1 实践环节对核心能力培养的支持度(support degree of practical training to developing core competencies)

配备足够的、具有实践经验的指导教师,实践内容、实践方法对核心能力培养有支撑。

2.1.3.2 培养创新能力方法和措施的有效性(effectiveness of methods and measures to nurture innovation capacity)

(1)在本专业整个教学和管理的相关工作中所贯彻的创新训练方法是有效的。

(2)提倡和鼓励学生参加创新实践的措施是有效的。

2.1.4 教学过程管理

2.1.4.1 动态调整专业人才培养方案的有效性（effectiveness of dynamically adjusted specialty talent training plan）

能根据行业企业对专业人才规格需求的变化，或实施过程中发现的问题及时调整专业人才培养方案，并有制度或措施保障使动态调整专业人才培养方案的做法有效地促进专业人才培养规格与企业实际需求的对接。

2.1.4.2 周期开展专业建设教研活动的有效性（effectiveness of periodical specialty development research activities）

能根据专业发展规划，聚焦实际问题开展专业建设为主题的教研活动，并有制度或措施保障使周期开展的教研活动结果有效地促进本专业的建设。

2.1.4.3 教学过程质量控制方法的有效性（effectiveness of teaching process quality control）

所采用的方法对教学质量控制是行之有效的。

2.2 师资队伍

2.2.1 教师结构

2.2.1.1 "双师型"教师比例（percentage of "double type" teachers）

具有行业企业实践经历的专任、兼任教师或"双师型"教师比例需达到该专业教师总数的70%。

2.2.1.2 高级职称比例（percentage of teachers with high professional title）

具有高级职称的教师比例需达到该专业教师总数的35%。

2.2.2 教师授课质量

2.2.2.1 多方评教情况（multi-party teaching evaluation）

可采用参评专业所属学校的评教系统。由学生、督导、同行三方的综合分数评价教师授课质量，如系统中只有学生一方评教，则可由学生评教数据代替三方的综合分数。

2.2.2.2 学生评教情况（student ratings of teaching）

三方综合评价中的学生评价教师授课质量。本评价标准规定：

（1）专业教师授课评价存在学生评教≤75分的，此项得0分；

（2）专业教师授课评价不存在学生评教≤75分时，按以下标准评价：全体专业教师的三方综合评教平均分≥85分，得5分；学生评教平均分≥85分，得2.5分；学生评教≥90分的教师占全体专业教师比≥50%，得2.5分；全部满足时得10分。

2.3 招生、学习与就业

2.3.1 学生入口

2.3.1.1 吸引生源措施的有效性（effectiveness of student attracting measures）

专业有吸引优秀生源的制度和措施，并且有效，逐年使生源数量和质量稳定提升。

2.3.1.2 招生计划录取率和报到率（student admission rate and registration rate against enrollment plan）

每年专业招生计划录取率≥100%，报到率≥85%。

2.3.2 学生学习

2.3.2.1 学习结果（learning outcome）

专业课程考试通过率≥95%。

2.3.3 学生出口

2.3.3.1 学生获得证书率或就业对口率（certificate acquisition rate or employment matching rate of students）

学生毕业时获得毕业证、英语等级证、计算机等级证、职业技能证四类证书率达到100%（无对应职业资格证书的按达到计算）。学生就业时所学专业对口率≥60%。

2.3.3.2 初次及年底就业率（initial and end-of-year employment rate）

当年毕业生初次就业率≥90%，年底就业率≥95%。

2.4 服务对象满意度

2.4.1 学生在校学习体验（in-campus learning experience of students）

以问卷形式进行服务对象学生的满意度调查，获得对专业评价的评分。可采用专业评价委员会推荐的教学质量学生满意度调查系统或自行编制调查问卷，但问卷内容需包括课程学习环境（教室多媒体设备、计算机室计算机性能、语音室座位与设备性能、图书馆等）、课程学习体验（教师教学能力、教材、课堂管理、布置与批改作业、课后辅导、教学效果、课程考核评价方式、课程设置合理性等）、技能训练过程（校内实验实训、校外顶岗实习等）、学校管理与沟通（教学管理、学生管理等）、受关注程度（社团活动、体育设备及设施与场地、获取学习资料的途径与难易度、校园网络、反映教学问题的渠道与处理效果等）、学习成果（专业兴趣、学习行为、职业岗位能力、职业能力、就业信心等）6项指标和26个观测点。

2.4.2 学生招聘竞争力（student competitiveness in job market）

以问卷形式进行服务对象用人单位的满意度调查，获得对专业人才培养质量评价的评分。可采用专业评价委员会推荐的用人单位（雇主）满意度调查系统或自行编制调查问卷，但问卷内容需包含薪酬、学习情况或职业资格证书、专业实习或在校兼职经历、个人应聘表现或工作价值观4项指标。

2.4.3 学生岗位表现竞争力（student job performance competitiveness）

以问卷形式进行服务对象用人单位的满意度调查，获得对专业评价的评分。可采用专业评价委员会推荐的用人单位（雇主）满意度调查系统或自行编制调查问卷，但问卷内容需包含服从管理、敬业勤奋、诚实守信、专业知识与技能、解决问题、工作效率与业绩、沟通能力与团队协作能力、承压与情绪管理能力、组织能力、创新创业能力10项指标。

2.5 技能竞赛或创新创业大赛、标志性成果等

2.5.1 国家级（含行业协会）及以上奖项（award of national level including industry associations and above）

2.5.2 省级（含行业协会）奖项（award of provincial level including industry associations）

2.5.3 市级（含行业协会）及以下奖项（award of municipal level including industry associations and below）

第三部分 "自我诊断+企业参与"专业评价程序与方法

1 申请评价与资格审核

1.1 申请条件

申请学校需符合下列基本条件：

（1）申请"自我诊断+企业参与"专业评价（以下简称"诊断评价"）的单位须是教育部批准设立的高等职业院校；

（2）申请诊断评价的学校从申请日起往前推算必须有连续3届或以上的专业毕业生；

（3）申请诊断评价的专业须具备教育部规定的专业办学基本条件，包括专业教学团队基本师资配备、校内外实训实习基地配备、图书及数字化学习资源的配备等（具体指标参见《高等职业学校专业教学标准（试行）》中相应工科大类，教育部职业教育与成人教育司编）。

1.2 申请时间

诊断评价专业的申请工作每年进行一次，申请诊断评价的学校应在当年8月10日前向专业评价委员会申请。

1.3 提交申请书

申请书格式见附件。专业评价委员会收到学校申请书后，应在当年9月30日前完成申请学校的资格审核工作，即申请诊断评价的学校和专业是否符合申请条件，做出资格审核结论：

（1）受理申请。

（2）不予受理。由于申请学校尚不具备申请评价的基本条件，专业评价委员会不予受理申请，并通知学校不予受理的理由。

2 基本材料及形式审核

2.1 提交基本材料

受理申请的学校在当年10月30日前向专业评价委员会提交基本材料，基本材料包括：

（1）专业发展规划；

（2）"专业基本状态表"（见附表1）；

（3）"课程合理（符合）性反思确认表"（见附表2）。

2.2 形式审核基本材料

专业评价委员会收到基本材料后，于当年11月至12月对基本材料进行形式审核，并于次年1月15日前给出形式审核结论：

（1）基本材料完备，通过基本材料形式审核。

（2）基本材料不完备，申请学校须根据形式审核意见半月内补齐。

3 专业自我诊断

3.1 开展满意度调查

形式审核通过的学校在专业评价委员会指导下开展"教学质量学生满意度调查"和"用人单位满意度调查"。

3.2 专业自我诊断

基于满意度调查数据，按照"专业诊断评价标准"（见附表3）开展专业自我诊断，并在次年3月15日前完成"专业自我诊断表"（见附表5），并将专业自我诊断表和评分依据的佐证材料及能体现专业建设成效的佐证材料和支撑材料，如专业基本状态表中涉及成果的佐证材料和具有特色的人才培养方案、面向岗位群核心能力培养的课程标准、工学结合的讲义、典型教案或PPT、优秀的学生毕业设计或论文等支撑材料提交专业评价委员会。

4 企业参与网上评价与实地考察

4.1 组建企业专家组

专业评价委员会组建企业专家组，人数不少于5人。企业专家组成员需满足以下条件：

（1）具有高级职称并从事相关专业岗位工作10年以上；

（2）在相应行业领域有一定的声誉，参与过学校专业建设或对申请诊断评价的专业建设有见解；

（3）实事求是，客观公正，并有较强的工作能力和组织能力。

企业专家组成员在参与评价前，需参加专业评价委员会组织的培训。

4.2 网上评价

专业评价委员会组织企业专家组网上评价，企业专家组依据申请学校提交的"专业基本状态表"（见附表1）、"课程合理（符合）性反思确认表"（见附表2）及所有佐证材料和支撑材料，初步完成"专家评价意见表"（见附表4）。

4.3 实地考察

专业评价委员会组织企业专家组对学校进行为期1天的实地考察。企业专家组结合网上评价时的不确定性或疑问进行实地考察，如对一年级学生增加报考志愿的了解以确定"吸引生源措施的有效性"指标的评分，或进校查阅专业教研室教研活动记录内容以确定"周期开展专业建设教研活动的有效性"指标的评分等。通过实地考察企业专家完善"专家评价意见表"（见附表4），并提交专业评价委员会。

5 专业改进反馈会

专业评价委员会组织召开专业改进反馈会。所有被评价学校及专业团队负责人和企业专家参加反馈会。专业团队结合反馈意见，认真组织学习并消化吸收，在教师、课程、学生等层面深入研究，制定针对性改进措施，完成"专业改进实施进程表"（见附表6）并提交专业评价委员会。

6 颁发证书

对专业评价结论为"通过"的专业由相应行业职业教育教学指导委员会颁发证书。

7　评价程序框图及进程表
7.1　评价程序框图（说明：图中评委会指专业评价委员会）

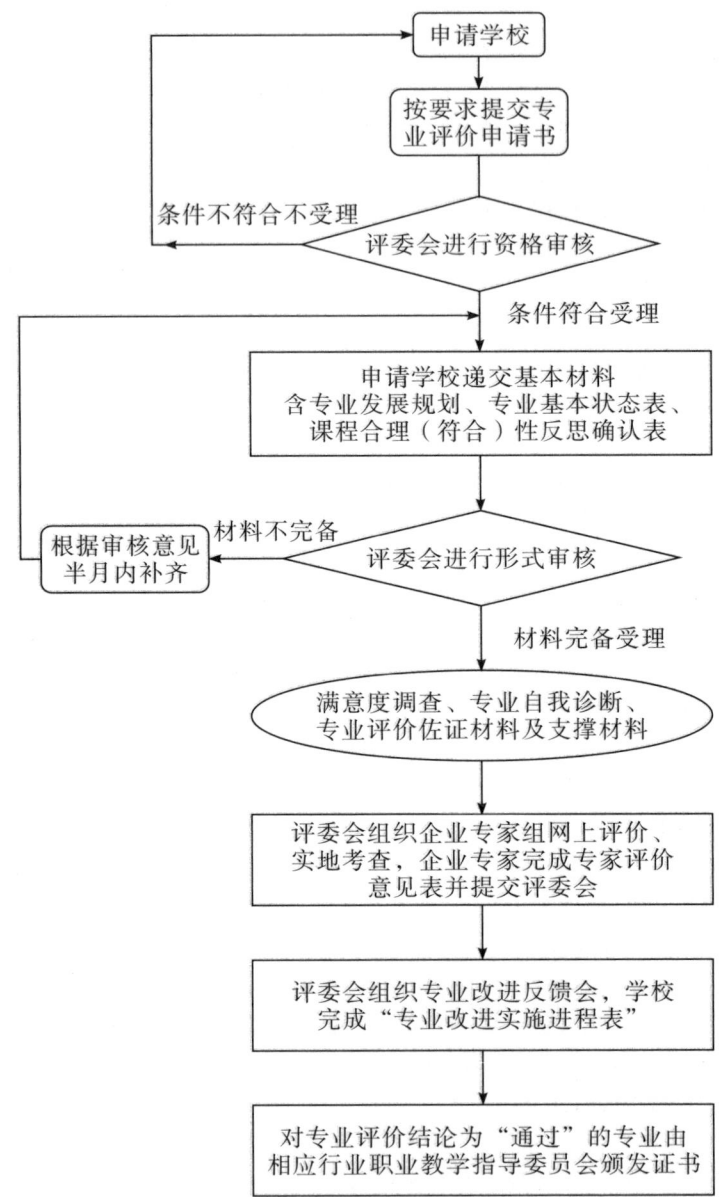

7.2 评价工作进程表

时间	专业评价委员会	申请评价学校
8月	—	8月10日前向专业评价委员会递交专业评价申请
9月	审核申请并做出资格审核决定，9月30日前将审核决定通知学校	—
10月	—	10月30日前向专业评价委员会提交基本材料，包括：专业发展规划、"专业基本状态表""课程合理（符合）性反思确认表"
11—12月	形式审核基本材料	—
次年1月	1月15日前做出形式审核结论	材料不完备的学校需要提供补充材料
次年3月	3月15日前通知通过形式审核专业开展自我诊断	按要求开展满意度调查、专业自我诊断，1个月内提交"专业自我诊断表"及体现专业建设成效的佐证材料与支撑材料
次年4月	组建企业专家组，组织企业专家网上评价，初步完成"专家评价意见表"	—
次年4月	确定实地考察进校时间，并于5月1日前通知学校	—
次年5月	组织企业专家组拟订实地考察计划，并于进校前一周通知学校	—
次年5月	组织企业专家组结合实地考察情况，完善"专家评价意见表"，并提交专业评价委员会	配合企业专家组工作
次年7月	7月10日前组织召开专业改进反馈会，并提前一周通知学校会议时间及地点	派人参加专业改进反馈会，并完成"专业改进实施进程表"
评价结束	对专业评价结论为"通过"的专业由相应行业职业教育教学指导委员会颁发证书	"通过"的学校专业获得证书

第四部分 "自我诊断+企业参与"专业评价学校工作指南

1 申请与审核

1.1 申请条件

申请学校需符合的基本条件详见"'自我诊断+企业参与'专业评价程序与方法"（以下简称"评价程序与方法"）。其中所要求的"已有连续3届或以上的毕业生"，是指按专业培养和毕业的届数来分；中间如中断招生，则从恢复后算起；按申请当年度9月算起已连续招收了6届学生。

1.2 申请与审核程序

申请学校填写"'自我诊断+企业参与'专业评价申请书"（见附件），加盖学校公章，并于申请年度8月10日前将申请书一份邮寄至专业评价委员会，同时将电子版发至指定邮箱。如申请获得资格审核通过，专业评价委员会将于9月30日前向申请学校发出提交基本材料［包括：专业发展规划、专业基本状态表、课程合理（符合）性反思确认表］的通知，并于当年11—12月进行形式审核基本材料。在形式审核过程中，若发现学校提供的基本材料不完备，则专业评价委员会将通知学校并要求在通知发出后的半个月内补齐。形式审核通过的申请学校进入自我诊断阶段，撰写专业自我诊断表（见附表5），并按工作要求和时间节点及时上报专业评价委员会。（注：上报材料可参考试点样板空间网址：http://spjc.gdqy.edu.cn/）

2 专业自我诊断

自我诊断过程是一次对专业教学现状的全面摸底、对教学管理制度的全面梳理、对教学问题的全面排查、对办学经验的全面总结、对专业培养质量的系统评价，需要在学校的组织下有计划地进行。学校要在专业评价委员会的指导下开展满意度调查，并在此基础上进行专业自我诊断。专业评价委员会不提倡影响正常教学秩序的突击性评价准备，反对任何档案材料的修改、更换、增补等行为。

2.1 自我诊断评价原则

学校在专业自我诊断过程中要坚持履行专业评价委员会要求的专业评价"四原则"：

（1）客观评价与主观评价相结合，以客观评价为主。学校专业团队以对专业发展高度负责的态度，依据专业基本状态和评价标准，认真排查短板。

（2）学生学习评价与教师教学评价相结合，以学生学习评价为主。将学生在校学习体验和雇主用人过程体验（学生招聘竞争力、岗位表现竞争力）作为评价重点，诊断专业人才培养质量成效，提出改进建议。

（3）数据分析与专家经验相结合，以数据分析为主。学校自我诊断时专业团队填报的状态数据以及提供的佐证材料和支撑材料都应是专业建设过程中的原始真实数据或素材（纸质版或电子版）。评价主体基于对专业现有办学状态数据的分析，辅之以学生、雇主等满意度调查及对调查数据重要性的经验判断，进行综合评价。

（4）服务决策与注重实效相结合，以服务决策为主。通过评价形成的"自我诊断"结果，主要用于专业团队反思专业办学中的短板以及问题，并确定改进核心领域，制订持续改进方案，让评价结果最终为提升专业人才培养质量服务。

2.2 自我诊断过程

对于首次参加评价的专业，可参考以下步骤进行。

（1）制订计划。制订自我诊断的工作计划宜对照"'自我诊断＋企业参与'专业评价程序与方法"中的"评价工作进程表"（见第三部分7.2）及"专业诊断评价标准"（见附表3）中的评价指标和观测点进行。因有些诊断指标数据来自调查问卷的统计结果，故在计划中一定要安排"满意度调查"（调查问卷可使用专业评价委员会推荐的"教学质量学生满意度调查系统"、"用人单位满意度调查系统"）。按照"评价工作进程表"中的时间节点将任务分解、落实到人，包括学校牵头人、专业责任人和专业团队成员，必要时可到已通过评价的同类院校学习。

（2）学习动员。一定要让自我诊断专业的全体专业团队老师、学生、管理人员了解专业自我诊断的目的、意义、标准和持续改进的办法，从而主动地投入到专业自我诊断工作中。

（3）分工检查。对照"专业诊断评价标准"（见附表3），对分解后的各个项目逐项检查。

（4）问题分析。由于存在一因多果和一果多因的情况，因此需要将检查发现的问题进行汇总，以查找出真正的原因。

（5）自我改进。问题原因找到后便可以进行自我改进。有些问题可以立即纠正和弥补，如已有规定没有得到有效执行；有些问题则需要制订长期的自我改进计划，逐步完善。

2.3 自我诊断评价表的填报

学校应对照"专业诊断评价标准"（见附表3），并结合"满意度调查"结果填报"专业自我诊断表"（见附表5）。专业自我诊断表中所给出的评价分值应配有翔实的佐证资料，以供核查。

2.4 自我诊断评价表的提交

学校应在次年3月15日前将"专业自我诊断表"的电子版提交到专业评价委员会，并将加盖学校公章的纸质版一份邮寄至专业评价委员会。

3 企业参与网上评价与实地考察

当专业评价委员会组织企业专家组对申请学校进行网上评价和实地考察时，学校应配合专业评价委员会做好"企业参与"的评价工作。

3.1 网上评价与实地考察条件准备

（1）网上评价期间，学校应保障学校网络资源管理系统通畅。

（2）实地考察期间，学校应为企业专家组准备专用工作（会议）室，配备电脑和打印机，室内应备有供考察组专家阅读的有关教学和教学管理资料，并安排工作人员协助查找学生学习档案。

（3）准备好提交审核的基本材料，包括：专业发展规划、"专业基本状态表"（见附表1）、"课程合理（符合）性反思确认表"（见附表2）、能体现专业建设成效的佐证材料和支撑材料（如专业基本状态表中涉及成果的佐证材料和具有特色的人才培养方案、面向岗位群核心能力培养的课程标准、工学结合的讲义、典型教案或PPT、优秀的学生毕业设计或论文等支撑材料）。

（4）准备好被评价专业教职人员名单，包括专业负责人、专业课教师、实验课指导教师、专业基础课教师、教学管理人员和学生管理人员；学生名单，包括各年级在校生和往届毕业生（应包含毕业3年及以上的学生）；考察期间各年级的学生课表，供专家抽取。

（5）查看教学设施时应保证工作人员在岗，介绍情况和接受询问。

3.2 注意事项

（1）不安排与考查无关的活动。

（2）专家组用餐不安排人员陪同，创造专家组成员自由交流考察意见的环境。

（3）会晤教师、学生代表时，其他人员应回避，以提供畅所欲言的条件。

（4）观摩教学活动时，教学内容应按正常教学进度的内容，不应是专门安排的内容。

4 专业评价改进反馈会

学校按要求选派专业负责人和专业团队主要成员，参加专业评价委员会组织召开的"专业评价改进反馈会"，针对会上企业专家提出的问题，以及企业专家完成的"专家评价意见表"（见附表4）中提到的"存在核心问题与建议"，制订被评专业的持续改进措施，并向专业评价委员会提交"专业改进实施进程表"（见附表6）。

5 颁发证书

对专业评价结论为"通过"的专业由相应行业职业教育教学指导委员会颁发证书。

第五部分 "自我诊断＋企业参与"专业评价专家工作指南

本指南是指导专业评价专家工作的重要文件，同时也供被评价学校进行专业评价工作准备、自我诊断和配合实地考察工作时参考。

1 企业专家组职责

1.1 企业专家组成员职责

企业专家组成员由专业评价委员会聘任，组长由专业评价委员会任命。小组成员有以下职责：

（1）遵守工作指南中的各项规定和要求。

（2）认真学习有关评价文件，理解专业评价委员会对专业评价工作的要求，依据"专业诊断评价标准"，对照被评价学校的"专业基本状况表"及相关佐证材料完成专业网上评价。

(3) 实地考察过程中应详细取证，完善网上评价初步形成的"专家评价意见表"。

1.2 企业专家组组长职责

(1) 企业专家组组长直接对专业评价委员会负责。

(2) 要善于团结，充分发挥每个成员的积极性和主动性，并注意协调和被评价学校的关系。

(3) 召集企业专家组会议，组织学习有关文件、讨论审阅意见、确定实地考察重点、制订实地考察工作计划，并通过专业评价委员会秘书处与被评价学校取得联系。

(4) 实地考察工作结束时，组织成员讨论、研究，对"专家评价意见表"的真实性、科学性和文字的准确性负责，并呈送专业评价委员会。

1.3 企业专家组成员守则

(1) 企业专家组成员要公正、正直、独立思考、秉公办事。在实地考察工作中应注意区分不同场合，积极表达个人见解和意见，但不得随意发表与评价工作相悖的个人观点和意见。

(2) 企业专家组成员应充分理解评价工作是建设性的，不是惩罚性的，不得利用评价工作干预学校的内部事务。

(3) 不允许接受学校的礼品、礼金和特殊服务，不做可能影响专业评价工作信誉的任何事情，更不允许利用成员身份牟取私利。

2 企业参与网上评价

企业专家组网上评价是"企业参与"对申请评价专业满足"专业诊断评价标准"程度的初步评价，它是整个评价过程中评价质量控制的重要环节。

企业专家组依据"专业诊断评价标准"（见附表3），评审申请学校提交的"专业基本状态表"（见附表1）、"课程合理（符合）性反思确认表"（见附表2）及专业发展规划进行初步评价，完成"专家评价意见表"（见附表4）。评价要点如下：

2.1 专业目标与教学过程

2.1.1 培养目标及专业核心能力

(1) 培养目标一致性。关注专业人才培养方案中确定的培养目标是否与行业企业或社会需求的人才目标相一致。

(2) 职业素质吻合性。专业人才培养方案中对学生职业素质的要求是否与学生未来主要从事的行业企业工作中所需员工的实际职业素质相吻合，以及专业在培养环节安排和校园环境营造中的体现程度。

(3) 专业核心能力符合性。专业人才培养方案中所要求的在专业领域应具备的专业核心能力是否符合行业企业工作中对专业核心能力的要求。

2.1.2 教学计划及课程实施

(1) 教学计划的有效性。课程安排是否具有逻辑性、系统性，能否体现现代工科教育特点，符合专业培养目标。

(2) 教材选用的时效性。是否选用了能与行业、企业实际需要对接的实用性教材。

(3) 专业核心课程设置对核心能力培养的支持度。专业核心课程设置是否符合行业、企业对人才规格要求，是否对核心能力培养有支撑。是否能做到专业与产业对接、课程内容与职业标准对接、教学过程与生产过程对接、学历证书与职业资格证书对接、职业教育与终身教育对接。

(4) 考核方式对岗位核心能力培养的支持度。考核方式是否能体现出对核心能力培养的支撑，是否符合课程特点，是否形式多样。

2.1.3 实践环节及创新能力培养

(1) 实践环节对核心能力培养的支持度。是否配备足够的、具有实践经验的指导教师，实践内容、实践方法对核心能力培养是否有支撑。

(2) 培养创新能力方法和措施的有效性。在本专业整个教学和管理的相关工作中所贯彻的创新训练方法是否有效，是否有提倡和鼓励学生参加创新实践的相关措施，相关措施是否有效。

2.2 师资队伍

2.2.1 教师结构

(1) 关注具有行业企业实践经历的专任、兼任教师或"双师型"教师的比例是否达到专业诊断评价标准。

(2) 关注具有高级职称的教师比例是否达到专业诊断评价标准。

2.2.2 教师授课质量

依据被评专业所属学校评教系统，获取针对专业团队各个教师的三方评教数据，即学生评教、督导评教和同行评教数据（如系统中只有学生一方评教，则可由学生评教数据代替三方综合分数）。从各个老师的评价分值与专业诊断评价标准相比对中得到该专业的教师授课质量评分。如：

(1) 专业教师授课评价存在学生评教≤75分的，此项得0分。

(2) 专业教师授课评价不存在学生评教≤75分时，按以下标准评价：全体专业教师的三方综合评教平均分≥85分，得5分；学生评教平均分≥85分，得2.5分；学生评教≥90分的教师占全体专业教师比≥50%，得2.5分；全部满足时得10分。

2.3 招生、学习与就业

2.3.1 学生入口

(1) 专业是否有吸引优秀生源的制度和措施，相关制度与措施是否有效，能否使逐年生源数量和质量稳定提升。

(2) 关注每年专业招生计划录取率和报到率。

2.3.2 学生学习

关注专业课程考试通过率是否达到专业诊断评价标准。

2.3.3 学生出口

(1) 关注学生毕业时获得毕业证、英语等级证、计算机等级证、职业技能证四类证书的比率。关注学生就业时所学专业对口率。

(2) 关注当年毕业生初次就业率及年底就业率。

2.4 服务对象满意度

2.4.1 学生在校学习体验

通过专业评价委员会推荐的"教学质量学生满意度调查系统"或自行编制调查问卷，以问卷形式进行服务对象学生的满意度调查，获得对专业评价的评分。调查问卷包括课程学习环境、课程学习体验、技能训练过程、学习管理与沟通、受关注程度、学习成果 6 个一级评价指标。

2.4.2 学生招聘竞争力

通过专业评价委员会推荐的"用人单位满意度调查系统"或自行编制调查问卷，以问卷形式进行服务对象用人单位的满意度调查，获得对专业评价的评分。调查问卷包含薪酬、学习情况或职业资格证书、专业实习或在校兼职经历、个人应聘表现或工作价值观 4 项指标。

2.4.3 学生岗位竞争力

通过专业评价委员会推荐的"用人单位满意度调查系统"或自行编制调查问卷，以问卷形式进行服务对象用人单位的满意度调查，获得对专业评价的评分。调查问卷包含服从管理、敬业勤奋、诚实守信、专业知识与技能、解决问题、工作效率与业绩、沟通能力与团队协作能力、承压与情绪管理能力、组织能力、创新创业能力 10 项指标。

2.5 技能竞赛或创新创业大赛、标志性成果等

2.5.1 国家级（含行业协会）及以上奖项，是否获得相关证书。

2.5.2 省级（含行业协会）奖项，是否获得相关证书。

2.5.3 市级（含行业协会）及以下，是否获得相关证书。

3 企业参与实地考察

进校进行实地考察是"企业参与"专业评价的第二个质量控制环节，目的是对佐证材料的真实性和准确性进行实地核查，了解网上评价中未能反映的相关问题，对各项一级指标达到"专业诊断评价标准"的程度做出最终判定，从而对企业专家在网上评价初步完成的"专家评价意见表"进行完善。

3.1 实地考察安排

实地考察工作安排在学期内非节假日时间进行。企业专家组和学校可协商制定出具体日程安排。

3.2 实地考察内容

实地考察内容详见评价程序与方法。

企业专家组成员进校之前应厘清自己在网上评价时遇到的不确定评价分值和问题，制订考察工作计划，明确实地考察任务。企业专家组在充分讨论的基础上确定考察重点与考察分工。

3.3 实地考察要点

3.3.1 会晤相关人员

会晤院系主要负责人、专业负责人和学生代表，主要针对专业诊断评价标准中的一级指标"专业目标与教学过程"的观测点进行更翔实的了解。如对一年级学生报考志愿情况的了解，以确定"吸引生源措施的有效性"指标的评分等。

3.3.2 查阅材料

可根据网上评价的不确定性和疑问，进行有针对性的查阅。如查阅专业教研室教研活动记录内容，以确定"周期开展专业建设教研活动的有效性"指标的评分；查阅异常情况的上报流程是否清晰，反馈是否及时等。

4 专业改进反馈会

专业评价委员会组织召开专业改进反馈会，被评价学校牵头负责人、专业负责人及部分专业团队成员和企业专家组成员参加反馈会。企业专家根据网上评价及实地考察的情况，充分讨论，以便在重要问题上取得一致意见，并提出评价意见及相关建议。专家与专业团队面对面确定关键改进要点及预期措施。专业团队根据"专家意见表"分析后撰写并提交"专业改进实施进程表"。

5 专业评价方法

"专业诊断评价标准"中可定量计算的指标，采取"结果—目标对比法"，按照计算公式直接计算打分或按照评价标准结合评价主体经验进行先赋分后计算的方法对专业进行评价，也可利用或借鉴下列评价工具进行评价。

教学和专业档案袋（teaching and professional portfolios）。对专业的建设规划、专业教学标准、专业师资队伍等教学必备资源的综合评价以及对专业教学过程信息的统计汇总。

专业观察（professional observations）。从专业提供的信息分析专业教学情况、专业教学过程中反映的学生学习和师资队伍建设情况、专业办学过程中体现的教学基础管理情况。

部门专业研讨（departmental professional seminars）。专业团队中的教师与专业带头人一起交换专业建设意见的方式。

外部同行评议（external peer review）。专业将专业的建设规划、专业教学标准、专业师资队伍等教学必备材料送往同专业的专家学者进行的评价。

自评报告（self-evaluation report）。专业提供的自我反思文档，形式包括表、图、文字等。包括专业团队对专业的投入、专业的发展目标、专业的教学标准、专业的基础管理、拟采取的改进措施等方面的反思，如"专业自我诊断表"。

反馈备忘录（reflective memo）。提供给专业的反馈性文档，包括专业由谁评价、何时被评价、如何被评价、评价结果以及存在的问题，如"专家评价意见表"。

附件

"自我诊断+企业参与"专业评价申请书

专业评价委员会：

根据"'自我诊断+企业参与'专业评价程序与方法"有关专业评价申请资格的规定，我们认为我校以下专业满足申请条件，现申请参加专业评价，请予受理。

序号	诊断评价专业	内容
1	所属学校名称	
2	专业名称/代码	/
3	设置年份	年　　月
4	近3年学生毕业/入学总人数	/
5	专任教师总数	
6	"双师"教师比例/高级职称专任教师比例	/
7	有相应行业（企业）实践经历专任教师总数	
8	在校内教学实训室固定资产	万元
9	在校内教学实训室总数/近3年在校外实习基地总数	/
10	核心课程提供线上学习的覆盖率	

申请评价学校（公章）：

年　　月　　日

资格审核结论

序号	诊断评价专业	内容
1	所属学校名称	
2	专业名称/代码	/
3	资格审核结论	□通过　　□不通过

全国××行业职业教育教学指导委员会（公章）：

年　　月　　日

附表1

专业基本状态表

专业名称		专业代码	
专业设置时间		全日制高职首次招生时间	
专业人才培养目标和面向岗位群	按《人才培养方案》		
对应产业类型	□第一产业　　□第二产业　　□第三产业		
对接的优先发展领域（单选）	□汽车□建材□石化□高分子材料□精细化工□造纸□纺织□食品□金融服务□现代物流□商务服务□服务外包□高技术服务□养老及家庭服务□艺术设计与文化创意□影视制作与出版发行□民族传统工艺与非物质文化遗产□城乡发展□社会管理与社区服务□基层文化建设□高端新型电子信息产业□生物产业□新能源产业□新材料产业□节能环保产业□海洋产业		
专业建设概况和特色			
专业质量保证体系概况和运行效果	建议：可从建立专业教学质量保障机制，建立市场调查制度和基于信息平台的毕业生跟踪调查，进行专业人才培养方案的动态调整，开展主题教研活动，进行学生学情和就业分析等方面概述（扣住人才培养各环节及专业管理过程中的质量监控点）		
专业历史	□"十一五"省级高职教育示范性专业（不含示范性建设专业） 　立项文号：_____ □"十二五"省级高职教育重点专业（不含重点培育专业） 　立项文号：_____ □教育部职业教育专业教学资源库已立项建设项目所在专业（牵头院校） 　立项文号：_____ □中央财政支持高等职业学校提升专业服务产业能力项目建设专业 　立项文号：_____ □_____类品牌专业 　立项文号：_____		

续上表

专业现况	☐在省内同类专业中具有显著优势，综合实力校内排名前10%且重点建设的学校主干专业 ☐社会认可度高的专业（☐高考招生位居本校前列　☐毕业生就业位居本校前列） ☐其他
专业主要创新创业教育概况	☐教学内容注重培养学生的批判性和创造性思维 ☐聘请行业优秀人才，为专业课、创新创业课授课，启发创新创业灵感 ☐其他

本专业近三年获市级及以上质量工程与人才培养有关荣誉、奖励、立项建设情况（不计校级）

类别	年份	项目名称	项目负责人或第一完成人	授予部门	立项文件名称、文号
教学成果奖					
教学名师与教学团队					
课程与教材					
实训基地与资源库					
教学改革项目					
技能竞赛					
创新创业大赛					
其他（科研及社会服务等）					

续上表

专业核心课程名称	专业人才培养目标①				
	目标1	目标2	目标3	目标4	……

备注：

现有实训设备总值/台套	____万元/____台套	其中：大型实训仪器设备②总值/台套	____万元/____台套

仪器设备生均值满足教育部仪器设备生均值要求：□是　　□否；
仪器设备满足学生职业能力实训需求：□是　　□否

近一年专任专业教师数	_____人 □未达成；□达成③	近一年双师素质/高级职称专任专业教师比例	____%/____%
全日制普通高职在校生人数	_____人 □未达成；□达成	其中"订单"培养人数	_____人
全日制普通高职招生就业近三年相关数据	20____年	20____年	20____年

---

① 目标1、目标2等为"专业人才培养目标"的子目标，每个子目标的具体描述写在备注栏。每门核心课程对应至少1个子目标。

② 指单价≥5万元的仪器设备。

③ 请比对"专业发展规划"中对应的关键目标值，依据其达成度填写"□达成"或"□未达成"，如"全日制普通高职在校生人数（人）"栏目中填写"300人；□未达成"所示。

续上表

招生人数	普通高中招生			
	"三校生"对口招生			
	"3+2"招生			
	五年一贯制第4学年			
	其他____			
	合计			
新生报到数/录取数（报到率）		___/___(___%)	___/___(___%)	___/___(___%)
应届毕业生就业去向及人数	就业			
	升学			
	创业			
	合计			
应届毕业生初次就业率		____%	____%	____%
应届毕业生初次就业对口率		____%	____%	____%
应届毕业生初次就业平均起薪线		____元/生	____元/生	____元/生
合作建立实训基地的主要企业名称		企业1：	企业2：	企业3：
合作起始时间				

续上表

合作企业承担教学任务形式			
20＿＿年合作企业接收顶岗实习学生数/人			
20＿＿年合作企业接收就业学生数/人			
20＿＿年合作企业支持学校兼职教师数/人			
产学合作总体情况①（近三年）	20＿＿年	20＿＿年	20＿＿年
产学合作企业总数	＿＿个	＿＿个	＿＿个
产学合作企业接收顶岗实习学生数/占顶岗实习学生总数的比例	＿＿人/＿＿%	＿＿人/＿＿%	＿＿人/＿＿%
产学合作企业接收就业学生/占毕业生比例	＿＿人/＿＿%	＿＿人/＿＿%	＿＿人/＿＿%
产学合作企业支持专业兼职教师数/占兼职教师总数的比例	＿＿人/＿＿%	＿＿人/＿＿%	＿＿人/＿＿%
专业与产学合作企业共同开发课程数/共同开发教材数	＿＿门/＿＿种	＿＿门/＿＿种	＿＿门/＿＿种
专业为产学合作企业技术服务年收入/生均值	＿＿万元/＿＿元/生	＿＿万元/＿＿元/生	＿＿万元/＿＿元/生
产学合作特色说明			

① 本部分数据应与相关学年教育部高职院校人才培养数据采集平台 7.5 产学合作表数据一致。

附表2

×××课程合理（符合）性反思确认表

序号	合理性确认的主要项目	确认内容	合理性确认	如果不合理（符合），改进的措施
1	课程名称、编号、类别、学时和学分多少？有无子课程？	①课程类别、学时、学分、是否合理？	□合理 □不合理	
		②不设子课程是否合理？	□合理 □不合理	
		说明：		
2	主讲教师具备足够的资质吗？	①授课教师的资质和上岗证符合教育部有关规定吗？	□符合 □不符合	
		②授课教师的资质和上岗证符合学校有关规定吗？	□符合 □不符合	
		说明：		
3	是否有企业兼职教师参与此课程实施？	①聘请企业兼职教师参与此课程是否合理？	□合理 □不合理	
		②是否符合企业兼职教师参与此课程实施的规定？	□符合 □不符合	
		说明：		
4	课程标准、授课计划、教案完整吗？课程标准中涉及与行业企业岗位对接的内容吗？	①课程标准符合教研室、院系审核标准吗？	□符合 □不符合	
		②授课计划符合学校教学日历安排吗？	□符合 □不符合	
		③教案符合具备完整授课记录的要求吗？	□符合 □不符合	
		④课程标准涉及岗位对接内容吗？	□符合 □不符合	
		说明：		

续上表

序号	合理性确认的主要项目	确认内容	合理性确认	如果不合理（符合），改进的措施
5	课程的教学目标明确、合理吗？	①教学目标符合教研室、院系的审核标准吗？	□符合 □不符合	
		②教学目标具体、明确、易测量、合理吗？	□合理 □不合理	
		说明：		
6	教学目标是否与一个或多个毕业要求指标点相关联？	①要求教学目标与毕业要求指标点相关联是否合理？	□合理 □不合理	
		②教学目标符合与毕业要求指标点相关联的要求吗？	□符合 □不符合	
		说明：		
7	各项教学目标是如何实现和达成的？	①不同的教学目标是否用不同的教学方式来实施？	□符合 □不符合	
		②是否符合对学生进行形成性评价的要求？	□符合 □不符合	
		③教学过程是否符合质量控制措施的要求？	□符合 □不符合	
		④所有教学过程相关文件是否符合归档要求？	□符合 □不符合	
		说明：		
8	依据什么来评价教学目标、教学效果的达成？	①教学效果依据学生的总结性评价是否合理？	□合理 □不合理	
		②是否符合对考试成绩进行现状分析和历史趋势分析并形成书面报告及最后存档的要求？	□符合 □不符合	
		说明：		

续上表

序号	合理性确认的主要项目	确认内容	合理性确认	如果不合理（符合），改进的措施
9	考题是否能够真正考核教学目标的实现和教学效果？	①试题覆盖课程所有教学目标，并与之相关联吗？	□符合 □不符合	
		②试题难度适当，无偏题、怪题吗？	□符合 □不符合	
		③期末试卷经过教研室、院系审核、批准吗？	□符合 □不符合	
		④平时成绩占到30%~50%吗？	□符合 □不符合	
		说明：		
10	考试结果合理吗？	①课程教学团队对考试结果可靠性和合理性进行分析了吗？	□符合 □不符合	
		②课程教学团队对考试的难度是否适中进行审核了吗？	□符合 □不符合	
		③试题内容覆盖课程标准的要求，并与教学目标挂钩了吗？	□符合 □不符合	
		④课程教学团队认真分析考试成绩，找出问题，改进教学质量了吗？	□符合 □不符合	
		说明：		
合理（符合）性确认结论		□合理（符合） □不合理（符合）		说明：27项，至少有18项被确认为合理（符合）
合理（符合）性确认执行人		签名： 日期：		
合理（符合）性确认执行人的建议		建议：		说明：执行人对确认为不合理（符合）项目进行分析，并落实改进措施和时间表

附表3

专业诊断评价标准

一级指标	二级指标	观测点	数据来源及评分标准
1. 专业目标与教学过程（25分）	1.1 培养目标及专业核心能力（5分）	1.1.1 培养目标一致性 1.1.2 职业素质吻合性 1.1.3 专业核心能力符合性	1.1.1项，按一致性强弱评分，由1~0 1.1.2项，按吻合性强弱评分，由2~0 1.1.3项，按符合性强弱评分，由2~0
	1.2 教学计划及课程实施（8分）	1.2.1 教学计划的有效性 1.2.2 教材选用的时效性 1.2.3 专业核心课程对核心能力培养的支持度 1.2.4 考核方式对岗位核心能力培养的支持度	每项按有效性或支持度强弱评分，由2~0
	1.3 实践环节及创新能力培养（6分）	1.3.1 实践环节对核心能力培养的支撑度 1.3.2 培养创新能力方法和措施的有效性	每项按支撑度或有效性强弱评分，由3~0
	1.4 教学过程管理（6分）	1.4.1 动态调整专业人才培养方案的有效性 1.4.2 周期开展专业建设教研活动的有效性 1.4.3 教学过程质量控制方法的有效性	每项按有效性强弱评分，由2~0

续上表

一级指标	二级指标	观测点	数据来源及评分标准
2. 师资队伍（20分）	2.1 教师结构（10分）	2.1.1 "双师"比例达70% 2.1.2 高级职称比例35%	每项达标为5分； "双师"比例未达标=5×（实际比例/70%）； 高级职称未达标=5×（实际比例/35%）
	2.2 教师授课质量（10分）	2.2.1 多方评教情况 2.2.2 学生评教情况	数据来源：被评专业所属学校评教系统 评分标准： ①专业教师授课评价存在学生评教≤75分的，此项得0分； ②专业教师授课评价不存在学生评教≤75分时，按以下标准评价：全体专业教师的三方综合评教平均分≥85分，得5分；学生评教平均分≥85分，得2.5分；学生评教≥90分的教师占全体专业教师比≥50%，得2.5分；全部满足时得10分

续上表

一级指标	二级指标	观测点	数据来源及评分标准
3. 招生、学习与就业（15分）	3.1 学生入口（5分）	3.1.1 吸引生源措施的有效性（1分） 3.1.2 招生计划录取率和报到率（4分）	评分标准： 3.1.1项，按有效性强弱评分，由1~0 3.1.2项，计划录取率≥100%，报到率≥90% ①达到目标值4分； ②未达到目标值： 4×{（实际计划录取率/100%）+（实际报到率/90%）}/2
	3.2 学生学习（5分）	3.2.1 学习结果	评分标准：考试通过率≥95% ①达到目标值满分； ②未达到目标值：5×（实际通过率/95%）
	3.3 学生出口（5分）	3.3.1 学生获取证书率或就业对口率（1分） 3.3.2 初次及年底就业率（4分）	评分标准： 3.3.1项，学生获取证书率≥100%或就业对口率≥60%，得1分； 3.3.2项，初次就业率≥90%，年底就业率≥95% ①达到目标值4分； ②未达到目标值： 4×{（实际初次就业率/90%）+（实际年底就业率/95%）}/2

续上表

一级指标	二级指标	观测点	数据来源及评分标准
4. 服务对象满意度（40分）	4.1 学生在校学习体验（12分）	包含以下6项指标：课程学习环境、课程学习体验、技能训练过程、学习管理与沟通、受关注程度、学习成果与发展	数据来源："学生满意度调查系统"和"雇主满意度调查系统" 评分方法：目标分值×〔（∑KiAi/∑Ai）/5〕 Ki－各项指标实际满意度（依托调查系统开展各项专业调查的实际数据，专家进入调查系统核实）；Ai－专家依据经验对该项调查指标给出的重要程度判断（1~5分）
	4.2 学生招聘竞争力（8分）	包含以下4项指标：薪酬、学习情况或职业资格证书、专业实习或在校兼职经历、个人应聘表现或工作价值观	
	4.3 学生岗位表现竞争力（20分）	包含以下10项指标：服从管理、敬业勤奋、诚实守信、专业知识与技能、解决问题、工作效率与业绩、沟通能力与团队协作能力、承压与情绪管理能力、组织能力、创新创业能力	
5. 技能竞赛或创新创业大赛、标志性成果等（加分项）	5.1 国家级（含行业协会）及以上奖项	以获奖证书为准	每获奖1项，+5分，上不封顶
	5.2 省级（含行业协会）奖项	以获奖证书为准	每获奖1项，+3分，上不封顶
	5.3 市级（含行业协会）及以下奖项	以获奖证书为准	每获奖1项，+1分，上不封顶

备注：各级奖项等级的认定以学校相应职能部门认定为准。

附表 4

专家评价意见表

专业名称		专家姓名	
工作单位		职称/职务	

		评价结果：□不通过　□通过　其中：小计 1 =　　；小计 2 =		
	一级指标	二级指标及目标值	评价分值	分析与建议
诊断结果与分析	1. 专业目标与教学过程（25分）	1.1 培养目标及专业核心能力（5分）		
		1.2 教学计划及课程实施（8分）		
		1.3 实践环节及创新能力培养（6分）		
		1.4 教学过程管理（6分）		
	2. 师资队伍(20分)	2.1 教师结构（10分）		
		2.2 教师授课质量（10分）		
	3. 招生、学习与就业(15分)	3.1 学生入口（5分）		
		3.2 学生学习（5分）		
		3.3 学生出口（5分）		
	4. 服务对象满意度(40分)	4.1 学生在校学习体验（12分）		
		4.2 学生招聘竞争力（8分）		
		4.3 学生岗位表现竞争力（20分）		
	小计 1			
	5. 技能竞赛或创新创业大赛（加分项）	5.1 国家级及以上奖项		
		5.2 省级奖项		
		5.3 市级及以下奖项		
	小计 2			
	存在核心问题与建议：			
	专家签字：		评价日期：	

说明：评价结果按评分标准分为以下两类。

(1)"通过"："小计 1"≥75 且"小计 2"≥5；

(2)"不通过"："小计 1"<75。

附表5

专业自我诊断表

学校名称		专业名称/代码	
专业负责人		职称/电话	

诊断结果与分析	评价结果：□不通过 □通过 其中：小计1 = ；小计2 =			
	一级指标	二级指标及目标值	评价分值	分析与建议
	1. 专业目标与教学过程(25分)	1.1 培养目标及专业核心能力(5分)		
		1.2 教学计划及课程实施（8分）		
		1.3 实践环节及创新能力培养(6分)		
		1.4 教学过程管理（6分）		
	2. 师资队伍(20分)	2.1 教师结构（10分）		
		2.2 教师授课质量（10分）		
	3. 招生、学习与就业(15分)	3.1 学生入口（5分）		
		3.2 学生学习（5分）		
		3.3 学生出口（5分）		
	4. 服务对象满意度(40分)	4.1 学生在校学习体验（12分）		
		4.2 学生招聘竞争力（8分）		
		4.3 学生岗位表现竞争力(20分)		
	小计1			
	5. 技能竞赛或创新创业大赛(加分项)	5.1 国家级及以上奖项		
		5.2 省级奖项		
		5.3 市级及以下奖项		
	小计2			
	存在核心问题与改进设想：（※以近三学年数据结果为依据进行分析）			
	专业负责人签字： 自我诊断日期：			

说明：
1. 评价结果按评分标准分为以下两类
（1）"通过"："小计1"≥75且"小计2"≥5；
（2）"不通过"："小计1"＜75。
2. 结合"专业基本状态表"中"未达成"的目标状况形成"存在的核心问题与改进设想"

附表6

专业改进实施进程表

学校名称			专业名称/代码	
专业负责人			职称/电话	
诊断结果与分析	本次诊断评价结果： □不通过　□通过　其中：小计1 =　　　；小计2 =			
	下次诊断评价目标： □通过　　　　　其中：小计1 =　　　；小计2 =			
	一级指标	二级指标及目标值	评价结果	分析与建议
	1. 专业目标与教学过程(25分)	1.1 培养目标及专业核心能力(5分)		
		1.2 教学计划及课程实施（8分）		
		1.3 实践环节及创新能力培养(6分)		
		1.4 教学过程管理（6分）		
	2. 师资队伍(20分)	2.1 教师结构（10分）		
		2.2 教师授课质量（10分）		
	3. 招生、学习与就业(15分)	3.1 学生入口（5分）		
		3.2 学生学习（5分）		
		3.3 学生出口（5分）		
	4. 服务对象满意度(40分)	4.1 学生在校学习体验（12分）		
		4.2 学生招聘竞争力（8分）		
		4.3 学生岗位表现竞争力(20分)		
	小计1			
	5. 技能竞赛或创新创业大赛(加分项)	5.1 国家级及以上奖项		
		5.2 省级奖项		
		5.3 市级及以下奖项		
	小计2			
	1. 改进方案实施分析（※根据目标值与评价现状偏差，结合实际情况，分析实施改进措施进程的难点1~3个）			
	2. 年度改进实施计划 第一年 第二年 第三年			
	专业负责人签字：　　　　　　制订日期：			

3. 案例入选中国高等职业教育质量年度报告

（1）2015 中国高等职业教育质量年度报告案例

案例 12：建立监测评价系统，健全质量保障体系①

广东省教育厅转变政府职能，委托开发"高职院校人才培养质量跟踪评价系统"，推进高职院校学生、教师、企业等多方协同参与人才工作诊断与改进机制建设。通过收集数据、应用多维行动策略矩阵分析诊断培养质量的短板问题，以学生价值实现为高职院校人才培养工作"计分"并制定相应的质量管理政策，引导学校关注学生发展，不断改善教学条件，实现学校教学成效与企业认同的双向"增值"。

（2）2017 中国高等职业教育质量年度报告案例

案例 5：推进产业元素融入，提升专业教学水平②

广东轻工职业技术学院协同全国轻工职业教育教学委员会、广东轻工职教集团，设立以企业人员为主体的专业人才培养质量评价委员会，从专业办学的核心保障条件、专业发展社会声誉、服务对象的教学价值满意度、优秀学生技能竞赛或创新创业大赛表现 4 大维度构建了评价指标体系。形成了院校自我诊断与企业评价相结合，多方协同参与的专业评价体系。

---

① 上海市教育科学研究院，麦可思研究院. 中国高等职业教育质量年度报告［M］. 北京：高等教育出版社，2018：37 - 38.

② 上海市教育科学研究院，麦可思研究院. 中国高等职业教育质量年度报告［M］. 北京：高等教育出版社，2018：25.

参考文献

[1] 李青. 运行监控并举,构建教学质量管理体系[J]. 中国高等教育, 2010 (1): 53-54.

[2] 李青, 叶小明. 推进"三个结合"实施"互补契合型"教学质量监控[J]. 中国高等教育, 2013 (z1), 64-65.

[3] 李青, 吴念香, 张坚雄, 等. "三主体"协同参与 转变人才培养质量跟踪评价范式[J]. 中国高等教育, 2014 (z1), 64-66.

[4] 李青, 袁宜英, 贺秋芳. 企业参与顶岗实习质量评价的探索与实践:以广东轻工职业技术学院为例[J]. 中国职业技术教育, 2013 (30): 25-28.

[5] 李青, 袁宜英, 张成玉, 等. 企业参与专业诊断的探索与实践[J]. 中国职业技术教育, 2018 (11): 88-91.

[6] 李青, 邓毛程, 姚勇芳, 等. 基于建构型"自我诊断+企业参与"的专业评价指标体系构建研究[J]. 中国职业技术教育, 2018 (35): 53-58.

[7] 袁宜英, 吴念香, 张坚雄, 等. 高职院校质量监控抓手:教学质量学生满意度调查系统建设[J]. 中国职业技术教育, 2014 (13): 84-87.

[8] 袁宜英, 吴念香, 李青, 等. 基于教师视角的学生学习成果评价研究与实践[J]. 中国职业技术教育, 2015 (18): 59-62.

[9] 王玫瑰, 李青, 贺秋芳. 课程课堂教学质量学生满意度指数的实证研究[J]. 中国轻工教育, 2012 (3): 7-9.

[10] 闫飞龙. 高等教育评价制度中的权力及其分配[J]. 教育研究, 2012 (4): 122-127.

[11] 赵晓阳, 刘金兰. 学生参与度评价:一种学生主体的教育质量评价方法[J]. 高教探索, 2012 (6): 21-26.

[12] 李振祥, 文静. 高职院校学生满意度及吸引力提升的实证研究[J]. 教育研究, 2012 (8): 71-76.

[13] 刘小强, 蒋喜锋. 学生学习视野中的高校教学质量建设研究[J]. 教育研究, 2012 (7): 77-81.

[14] 童卫军,范怡瑜. 行业企业参与职业教育运行模式研究[J]. 教育发展研究,2012(11):25-28.

[15] 袁东敏. 学生评价高等职业教育服务质量的国际经验:以美国的SSI和加拿大安大略省的KPI为例[J]. 现代大学教育,2010(3):71-74.

[16] 杨启亮. 为教学的评价与为评价的教学[J]. 教育研究,2012(7):98-103.

[17] 高等职业院校人才培养工作评估研究课题组. 高等职业院校人才培养工作评估:实务与点评[M]. 北京:高等教育出版社,2011.

[18] 姚泽清,张晨光,毛自森,等. 基于多元评价的教师授课水平排序的建模与分析[J]. 数学的实践与认识,2013,43(19):180-187.

[19] 魏联华,王业军. 关于高职教师教学质量评价的方法与策略[J]. 职教论坛,2009(26):52-53.

[20] 李飞. 大学教师评鉴:台湾地区的实践与启示[J]. 当代教育科学,2016(5):48-51.

[21] 史晓燕. 高校教师教学质量评价的师生态度调查[J]. 河北师范大学学报(教育科学版),2013,15(12):21-24.

[22] 史晓燕. 教师教学质量评价机制探索[J]. 教育评论,2014(3):48-50.

[23] 董泽芳,王晓辉. 国外一流大学人才培养模式的共同特点及启示:基于对国外八所一流大学培养杰出人才的经验分析[J]. 国家教育行政学院学报,2014(4):83-89.

[24] 周继良. 核心与附加指标的统一:加拿大大学学生评教指标体系的精髓:以曼尼托巴大学为例[J]. 比较教育研究,2013(5):28-33.

[25] 张克非. 课堂教学质量评价数据客观性处理及反馈机制探究[J]. 教学与管理,2014(9):44-46.

[26] 刘勇. 试论我国高校教师教学评价体系重构[J]. 黑龙江高教研究,2016(1):59-61.

[27] 吴金航,朱德全. 应用型地方高校课堂教学元评价研究:以贵州省某应用型高校课堂教学评价为例[J]. 国家教育行政学院学报,2016(5):60-66.

[28] 曲洪山. 加强教学质量内部监控与管理的实践探索[J]. 中国职业技术教育,2007(25):13-14.

[29] 黄海涛. 美国高等教育中的"学生学习成果评估":内涵与特征[J]. 高等教育研究,2010(7):97-104.

[30] 黄海涛. 美国高校"学生学习成果评估"的特点与启示[J]. 教育研究,2013(4):138-146.

[31] 朱玠. 瑞典高等教育质量保证体系及其特征[J]. 外国教育研究,2012(12):106-112.

[32] 张建功,杨怡斐. 美国高校学生学习成果评估模型研究[J]. 高等工程教育研究,2013(4):116-121.

[33] 郭思乐. 教育激昂生命：再论教育走向生本 [M]. 北京：人民教育出版社，2007.

[34] 简彩云. 高职院校学生满意度测评指标体系研究 [J]. 现代教育管理，2008 (8)：61-64.

[35] 周晓敏，苏跃飞. 示范性高职院校学生满意度指标体系研究 [J]. 教育与职业，2008 (14)：55-56.

[36] 刘声涛，富尔彻. 高校基于学生学习成果的专业评估：以美国詹姆斯麦迪逊大学为例 [J]. 复旦教育论坛，2016，14 (3)：99-105.

[37] 董雪静，孙莱祥，宋彩萍. 协同自主：上海市高校专业评估模式的构建与实践：基于第四代评估理论的应用探索 [J]. 中国大学教学，2017 (2)：69-73.

[38] 徐黎明. 高职院校内部专业评估制度的内涵、特点和建设策略研究 [J]. 中国职业技术教育，2018 (5)：31-33.

[39] 周玉容，沈红. 大学教学同行评价：优势、困境与出路 [J]. 复旦教育论坛，2015 (3)：47-52.

[40] 刘进，沈红. 教学评议：从"以学生为中心"到"以同行为中心" [J]. 高等教育研究，2016 (6)：59-67.

[41] 李青. 优质课堂要抓好教学评价"三结合" [N]. 中国教育报，2018-12-25.

后 记

2003年我到广东轻工职业技术学院工作，很幸运，能与教学管理特别是教学质量监控结缘，2009年开始主持学校的质量监控工作，蓦然回首，已近10年。"管理至零"一直是我的梦想，也是我的实践，如今，它正在变成我的现实。

本书是教育部人文社会科学研究一般项目（17YJA880044）、中国职业技术教育学会科研规划项目（201281、201619Y29）、广东省高等职业教育教学改革重点项目（20120101008、201401030）、广东省教育科学规划项目（2010tjk133）、广东省教学成果培育项目（00402202）等在近10年研究与实践过程中系列成果的结晶。从最初的懵懂到现在的自信，我想，感谢我的团队及同事们给予我从事这份工作的支持，感谢学校领导给予我从事这份工作的信任和帮助。我还想感谢我们教育主管部门历任领导们给我提供从事这份工作的发展平台。我更想感谢我的家人……要感谢的人太多，他们，都是困境时照亮我的一米阳光，以至于只能深深地放在我的心里。

爱丽丝的故事，不是童话而是现实，是现实的渴望，没有目标我们就不会向自己的目标走去。聪明的标准、中国的世界高铁速度、连接米粉的小米、通信领跑者中的"乌龟"、神秘顺丰的"鱼缸"，标准、内容、信息化、反馈、制度，我们连接企业获得目标的成功案例，赋能我们的质量监控于实践，拓展产教融合、校企合作的软边界，将行动与智慧融入"管理至零"。由于我们视角和实践的局限性，书中难免存在疏漏与不足，也恳请读者们予以指正与谅解。

2018年8月